Günter Schulte
Neuromythen

Unter unserer Schädeldecke liegt das vielleicht größte aller Geheimnisse: das menschliche Bewußtsein. Noch nie haben so viele Menschen an der Erforschung dieses Rätsels gearbeitet, noch nie wurden so viele Milliarden für die Hirnforschung ausgegeben wie in den letzten zehn Jahren.

Während wir bisher von der Freiheit des Willens, von Selbstverantwortung und der Würde des Menschen ausgehen, sehen die Neurowissenschaftler das Bewußtsein als Maschine: Der Geist stecke im Netz der Nervenzellen, das Ich sei eine Illusion, Bewußtsein entstehe im Trommelfeuer der Synapsen, und was wir Seele nennen, sei das Resultat komplexer Informationsverarbeitung. Das etwa ist die Kurzversion ihrer »großen Erzählung«.

Günter Schulte ist Philosoph und mißtraut seinen Kollegen aus den naturwissenschaftlichen Fakultäten. Für ihn sind gerade die Hirnforscher Meister darin, mit immer neuen Begriffen zu jonglieren: Chaos, Komplexität, Evolution, Selbstorganisation. Schulte zeigt, wie die Hirnforscher aus »Fakten« neue Mythen produzieren: Neuromythen. Alles Spekulation, sagt Schulte. Er bezweifelt, daß Gehirnvorgänge der Ursprung aller Gedanken sind. Denn die naturwissenschaftliche Behauptung, daß es einen objektiven Ursprung der Gedanken gibt, ist ja zunächst nichts weiter als ein Gedanke.

Schulte zeigt, warum sich unser Selbstbewußtsein gegen alle Definitionen der Hirnforscher sträuben sollte, das jeweils einzigartige Ich sei pures Hintergrundrauschen neuronaler Prozesse. Wenn wir unsere Selbstverantwortung bewahren wollen, dürfen wir unser persönliches Glück und unsere eigenen Schmerzen nicht nur als die hirnphysiologischen Reize definieren, die ihnen zugrunde liegen. Wenn wir unsere Freiheit behalten wollen, dürfen wir die Erklärungshoheit über unsere Seele und unser Ich nicht allein den Naturwissenschaften überlassen.

Günter Schulte ist Professor für Philosophie an der Universität zu Köln. Nebenher arbeitet er als Hausmann, Maler, Bildhauer und Publizist.

Günter Schulte

NEUROMYTHEN

*Das Gehirn als Mind Machine
und Versteck des Geistes*

Zweitausendeins

Originalausgabe
1. Auflage, August 2000.
Copyright © 2000 by Zweitausendeins, Postfach, D-60381 Frankfurt am Main.

Lektorat Martin Weinmann (Büro W), Wiesbaden.
Umschlaggestaltung Sabine Kauf.
Typographie, Satz und Herstellung Dieter Kohler GmbH, Nördlingen.
Lithographie Repro-Technik G. Mayr, Donauwörth.
Druck Gutmann + Co. GmbH, Talheim.
Einband G. Lachenmaier, Reutlingen.
Printed in Germany.

Dieses Buch, einschließlich Vorsatzpapier und Einband, wurde
auf Recyclingpapier gedruckt, das zu 100% aus Altpapier besteht.
Das Kapitalband wurde aus ungefärbter und ungebleichter
Baumwolle gefertigt.

Dieses Buch gibt es nur bei Zweitausendeins im Versand,
Postfach, D-60381 Frankfurt am Main, Telefon 069-420 8000
oder 01805-23 2001 (24 Pfg./Min.), Fax 069-415 003 oder 01805-24 2001 (24 Pfg./Min.).
Internet www.Zweitausendeins.de, E-Mail info@Zweitausendeins.de.
Oder in den Zweitausendeins-Läden in Berlin, Düsseldorf, Essen,
Frankfurt am Main, Freiburg, 2× in Hamburg, in Hannover, Köln, Mannheim,
München, Nürnberg, Saarbrücken, Stuttgart.

In der Schweiz über buch 2000, Postfach 89, CH-8910 Affoltern a. A.

ISBN 3-86150-344-1

Inhalt

Inhalt

Vorwort

»Im Jahre 2000 wird ein Philosoph sich nicht mehr mit einem Biologen oder Physiker unterhalten können«, prophezeite Charles Percy Snow, »außer vielleicht beim Bäcker.« In seinem berühmten Aufsatz von 1956, *Die zwei Kulturen*, beschrieb er das Auseinanderdriften von Geisteswissenschaften und Naturwissenschaften – allerdings in der Hoffnung, daß sie einmal wieder zusammenfinden. Diese Hoffnung scheint sich schon heute mit dem Anbruch des 3. Jahrtausends zu erfüllen. Philosophen sprechen mit Naturwissenschaftlern, denn – und dies ist das Entscheidende – die Naturwissenschaftler haben gelernt, sich allgemeinverständlich mitteilen zu können. John Brockman, der maßgeblich an diesem Lernprozeß beteiligt war, spricht prompt von einer »dritten Kultur«.

»Die dritte Kultur – das sind Wissenschaftler und andere Denker in der Welt der Empirie, die mit ihrer Arbeit und ihren schriftlichen Darlegungen den Platz der traditionellen Intellektuellen einnehmen, indem sie die tiefere Bedeutung unseres Lebens sichtbar machen und neu definieren, wer und was wir sind.« (Brockman 1996, 5)

In der »dritten Kultur« bestimmt das Weltbild der modernen Naturwissenschaft das Selbstverständnis der Menschen. Die nun endlich auch etwas verstehenden Geisteswissenschaftler und Philosophen stimmen zu und vereinigen sich mit den Naturwissenschaftlern in einer neuen Naturphilosophie, »die sich auf das Wissen um die Wichtigkeit von Komplexität und Evolution gründet« (Brockman 1998, 43).

Eine besondere Rolle spielt dabei die Hirnforschung. Ihr galt ein gigantisches, vom Senat der USA ausgerufenes Forschungsprogramm im letzten Jahrzehnt des vergangenen Jahrtausends, der sogenannten *decade of the brain.* Im Zuge der Verschmelzung von Philosophie und Naturwissenschaft in der »dritten Kultur« wurde aus der Hirnforschung die sogenannte *philosophy of mind*, also Philosophie des Geistes. Hier finden nun die Geisteswissenschaftler ihren eigentlichen Gegenstand, den Geist, als ein naturwissenschaftliches Phänomen behandelt, als Produkt der *mind machine* Gehirn. Natürlich setzt Geisteserforschung Geist voraus. Nur lebende und daher geisterfüllte Gehirne betreiben Hirnforschung, nicht tote Gehirne oder geistlose Gegenstände. Aber eben der Geist, der aus den Gehirnen kommt, einschließlich des Geistes des Geisteserforschung selbst, wird durch die neue Geisteswissenschaft zum Objekt. Sie ist eine Naturwissenschaft des Geistes, das heißt Wissenschaft von den Bedingungen, den Produktionsbedingungen oder der Machbarkeit des Geistes. Da das Gehirn bestimmt, was und wie wir denken und fühlen, bestimmen wir über unser Denken und Fühlen die Bestimmung des Gehirns.

Die Naturwissenschaft des Geistes läuft letztlich auf die Konstruktion des Gehirns als *mind machine* hinaus. Die neue Kultur ist dann die Kultur des Geistes von Gehirnen, deren Geistesproduktion durch die Produktion, Manipulation und Kontrolle der Gehirne bestimmt werden kann.

Natürlich ist die Gehirntechnologie nur ein Teil, wenn auch der wichtigste, der neuen Kultur. Anthropotechnik, das heißt Menschentechnik insgesamt, bestimmt das neue Bild des Menschen als eines Wesens, das sich letztlich selbst herstellt. Möglichkeiten der Lebensverlängerung und -verbesserung durch zum Beispiel Organtransplantation, Hirngewebeimplantation, Klonierung, pränatale Genmanipulation und Merkmalsplanung bringen zur Zeit einen tiefgreifenden Wandel mit sich, eine große Unruhe. Denn wenn das alles möglich ist, welche Optionen stehen mir persönlich frei, was kann ich mir leisten an Lebensveränderungen, Verbesserung? Muß ich das alles hinnehmen, dieses Geschlecht, diesen IQ, diesen Körper?

Und bald gehen die Möglichkeiten vielleicht noch weiter: bis zur Wahl einer oder mehrerer Zeitepochen für meine Leben oder neuer, außerirdischer Lebensräume im Kosmos. Die Frage nach der Bedeutung, dem Sinn meiner Existenz stellt sich verschärft: »Welches Leben soll ich für mich selbst herstellen?« Die angesagte dritte Kultur verspricht, neu zu definieren, wer und was wir sind, und die tiefere Bedeutung unseres Lebens sichtbar zu machen.

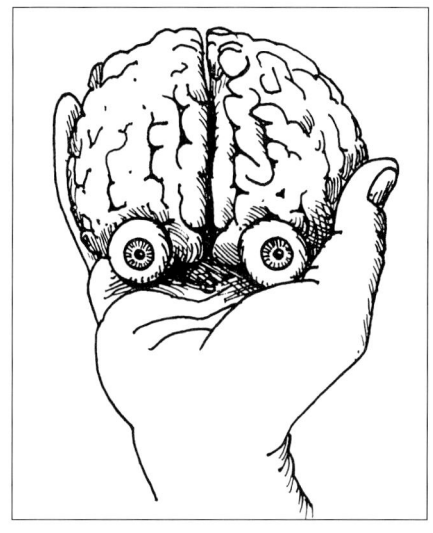

Die Menschen sollten aber
wissen, daß nirgends anderes
als vom Gehirn die Freude,
die Fröhlichkeit, das Lachen
und Scherzen kommt.
HIPPOKRATES

Mein Buch schließt sich hier an. Es kreist um die Frage nach dem Sinn eines Lebens, das immer weniger Geschenk oder Schicksal ist, das immer mehr von anderen oder einem selbst gemacht werden kann. Was die Gehirnforschung über die materiellen Voraussetzungen und damit über die Manipulation des Geistes herausgefunden hat, ist erschütternd. Muß man sich nicht schämen darüber, daß es so steht mit dem eigenen Geist: Gehirnausscheidung zu sein, sonst nichts? Was bin ich selbst, was ist die Maschine?

Ich wehre mich mit Ironie, Sarkasmus, verzweifeltem Humor. Der Buchleser trifft daher immer wieder auf Bilder, die ironische Distanz schaffen und den harten Tatsachen der Hirnforschung das

Problem verleihen könnten: Das Objektive ist nur eine Seite der Welt; ich selbst bin auf der anderen. Deshalb wechseln die Forschungsberichte auch ab mit phantastischen Hypothesen, Mythen und auch lustigen und makaberen Geschichten über das Gehirn. Als eigene Gehirnlockerung sozusagen. So bringt das zweite Kapitel Mythen und Mutmaßungen über die Entwicklung des menschlichen Gehirns und seine besondere Aufgabe, die Sprache. Das dritte und vierte Kapitel behandeln Aspekte der vermeintlichen Parallelität von Gehirnvorgängen und psychischen Ereignissen. Das Schlußkapitel gilt besonders dem sonst in der Hirnforschungsliteratur übergangenen Tod, dem eigentlichen Inspirator der Philosophie. Am Ende steht ein Plädoyer für eine Seele – für meine und des Lesers Seele.

Beginnen werde ich jetzt mit dem Glück – der Nummer 1 im Leben. Denn ist es nicht das, was wir in der Zukunft suchen und an das – als Vergangenes – wir uns schmerzlich-selig erinnern? Ist es nicht der Sinn des Lebens? Doch was erfahren wir? Das Glück ist ein Gehirnprodukt! Entsetzlich – oder tröstlich? Wir haben es in der Hand.

Haben wir es in der Hand? Schon für Hippokrates, den Begründer der wissenschaftlichen Medizin und medizinischen Ethik vor 2400 Jahren, schien es wichtig, daß die Menschen die Herkunft des Glücks aus dem Gehirn kennen und mit diesem Wissen glücklich werden:

> »Die Menschen sollten aber wissen, dass nirgends anderes als daher (vom Gehirn) die Freude, die Fröhlichkeit, das Lachen und Scherzen kommt.« (Hippokrates 1897, 561)

Die Menschen heute in der sogenannten dritten Kultur wissen nun genauer, wie das Gehirn es anstellt, daß wir froh und glücklich sind, und sogar: wie sie ihr Gehirn so beeinflussen können, daß es Freude, Glück und Fröhlichkeit beschert, auch wenn sie allen Grund hätten, traurig und deprimiert zu sein. Aber liegen die Gründe auch dafür nicht ebenso im Gehirn? Was hat denn dann der Mensch überhaupt für Gründe, da einzugreifen?

Kapitel 1: Gehirnglück

1. Höhlenlust und Zirbeldrüse

»Wir amüsieren uns zu Tode«, meinte Neil Postman 1985 angesichts des hemmungslosen Konsums bewegter Bilder oder virtueller Realität im Kino, beim Fernsehen und bei Videospielen. Platon hatte schon vor mehr als 2000 Jahren, als es bewegte Lichtbilder nur als Schattenspiele gab, eine solche Situation beschrieben. In seiner Schrift *Politeia* entwarf er sein berühmtes Höhlengleichnis, um das Verhängnis der Menschen darzustellen und auch den Weg, auf dem man ihm entkomme. Die nur von sinnlichen Bildern faszinierten Menschen leben gleichsam in einer Höhle, sagt Platon. Sie leben ausgeschlossen vom Licht der Sonne, denn in der Höhle gibt es nur künstliches Licht. Und sie kennen nur die Schatten der Dinge, nicht diese selbst. Sie sehen nur, was das Höhlenfeuer von den Dingen an die Wand projiziert. Die Sonne steht in diesem Gleichnis für das Licht des Geistes oder das Licht der Ideen. Und das winzige Licht im Innern der Höhle steht für die Wahrnehmung und das bißchen Verstand, auf den sich die Menschen dort beschränken.

Man kann sich die Höhle Platons wie einen Hohlraum in der Mutter Erde vorstellen, also wie einen Uterus mit einem Eingang, der auch Ausgang ist, dem Geburtskanal. Dieser ist die Scheide zwischen der inneren Düsternis und der äußeren Helle, zwischen der sinnlichen Welt der Mutter oder der Welt der Frauen überhaupt und der geistigen Welt des Vaters bzw. der Männer überhaupt. Durch die mütterliche Geburt existieren wir nämlich nur körperlich und müssen am Ende sterben. Durch die väterliche Welt dagegen sind wir Kinder des Geistes und unsterblich. Die zwei Reiche im Höhlengleichnis sind also die von Körper und Geist oder auch von Frau und

Mann oder von Tod und Unsterblichkeit. Licht gibt es in beiden Bereichen, und das heißt auch: das Glück. Denn das Licht bedeutet das Gute, die Lebensenergie. Drinnen wie draußen ist das Glück ein Lichtglück. Aber das eine Lichtglück bedeutet letztlich den Tod, das andere verheißt Unsterblichkeit. Platon geht es um die Ablösung des Bilderglücks durch Geistglück, durch eine Art Gegenglück also. Uns allen sollte es darum gehen, meint er.

Wo alles sich durch
  Glück beweist
und tauscht den Blick
und tauscht die Ringe
im Weingeruch, im
  Rausch der Dinge –
dienst du dem Gegen-
  glück, dem Geist.
GOTTFRIED BENN

Die Bilderfaszination der Höhlenmenschen, wenn sie denn nicht des Todes sein wollen, muß also zerstört werden zugunsten der Faszination der Ideen, das heißt der Wahrheit oder der väterlichen Sonne. Die Bilderlüstlinge müssen entfesselt werden, so daß sie sich umdrehen und den Projektionsmechanismus entdecken können. Dann werden sie von Philosophen zur Welt der wirklichen Dinge im Sonnenlicht gebracht werden. Eine zweite Geburt steht ihnen bevor. Eine Initiation ist das. Der Gewinn, die mögliche Unsterblichkeit, wiegt den Verlust auf, den Abschied von der Mutter, der Gemeinsamkeit.

Einsamer nie überschrieb Gottfried Benn sein Gedicht, in dem er das Gegenglück des Geistes abseits der mit Sex, Familie, Drogen und materiellen Gütern sich vernügenden Menge beschwor:

»Wo alles sich durch Glück beweist
und tauscht den Blick und tauscht die Ringe
im Weingeruch, im Rausch der Dinge –
dienst du dem Gegenglück, dem Geist.«
(Benn 1960, 140)

Man kann Platons Gleichnis auch als Bild für den Abschied vom vorgeburtlichen Glück lesen, für das verlorene intrauterine Glück des träumenden Fötus. Das Geistangebot da draußen kompensiert die Angst, die seit der Geburt zum Leben eines jeden gehört. Dieses Bild hat dann eine hirnphysiologische Seite. Geist erscheint als Korrelat der Streßbewältigung.

Wenn wir auf die Welt kommen, schreibt Gerald Hüther in seiner *Biologie der Angst*, so kennen wir das Glück bereits. Wir wissen zumindest sehr genau, was Geborgenheit ist. Schreiend sucht der Säugling etwas davon wiederzufinden: Wärme, Abgeschirmtheit, sichere Versorgung, schwereloses Schaukeln.

»Alles, was er von dort bereits kennt, den Herzschlag der Mutter oder eine immer wieder gehörte Melodie, selbst Gerüche, die er nun wiedererkennt, hilft ihm, die Angst zu unterdrücken, die er in seiner völlig neuen Welt erlebt. Er strebt immer wieder dorthin zurück, und indem er das tut, macht er eine neue Erfahrung nach der anderen. Zu diesen Erfahrungen zählen all die kleinen Erfolge, die seine Streßreaktion kontrollierbar machen. Dabei werden diejenigen Verschaltungen in seinem Gehirn gebahnt, die er bei seiner Suche nach dem verlorengegangenen Glück immer wieder benutzt.« (Hüther 1997, 88)

So ist zum Beispiel das instinktive Nippelsuchverhalten neugeborener Ratten bereits ein Ausdruck intrauterin oder perinatal stattgefundener Bahnung von assoziativen Verschaltungen zwischen bestimmten Geruchsempfindungen und anderen Wahrnehmungen, die intrauterine Geborgenheit signalisieren. Was die neugeborenen Ratten dazu bringt, die Brustwarzen der Mutter zu finden, ist ein Duftstoff, der bereits im Fruchtwasser vorhanden war. Wäscht man ihn von den Brustwarzen ab und appliziert ihn zum Beispiel auf das Rückenfell der Mutter, so suchen die kleinen Ratten dort nach Milch.

Auch die ödipale Rückwendung zur Mutter erklärt sich aus den Erfolgen der Angstbewältigung, aus der immer wieder erfolgreichen Wiedererlangung von intrauterinem Glück – zumindest bei Enten und Gänsen, deren Verhalten Konrad Lorenz erforschte. Nach der Geburt folgen Enten- oder Gänseküken der erstbesten Mutter, nämlich einem sogenannten Prägungsobjekt. Das ist dasjenige, was sich bewegt, im Blickfeld erscheint, daraus verschwindet und durch eigene Aktion eines Kükens dahinein zurückgebracht werden kann. Die durchs Verschwinden ausgelöste Angst wird dabei kontrollierbar gemacht.»Eine solche Gans wird später versuchen, sich mit ihrem ›Prägungsobjekt‹ zu paaren«, schreibt Hüther. Das Verschwinden der Angst ist die Belohnung dafür, bestimmte schon angelegte Bahnen im Gehirn zu benutzen. So werden diese Bahnen gefestigt oder weiter ausgebildet. Wir gewinnen Geist durch Angstbesiegung oder durch Wiedererlangung von Glück. Campbell sagt es so:

»In der Tat ist es in einem frühen Stadium der intrauterinen Entwicklung der Fall, daß Nervenimpulse *keinen* bestimmten Bahnen folgen. Bei der Geburt sind einige dieser Bahnen bereits ausgebildet, jedoch nur ein winziger Bruchteil dessen, was beim Erwachsenen vorhanden sein wird. Doch da der Säugling fortwährend mit der Umgebung, das heißt mit Reizen in Berührung kommt, und da einige seiner Reaktionen auf diese Kontakte Lust- und Unlusterlebnisse hervorrufen, werden die Bahnen ›bevorzugt‹, deren Reaktion mit Lusterlebnissen verbunden sind. Im Gehirn vollziehen sich Veränderungen, die sozusagen die Erregungsschwelle zwischen bestimmten Neuronen herabsetzen, so daß die Information leichter zwischen diesen als zwischen anderen benachbarten Neuronen übertragen wird. Jede entsprechende Reaktion eines Erwachsenen ist das Resultat einer bevorzugten Bahn für neuronale Informationen. Der Vorgang beim ›Lernen‹ des Klavierspiels oder des Schreibens mit einem Bleistift wird einfach durch die Errichtung oder ›Bahnung‹ der bevorzugten neuromuskulären Informationswege gekennzeichnet.« (Campbell 1973, 21)

Das läßt sich auch auf Denkvorgänge übertragen, obwohl die physiologischen Begleitvorgänge noch ziemlich im Dunklen liegen. Campbell meint:

>»Jedesmal, wenn wir etwas denken, benutzen wir bevorzugte Bahnen in unserem Gehirn. Im Laufe unserer Entwicklung werden nicht nur unsere einfachen Muskelbewegungen als Reaktionen auf Reize, sondern ebenfalls unsere komplizierten Handlungsweisen und Ansichten belohnt oder bestraft, das heißt mit Lust- und Unlusterlebnissen verknüpft, und sie werden dadurch abhängig von bevorzugten Bahnen. Diese Bahnen werden zwischen der Hirnrinde und den älteren, tieferen Hirnstrukturen errichtet.« (Ebd., 22)

Campbell meint folgerichtig, daß die Reaktion beim Leser auf solche Ansichten, die einen freien Willen als unmöglich erscheinen lassen, da es sich immer nur um Reaktionen in bevorzugten Bahnen auf Reize oder Umweltveränderungen handeln kann, auch nur eine Folge seiner augenblicklich bevorzugten Bahnen ist. Und Valentin Braitenberg schreibt:

>»Alles Denken, auch das der Tiere, wird von Emotionen gesteuert. Gewöhnlich ist der Wunsch der Vater des Gedankens (wenn nicht die Angst die Mutter ist). Eine Vorstellung folgt der anderen in Sequenzen, die jeweils in eine angenehme Vorstellung einmünden. Wenn der Weg zum Ziel gedanklich exploriert ist und das Ziel endlich erreicht, wird die Wunschvorstellung automatisch realisiert, indem zusammen mit den Gedanken mitgedachte Aktionen ablaufen. Offenbar ist unser Gehirnautomat mit einem Meßinstrument ausgerüstet, das bei jeder Vorstellung eine Wertung angibt. Die Regel scheint zu sein, daß unter vielen möglichen Weiterentwicklungen eines Gedankens im Gehirnautomaten jeweils diejenige bevorzugt wird, die den höchsten Glückswert verspricht.« (Braitenberg 1998, 29)

Zurück zu Platons Gleichnis und seinen hirnphysiologischen Perspektiven. Glück und Gegenglück, beide sind Lichtglück. Licht als Metapher des Geistes? Das leuchtet offenbar ein. Wieso? Weil Licht das Gute ist, die Lebensenergie. Sollte der Geist nicht daran sich anschließen?

Das Sehen ist unser führender Sinn, wenn es darum geht, etwas zu objektivieren, vor sich zu bringen, zu erkennen. Das zeigt sich schon beim oben besprochenen Prägungsobjekt. Für die Gans ist dasjenige die Mutter – und das heißt das Glück –, was als erstes sich bewegendes Objekt im Blickfeld gehalten werden konnte. Mit der Mutterlust verbunden ist die Lust am Lichtreiz, der das Objekt anzeigt. Der Geist folgt schon hier den Augen. Sogar solchen Augen, die kaum mehr als Lichtfühler sind, denn der Gans ist es egal, wie die Mutter aussieht. Sie folgt dem erstbesten sichtbar Bewegten.

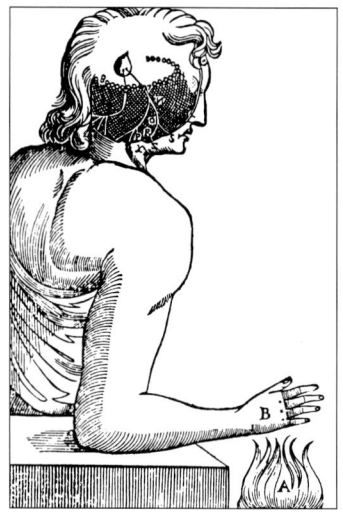

Nach Descartes begegnen Körper und Geist sich in der Zirbeldrüse, dem ehemaligen, für die Lichtwahrnehmung zuständigen Scheitelauge. Hier kommt also das Licht des Geistes in den Kopf.

Schauen wir auf unser Sehorgan. Verfolgen wir die Augen mit ihren Sehnerven bis ins Gehirn. Nur ein Teil, allerdings der größere, geht zur hinteren Großhirnrinde, ins sogenannte Seh-Zentrum, um uns dort Gegenstände, die Licht reflektieren bzw. absorbieren, in ihren Formen und Farben zu präsentieren. Ein anderer Teil der Sehnerven endet bereits im Zwischenhirn, in einem Kern, der unter anderen mit der Hypophyse verbunden ist. Hier, im Zwischenhirn, erfüllen unsere Augen immer noch rudimentär eine Aufgabe, die früher, in den Vorstadien der Evolution, Hauptaufgabe dieses Organs war: die Aufgabe eines Lichtfühlers. Tiere und Menschen, bei denen das Sehzentrum der Hirnrinde zerstört ist, können eine Lichtempfindung behalten – allein auf Grund des funktionierenden Zwischenhirns. (Die Augen selbst sind ja ein vorgeschobener Teil des Zwischenhirns, nicht des Großhirns.) Hoimar von Ditfurth schreibt:

> »Auch wir spüren diese Verbindung mitunter deutlich und ganz körperlich. Etwa dann, wenn uns an einem unvermutet sonnigen Tag plötzlich ein Glücksgefühl erfüllt, für das es psychologisch keine Erklärung gibt.« (v. Ditfurth 1976, 160)

Unsere vormenschlichen Urahnen haben zudem womöglich einmal ein Parietalorgan oder Scheitelauge auf dem hinteren Schädeldach gehabt (wie heute noch manche Frösche, Fische und Eidechsen), das nur dieser Empfindung, nicht dem Sehen diente.

Dieses Scheitelauge nahm Helligkeitsunterschiede wahr. Im Laufe der Evolution wandelte sich dieser Hirnteil zur nun innen liegenden Zirbeldrüse (*Epiphyse = Corpus pineale* oder *Glandula pinealis*, Zirbel heißt Zapfen, lat. *pinea*). Sie spielt in unserem Gehirn die entscheidende Rolle für unser Zeitgefühl und die Zeitrhythmen. Mittels des Hormons Melatonin steuert sie die sogenannte innere Uhr des Menschen, also Wachen und Schlafen oder auch den Eintritt der Pubertät. Die Zirbeldrüse errechnet die Dauer des Tageslichtes, so daß sich manche Tiere (andere, zum Beispiel Bären, auch nicht), wenn die Tage kürzer werden, auf Weisung der Zirbeldrüse nicht mehr paaren, um ihre Nachkommen nicht im Winter zur Welt zu bringen. Mit Melatonin sucht man heutzutage den Jet-lag-Symptomen der Flugreisenden beizukommen und die innere Uhr von Schichtdienstarbeitern oder Astronauten zu manipulieren. Man darf sich nicht wundern, wenn es bald Pillen gibt für die Umstellung von Winter- auf Sommerzeit und umgekehrt.

Auch mit Depressionen (zum Beispiel bei dem Gedanken an solche Pillen) wird der (zu hohe) Melatonin-Spiegel in Verbindung gebracht. Hier der dramatische Bericht von Johannes Holler, einem Berater im Gesundheitsmanagement:

>»Ginge die Sonne eines Tages nicht mehr auf, würden wir nicht gleich an Lichtmangel sterben, jedoch im Schein von Glühlampen und Kerzen dahindämmern – im Halbschlaf und von Depressionen geplagt. Die Zirbeldrüse würde unentwegt Melatonin produzieren, ein Hormon, das den Biorhythmus unseres Körpers auf Schlaf einstellt – und uns ziemlich antriebslos zurückläßt. Wie lange wir in dem lethargischen Zustand zubringen müssen, hängt davon ab, wie schnell sich unser wichtigster Gehirnnährstoff wieder zeigt. Schiene eines Tages plötzlich wieder die Sonne, würde das sofort alle Gehirnfunktionen in Aufruhr versetzen: In einer Sekunde hätte ihr Licht die Produktion des Schlafhormons Melatonin gestoppt. Nach zehn Sekunden würde unser Gehirn Adrenalin ausschütten, um den Körper wieder richtig wachzurütteln. Nach einer Minute würden die Keimzellen Sexualhormone ausschütten, nach zwei Minuten würde das Herz schneller schlagen und der Blutdruck steigen, und nach zweieinhalb Minuten im Sonnenlicht würde der Körper mit Endorphinen überschwemmt. Glückshormone, die Depressionen vertreiben, würden uns mit allem versöhnen. Sie sehen, die Sonne ist der natürlichste Hersteller zahlreicher Gehirnbotenstoffe.« (Holler 1996, 462)

Schließlich leben wir ja von der Sonne. Der Geist auch? Jedenfalls repräsentiert bei Platon (im Sonnengleichnis seiner Schrift *Politeia*) die Sonne die höchste Idee, die Idee des Guten. Und auch Descartes, der sich auf die Hirnphysiologie einließ, indem er die Zirbeldrüse zum Seelenorgan erklärte, liegt da gar nicht so falsch. Hatte er eine Ahnung von der Vorgeschichte der Zirbeldrüse als ehemaligem Scheitelauge? Die Lichtmetapher des Geistes (in der Rede von Erleuchtung, Einsicht, Evidenz, Erhellung) bekommt dadurch eine realistische Bedeutung. Wir sehen die Geistlust dann – metaphorisch gesprochen – in einem anderen Licht: Geistlust ist auch Lichtlust. Der Geist ist eben Licht für das Lichtorgan Zirbeldrüse mit ihrer Descartesschen Funktion, den Geist hereinzulassen. So wie das Licht macht auch der Geist den Menschen manchmal glücklich, wenn einem zum Beispiel plötzlich etwas einleuchtet, wie womöglich jetzt. Auch Geist ist Glücksache wie ein leuchtender Sonnentag. Vielleicht ist die Geistlust das spezifisch Menschliche. Die Bibel mit ihrer Sündenfallgeschichte legt das nahe, denn die verbotene Frucht lockt mit der Lust der Erkenntnis. Sie zu essen bedeutet, nicht mehr so wie die Tiere zu sein. Der Mensch unterscheidet sich, seit er die Erkenntnisfrucht gegessen hat, von den Tieren durch eine reine Geistlust. Sie ist eine ganz neue Lust, gewissermaßen eine Selbstbefriedigung des Gehirns, eine Art Perversion, ähnlich dem kürzlich entdeckten Gourmand-Syndrom, einer freudigen Lust an verfeinerten Speisen aufgrund gewisser Gehirnverletzungen. Die neue menschliche Lust ist ein besonderes Gehirnphänomen, wie Valentin Braitenberg schreibt:

»... keine Lust, die, wie die anderen Lüste, über die Sinne von äußeren Reizen genährt wird, sondern eine, die sich auf Vorgänge im Gehirn bezieht. Der Mensch empfindet Lust, wenn sich eine Menge von Einzelheiten, die er aufgenommen hat, auf einmal zu einer Gestalt fügen, die er leicht erkennen und sich leicht merken kann. Je überraschender dieser Vorgang, desto größer die Lust. Ich behaupte, daß beim Menschen, und nur bei ihm, die Verknüpfung von Vorstellungen zu Gedankenketten oftmals auf das eine Ziel hin gerichtet ist, diese perverse Hirnlust zu erleben. Nicht immer, gewiß, und vielleicht ist es auch nicht jedem Menschen gegeben, aus diesem Vorgang so viel Lust zu beziehen wie aus manchen anderen. Aber ganz fehlt es bei keinem Menschen und ist jedem als sogenanntes Aha-Erlebnis vertraut. ... Schon der gewöhnliche Witz, wie er auf Parties erzählt wird, beruht auf diesem Effekt. Er zeigt, wie das plötzliche Umklappen von Vorstellungen zu einer einfachen Pointe Lust erzeugt. Er bedient sich, auf verkürzte Weise, derselben Mechanismen, welche die wissenschaftliche Erkenntnis antreibt. Die Ähnlichkeit von Witz und mathematischem Theorem ist frappant. ... Was sich im Gehirn geändert hat, um dem Menschen zusätzlich zu den tierischen Trieben

einen Kapiertrieb zu bescheren, ist nicht bekannt. Es muß da wohl ein
Kurzschluß entstanden sein, irgendwo zwischen einem Kontroll-
organ, das Gehirninhalte ordnet, und einem Gehirnzentrum, in dem
Schlüsselreize und Verhaltensweisen eines animalischen Triebs angesiedelt sind. Die Vermutung liegt nahe, daß es sich um das Sexual-
zentrum handelt. Schon allein weil das Lachen ebensoviel mit dem
Kitzeln, das zur Umklammerung reizt und damit zur sexuellen Vereinigung, zu tun hat wie mit dem Verstehen eines Witzes oder eines
Theorems.« (Braitenberg 1998, 29)

So läßt sich die Freude am Licht und am schönen Wetter auch mit
einem gewitzten Theorem noch überhöhen, zum Beispiel mit James
Lovelocks (1993, 72) Theorem vom blauen Himmel. Er meint: Solange der Himmel noch blau ist, ist die Welt oder Gaia (so der Name
der griechischen Erdgottheit) noch lebendig. Durch das Blau des
Himmels gibt der Planet Erde zu erkennen, daß auf ihm Leben existiert. Ohne Leben bestünde seine Atmosphäre vorwiegend aus
Kohlendioxyd wie bei Mars und Venus. Beide haben rötliche Himmel, was allerdings auch von Lehmpartikeln beim Mars und von
Schwefelverbindungen in der Atmosphäre bei der Venus herrühren
könnte. Aber immerhin können wir im Sonnensystem – wie Neil
Armstrong am 20. Juli 1969 bei der Erstbetretung des Mondes – unsere Heimat an der Bläue erkennen: den Planeten, auf dem Leben
ist und auf dem wir leben. Ist das kein Grund, sich am Himmelsblau
zu freuen?

Natürlich bleibt die Frage: Wie lange noch? Die Venus mit ihren
500 Grad scheint sich bereits im Abgrund des Treibhauseffektes zu
befinden, vielleicht durch ähnliche Vorgänge in früheren Zeiten wie
jetzt auf der Erde, vielleicht sogar durch frühere, uns ähnliche Be-
wohner. Jedenfalls sollten wir gewarnt sein: Die Venus ist eben nicht,
oder nicht mehr, blau. Es könnte ja sein, und vieles spricht dafür, daß
die Erdbewohner das Glück des blauen Himmels verspielen und den
Organismus Erde, der sich bislang im ökologischen Gleichgewicht
befand, töten. Es könnte sein, daß sie das Glück des blauen Himmels

anderen Glücksgefühlen opfern, zum Beispiel der Lust am massenhaften Fleischkonsum oder am hemmungslosen Tourismus.

Übrigens kann man mit blauem Licht Schmerzen ausschalten: Drei Minuten lang in eine 15 cm weit entfernte blaue Reflektorlampe zu schauen, genügt zur hypnotischen Narkose. Auch unangenehme Reaktionen kann Licht auslösen, zum Beispiel die sogenannte photoempfindliche Epilepsie. Über 600 japanische Kinder waren davon betroffen, als sie sich 1997 im Fernsehen einen Zeichentrickfilm mit Lichtblitzen von ca. 8 Hertz anschauten. Ungefähr 0,1 Prozent der Menschen haben eine genetische Veranlagung für eine solche Reaktion.

Vielleicht bleibt uns bald nur noch das Glück der Selbststimulierung ohne Licht und ohne Geist, zum Beispiel als Begleitgefühl der Lachmuskelbetätigung. Das lehrt die vaskuläre (= gefäßorientierte) Theorie der Gefühle.

»Ihr zufolge verändert die Anspannung der Lachmuskeln die Blutversorgung im Gehirn, vor allem im limbischen System. ... Beim Lachen werden die Streßhormone Cortisol und Adrenalin gebremst, Morphine und Endorphine dagegen vermehrt ausgeschüttet. Und ein Lachanfall entspannt.« (Metzger 1997, 67)

2. Ästhetische Lust

Lichtlust teilen wir mit den Tieren – von den Pflanzen ganz abgesehen. Man könnte ja meinen, Tiere hätten nur Lust auf bestimmte reale Objekte, also Vergnügen am Essen oder Koitieren, an Vorgängen, die einen Gleichgewichtszustand wieder herstellen, einen Mangel beheben. Aber das stimmt nicht. Auch Tiere haben wie wir Spaß an bloßen sinnlichen Reizen, selbst wenn diese nicht im Zusammenhang mit Nahrungsaufnahme und Fortpflanzung stehen. Manche Tiere haben Lust an Hautberührung (sogenannte Streicheleinheiten), an Lichtreizen, an Klängen oder an Wärmeeindrücken.

Aufschlußreich sind hierfür die Experimente zur peripheren Selbststimulierung von H. J. Campbell. In seinem Aquarium konnten sich Fische eine lustvolle elektrische Hautstimulierung besorgen, indem sie eine Lichtschranke durchschwammen, die einen angenehmen Hautreiz auslöste. Daß die Stimulierung lustvoll war, kann man natürlich nur unterstellen. Jedenfalls durchschwammen die Fische viel häufiger die Lichtschranke, wenn diese einen Reiz auslöste, als dann, wenn der Reiz abgeschaltet war.

Auch Krokodile (Kaimane) in Terrarien versorgten sich selbst mit elektrischen Streicheleinheiten, wenn sie die Gelegenheit dazu herausgefunden hatten, nämlich eine Lichtschranke – das kann ultraviolettes, unsichtbares Licht sein – durchquerten und dabei die Hautreizung auslösten. Die sonst so trägen Tiere wälzten sich an manchen Tagen hundert Mal in einer Stunde durch die Lichtschranke, um durch einen kleinen Stromstoß Lust zu erleben. Sie unterließen diese Anstrengungen, wenn sich auf ihrer Haut isolierende Algen angesiedelt hatten, denn dann blieb der Stromstoß wirkungslos. Ähnlich reizversessen verhielten sich Kaninchen und auch Affen, die sich zum Beispiel gern von Campbell Dias vorführen ließen – übrigens Landschaftsbilder lieber als Abbildungen von Laternenpfählen. Anscheinend waren die Affen nicht weniger zivilisationskritisch als Campbell selbst.

Tierisches Verhalten, so erklärt uns Campbell, hat durchweg Lust zum Ziel, letztlich Stimulierung der limbischen Lustareale, der Vergnügungsviertel im Gehirn. Essen und Kopulieren als selbst- und arterhaltendes Verhalten erfolgt nur, meint Campbell, weil und solange es Lust bereitet. Nicht das Überleben oder die Fortpflanzung seien das intendierte Ziel solchen Verhaltens, sondern Lust.

>»Es ist … unmöglich …, ein Tier hervorzubringen, das lebensfähig und gleichzeitig unfähig ist, lustvolle Sensationen zu erleben.« (Campbell 1973, 38)

Bloße sensorische Reize machen also Spaß. Allerdings wird die periphere Stimulierung mit immer demselben Reiz irgendwann langweilig. Das lustversessene Lebewesen wendet sich dann anderen sensorischen Lustquellen zu oder sucht zumindest neue Reize. Ohne Stimulierungen der Lustareale kommen wir und auch die Tiere wohl nicht aus. Gehen uns die sensorischen Reize lange genug aus, zum Beispiel in Isolationshaft, fangen wir an zu halluzinieren. So auch im Schlaf, meint Campbell, wenn der Außenkontakt weitgehend abgeschaltet wird. Lust oder Vergnügen an Bildern ist womöglich der Grund dafür, daß wir nachts, wo wir uns der Sinnesempfindungen berauben, träumen.

>»Wir müssen auch während des Schlafs eine Hirntätigkeit entfalten, die die Lustareale wenigstens in gleicher Stärke wie während des Wachzustandes aktiviert.« (Ebd., 126)

Künstliche Wahrnehmungen, also Lichtbilder, Klänge und Empfindungen, die wir selbst erzeugen: Macht das nicht auch die Kunst, die ästhetische Stimulierung? Der Anfang von Kunst und Ästhetik scheint demnach schon in der tierischen Natur des Menschen zu liegen, in der Suche nach Lust durch sensorische Stimulation. Deshalb ist Lust wohl auch Kants Grundbegriff seiner Ästhetik. Natürlich macht Kant, ganz im Sinne seines platonischen Prinzips der Seelenbefreiung von der Sinnenwelt, auch die ästhetische Lust zu etwas spezifisch Menschlichem und Intellektuellem – wie seine Moral. Der moralische Mensch handelt bei Kant allein wegen der Allgemeingültigkeit des Gesetzes. Und so hat auch der ästhetisch, sich sinnlich erbauende Mensch nur Lust an Formen und Farben, nicht an realen konsumierbaren Objekten. Interesseloses Wohlgefallen, sagt Kant dazu. Interesse heißt Dabeisein, zum Beispiel beim abgebildeten Gegenstand, etwa der Mona Lisa. Interesselosigkeit bedeutet dann, sich mit der bloßen Erscheinung zu begnügen. Der erste Satz der *Kritik der Urteilskraft*, welche Kants Lehre vom Schönen enthält, handelt von der Lust als Kriterium des Schönen, das heißt davon, ob eine Vorstellung oder ein Bild schön ist.

»Um zu unterscheiden, ob etwas schön sei oder nicht, beziehen wir die Vorstellung« (das Bild) »nicht durch den Verstand auf das« (abgebildete) »Objekt zum Erkenntnisse« (um etwas darin Dargestelltes zu erkennen), »sondern durch die Einbildungskraft (vielleicht mit dem Verstand verbunden) auf das Subjekt und das Gefühl der Lust oder Unlust desselben.« (Kant 1968, V 203)

Schön ist also eine solche Vorstellung oder Darstellung, an der man Vergnügen hat, an der auch der Verstand sein Vergnügen hat, obwohl oder gerade weil er hier von der Begriffsarbeit entlastet ist. Das Vergnügen Kants bezieht sich dabei nur auf die Vorstellung oder das Bild, nicht auf ein reales Objekt, also auch nicht auf das im Bild Abgebildete reale Genußobjekt. So ist es möglich, daß ein Bild von etwas Abscheulichem (zum Beispiel von einem Freundesverrat) schön gefunden wird. Ebenso kann umgekehrt ein Bild von etwas sehr Lustvollem sehr unschön sein.

Eine einführende und geburtshelfende Göttin also ist die Schönheit für die Erzeugung. Deshalb, wenn das Zeugungslustige dem Schönen naht, wird es beruhigt und von Freude durchströmt und erzeugt und befruchtet; wenn aber dem Häßlichen, so zieht es sich finster zusammen und wendet sich ab und schrumpft ein und erzeugt nicht, sondern trägt mit Beschwerde seine Bürde weiter.
PLATON

Aber wie kann ich bei einem Bild von etwas realiter Lustverheißendem nur auf die Lust an dem Wie der Darstellung achten, dient doch die Wahrnehmung auch dem Erkennen des zum Essen und zur Paarung Geeigneten? Kant, dem es wie Platon eigentlich um die Abkehr vom Körper und von der sinnlichen Lust geht, macht die Lust rein – durch Wegdenken von Begattungs- und Mordlust. So meint er zum Beispiel, daß Blumen nur solange als schön gelten und ästhetische Lust bereiten, wie man sie nicht physiologisch oder botanisch versteht als das, was sie sind: als das Geschlechtsorgan der Pflanze. Er schreibt:

>»Blumen sind freie Naturschönheiten. Was eine Blume für ein Ding sein soll, weiß außer dem Botaniker schwerlich sonst jemand, und dieser selbst, der daran das Befruchtungsorgan der Pflanze erkennt, nimmt, wenn er darüber durch Geschmack urteilt, auf diesen Naturzweck keine Rücksicht.« (Kant 1968, V 229)

Warum denn nur legt man mit Vorliebe Frauen Blumen in den Schoß? Warum sagt man ihnen durch die Blume, daß sie schön sind, das heißt begehrenswert? Ist es nur ein unverschämter Euphemismus, wenn die weibliche Hälfte der Menschheit als das schöne Geschlecht bezeichnet wird, ohne daß ihr Geschlecht, also das Befruchtungsorgan, das ursprünglich Schöne wäre, das, was die Schaulust erweckt? Wie sagte doch Nietzsche in seiner *Fröhlichen Wissenschaft*:

>»Vielleicht ist die Wahrheit ein Weib, das Gründe hat, ihre Gründe nicht sehn zu lassen? ... Vielleicht ist ihr Name, griechisch zu reden, Baubo.« (Nietzsche 1980, III 352)

Baubo war die lustige Amme Demeters. Sie brachte – in einem griechischen Mythos – die um ihr gestorbenes Kind trauernde Demeter wieder zum Lachen, indem sie dieser ihre Vulva vorzeigte, den Ort, wo Lust und Nachwuchs zu erwarten sind. Baubo heißt nämlich Leibeshöhle oder Vulva, bedeutet also genau das, was Platon in seinem Höhlengleichnis als die Welt des Todes ausgab, aus der wir befreit werden oder flüchten sollten. Sie ist womöglich die Wahrheit selbst, meint der Antiplatonist Nietzsche. Davon wollte Kant allerdings nichts wissen, obwohl er die Schaulust zum Prinzip der Ästhetik machte.

Allerdings gibt es eine merkwürdige Äußerung Kants über die Schönheit, die den erotisch-kannibalischen Hintergrund seiner Ästhetik verrät:

»Selbst die Darstellung des Bösen oder Häßlichen … kann und muß schön sein, wenn einmal ein Gegenstand ästhetisch vorgestellt werden soll …; denn sonst bewirkt sie entweder Unschmackhaftigkeit oder Ekel: welche beide das Bestreben enthalten, eine Vorstellung, die zum Genuß dargeboten wird, von sich zu stoßen, da hingegen *Schönheit* den Begriff der Einladung zur innigsten Vereinigung mit dem Gegenstande, d.i. zum unmittelbaren Genuß, bei sich führt.« (Kant 1968, VII 241)

Kants Lust, die auf Selbsterhaltung und Wiederholung aus ist, hat masturbatorischen Charakter. Sie abstrahiert zwar vom realen Lustobjekt, das man sich einverleiben könnte oder das seinerseits einen selbst einverleibt, doch sie bleibt sinnliche Selbststimulierung. Wenn auch kein Interesse am Lustobjekt da ist, so doch ein Interesse an der Lust selbst bzw. an sich selbst, an seinem eigenen Lustzustand. Für Kant ist genitale Masturbation allerdings das Ekelhafteste und Ungeheuerlichste überhaupt, schlimmer noch als Selbstmord. Er schreibt in seiner *Metaphysik der Sitten* (in dem Kapitel über »wohllüstige Selbstschändung«), die genitale Selbststimulierung sei »weichliche Hingebung an tierische Reize«, wohingegen das mörderische Handansichlegen wenigstens noch »Mut erforder(e)«, das heißt Selbstüberwindung, nämlich Wegwerfen der gesamten Sinnlichkeit. Der Mensch als »genießbarer Gegenstand«, und zu dem macht ihn die lustvolle Selbststimulierung, ist – so sagt Kant (1968, VI 425) – »ekelhaft«.

Nietzsche gab der Sinnenlust den Charakter platonischer Geisteslust: Sehnsucht nach Ewigkeit. Dafür war sie aber auch Schmerzlust. Erst diese qualifiziert die Lüstlinge zu Übermenschen. »Schmerz ist auch eine Lust«, heißt es in Nietzsches Nachtwandler-Lied, dessen letzte Strophe lautet:

»Denn alle Lust will sich selber, drum will sie auch Herzeleid! Oh Glück, oh Schmerz! O brich Herz! Ihr höheren Menschen, lernt es doch, Lust will Ewigkeit, – Lust will *aller* Dinge Ewigkeit, *will tiefe, tiefe Ewigkeit!*« (Nietzsche 1980, IV 402)

Die Schmerzlust ist nichts für die meisten Menschen, für die von Nietzsche so genannten »letzten« Menschen. Deren Lust nennt Nietzsche »Lüstchen«. Sie scheinen aus Platons Uterus-Höhle zu stammen, denn sie »blinzeln« wie benommen von lauter Kino und Bilderlust. Gegen sie beschwört Nietzsche den Übermenschen:

»Ich sage euch: man muss noch Chaos in sich haben, um einen tanzenden Stern gebären zu können. ... / Wehe! Es kommt die Zeit, wo der Mensch keinen Stern mehr gebären wird. ... / Seht, ich zeige euch *den letzten Menschen.* / ›Was ist Liebe? Was ist Schöpfung, was ist Sehnsucht? Was ist Stern?‹ – so fragt der letzte Mensch und blinzelt. / Die Erde ist dann klein geworden, und auf ihr hüpft der letzte Mensch, der Alles klein macht. Sein Geschlecht ist unaustilgbar, wie der Erdfloh; der letzte Mensch lebt am längsten. / ›Wir haben das Glück erfunden‹ – sagen die letzten Menschen und blinzeln. / Sie haben die Gegend verlassen, wo es hart war zu leben: denn man braucht Wärme. Man liebt noch den Nachbar und reibt sich an ihm: denn man braucht Wärme. / Krankwerden und Misstrauenhaben gilt ihnen sündhaft: man geht achtsam einher. Ein Thor, der noch über Steine oder Menschen stolpert! / Ein wenig Gift ab und zu: das macht angenehme Träume. Und viel Gift zuletzt, zu einem angenehmen Sterben. / Man arbeitet noch, denn Arbeit ist eine Unterhaltung. Aber man sorgt, dass die Unterhaltung nicht angreife. / Man wird nicht mehr arm und reich: Beides ist zu beschwerlich. Wer will noch regieren? Wer noch gehorchen? Beides ist zu beschwerlich. / Kein Hirt und Eine Heerde! Jeder will das Gleiche, Jeder ist gleich: wer anders fühlt, geht freiwillig in's Irrenhaus. / ›Ehemals war alle Welt irre‹ – sagen die Feinsten und blinzeln. / Man ist klug und weiss Alles, was geschehn ist: so hat man kein Ende zu spotten. Man zankt sich noch, aber man versöhnt sich bald – sonst verdirbt es den Magen. / Man hat sein Lüstchen für den Tag und sein Lüstchen für die Nacht: aber man ehrt die Gesundheit. ›Wir haben das Glück er-

funden‹ – sagen die letzten Menschen und blinzeln.« (Nietzsche
1980, IV 19)

Warum blinzeln die letzten Menschen? Detlef B. Linke (1997) meint,
daß sie deshalb blinzeln, weil sie der grellen Helle der reinen, aufgeklärten Vernunft ausgesetzt sind, nachdem sie alles Irrationale aus-
gerottet haben. Linke nennt diese Säuberung einen »Irratiocid«. Das
sei ein Unternehmen, an dem sich auch die Mediziner beteiligen
würden, wenn sie ihr Verhältnis zum Patienten jener Gleichheitsfor-
derungen der letzten Menschen unterwürfen und es nicht mehr, wie
bisher, als ein paternalistisches begriffen, bei dem sie eine Vaterrolle
einnehmen. Hinter der neuerdings geforderten Umstellung auf ein
partnerschaftliches Verhältnis zum Patienten könnte der Irratiocid
durch die letzten Menschen stecken. Denn wie soll eine Partner-
schaft etwa bei Koma-Patienten, bei Menschen mit bestimmten
Hirnverletzungen, bei Ungeborenen und Irren stattfinden? Ist Part-
nerschaft nicht nur bei Patienten möglich, die ebenso rational oder
irrational sind wie ihre Ärzte?

Nietzsches letzte Menschen haben alle irrationalen Individuen
wegrationalisiert. Alle Menschen sind nun gleich. Was Nietzsche beklagt, ist der kleine Mensch, der Herdenmensch. Wofür er plädiert,
ist die Vielfalt, die Irrationalität, das Chaos.

Anscheinend ist die Zeit für den letzten Menschen Nietzsches
noch nicht gekommen oder heute schon vorbei. Oder aber: Der
letzte Mensch hat sich in unserer Zeit der sogenannten Postmoderne
mit Nietzsches Übermenschen gekreuzt. Denn der ist eher so wie
wir heute: individualistisch, narzistisch, weitgehend gewissenlos
und, was die Lust betrifft, auch maßlos. Während die einen angesichts solch zunehmender Individualisierung und des damit einher-
gehenden Solidaritätsschwunds rufen:»Lustmaximierung darf nicht
zum Ethos erhoben werden«, finden die anderen es gut, daß der
Einzelne ein höheres Maß an Verantwortung übernehme, indem er
sich nichts mehr durch Moral und Tabus vorschreiben lasse und
über sein Gefühlsleben selbständig disponiere.

Aber kann man noch selbständig über sein Gefühlsleben disponieren, wenn Glücksgefühle auf Knopfdruck zur Verfügung stehen? Amüsiert man sich dann nicht zwangsläufig zu Tode?

3. Gehirnvergnügen

Schon der Bananenkonsum hat es in sich: Bananen machen glücklich auf Grund der Inhaltsstoffe, die wie Endorphine wirken. Ein Ersatz für das Glück, das aus dem eigenen Gehirn kommt?

Die Affen in der Skinner-Box, die uns jetzt Platons Höhle ersetzen soll, wollten es tatsächlich immer wieder: nicht die Banane, sondern den Lust-Kick per Knopfdruck. James Olds hatte ihnen Gehirnsonden eingesetzt, die in sogenannte Glückszentren des Gehirns führten. Durch Tastendruck konnten sie sich Stromstöße erteilen, die jene Gehirnregionen stimulierten und Glück simulierten. Simulierten? Nein, gibt es denn ein echteres Glück als das aus der Quelle? Kommt nicht alles Glück von dort? So lautete doch die Hypothese von Hippokrates und Francis Crick.

Wenn die Tiere einmal das Glück per Hebel erlernt hatten, war es auch schon um sie geschehen: Ihre Lust wollte Ewigkeit. Allerdings: Die Schmerzlust gab es bei Affen oder Ratten noch nicht. Sie standen bei ihrer Lustbeschaffung unter einem inneren Zwang, einer sogenannten »inneren Belohnungssituation« (Wolf 1996, 192). Hungrige Tiere entschieden sich oft genug für den Hebel statt fürs Fressen. Rattenmännchen zogen die Gehirnstimulation der Kopulation mit attraktiven Rattenweibchen vor:

»Den größten Genuß vermittelten Elektroden, die im Hypothalamus lagen und auch in den Bereichen, von denen W. R. Hess zeigen konnte, daß sie sexuelle oder Verdauungsprozesse steuern. Wenn eine Elektrode in diesem Bereich lag, reizte sich die Ratte bis zu fünftausendmal in einer Stunde. ... Manchmal ergab sich aber auch ein negativer Effekt. Wenn die Reiz-Elektrode an einer etwas anderen Stelle in der Tiefe des Gehirns saß, dann konnte es geschehen, daß die Ratte nur einmal drückte und dann nie wieder. Offenbar führte eine Reizung hier zu einem Schmerz-Erlebnis oder wurde als außerordentlich unangenehm empfunden.« (Pöppel 1995, 196)

Hirnsonden werden gelegentlich Menschen eingesetzt, um ihre Schmerzen durch Überlagerung von Glücksgefühlen zu lindern. Natürlich könnte die Glückserzeugung auch ohne medizinische Indikation, als Selbstzweck, veranstaltet werden. Gordon R. Taylor berichtet:

»Es wurde sogar die nicht allzu ernst gemeinte Vermutung aufgestellt, der sexuelle Akt der Zukunft könne darin bestehen, daß ein Mann den Stimulator der Frau kontrolliert, während sie den seinen kontrolliert.« (Taylor 1982, 95)

Simuliertes Glück? Gibt es denn ein echteres Glück als das aus der Quelle? Kommt nicht alles Glück von dort?

Bei der intrakraniellen Glückserzeugung gibt es keinen Sättigungseffekt wie bei der peripheren Reizung, an der äußere Rezeptoren beteiligt sind, die ermüden. So merkt man zum Beispiel nach einer Weile bequemen und unbeweglichen Sitzens nichts mehr vom

Druck des Gesäßes auf den Stuhl. Auch werden im Falle der Gewöhnung die Nervenimpulse nicht mehr weitergeleitet, etwa beim Ticken der Uhr. Oder die Rezeptoren werden zentral in ihrer Empfindlichkeit herabgesetzt. Bei solcher Sättigung wird das Verhalten nicht mehr bekräftigt. Man wendet sich anderen Rezeptorreizen zu. Für die intrakranielle Selbststimulierung gilt das alles nicht.

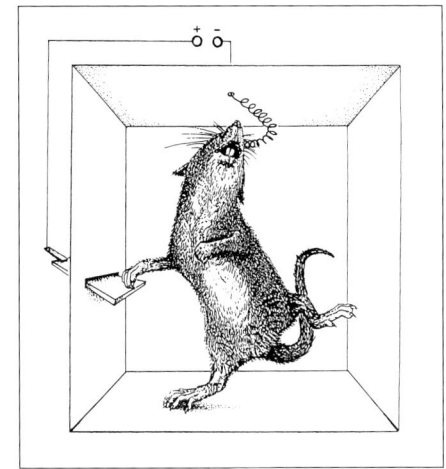

Den größten Genuß vermittelten Elektroden, die im Hypothalamus lagen. Dann reizte sich die Ratte bis zu 5000mal in einer Stunde. Manchmal ergab sich aber auch ein negativer Effekt.

Als die eigentliche Sensation der Experimente von James Olds und Brenda Milner 1958 mit Affen in der Skinner Box galt denn auch die Widerlegung von Freuds Triebtheorie. Man hatte nämlich jetzt eine hirnphysiologische Entsprechung zum Lust-Unlust-Prinzip, die zeigte, daß eine sogenannte Triebbefriedigung wie Essen oder Koitieren nicht die Befriedigung eines Triebes im Sinne einer Energieabfuhr bedeutet, wie Freud es sich vorstellte. Es gibt nur Sättigungseffekte im Zusammenhang mit peripherer Reizung, also Ermüdung von Rezeptoren. Diese ist keine Sättigung oder Reduzierung von Trieben.

Der Test mit den Gehirnsonden wird heute in der Gehirnchirurgie beim Menschen auch dazu benutzt, um die Auswirkung von Hirntransplantaten (meist Gewebe aus dem Gehirn von Föten) auf das Verhalten zu prüfen und insbesondere zu kontrollieren, ob das Transplantat selbst zur Mitempfindung kommt. Womöglich kann man ja mit Transplantaten seine Glücksmöglichkeiten erweitern, zum Beispiel mehr Glückszentren einbauen, die nach Belieben gereizt werden oder auch nur als Verstärkung gewöhnlicher Glücksempfindungen dienen könnten. Sie böten auch bei Bedarf einen Ersatz für erschöpfte Glückszentren, denen die Transmitter ausgegangen sind. Man wäre dann zwar von der Nadel – das heißt der Elektrode-abhängig – nicht aber von Drogen.

Die Trepanation ist seit alters bekannt. Nicht immer diente sie therapeutischen Zwecken.

Anscheinend reicht für ein glückliches Leben das, was wir normalerweise an Gewebe im Gehirn haben, wenn man es nur mit der Nadel oder dem Skalpell richtig stimuliert. Das Effektivste ist allerdings die Hirnsonde. Warum also noch ohne sie leben? Man bräuchte dann auch nicht mehr auf ein jenseitiges Leben zu hoffen, in dem es vielleicht glücklicher zugeht, das aber auch ausbleiben könnte. Denn war nicht der Mangel und die Unwahrscheinlichkeit von Glück in diesem Leben der Grund für die Annahme eines Himmels nach diesem Leben? Jeder kann sich nun nach Belieben Glück zu Lebzeiten verschaffen. Hoimar von Ditfurth berichtet von Patienten, die während

eines gehirnchirurgischen Eingriffs, der wegen der Schmerzunemp-
findlichkeit des Gehirns ohne Vollnarkose geschehen kann, ein un-
geheures Glücksgefühl erlebt haben.

»Einer der Patienten versicherte seinem Chirurgen nachträglich sogar ausdrücklich, daß der Tag seiner Hirnoperation ungeachtet aller
mit ihm verbundenen Ängste und Unannehmlichkeiten aus diesem
Grunde der schönste Tag sei, an den er sich überhaupt erinnern
konnte.« (v. Ditfurth 1976, 325)

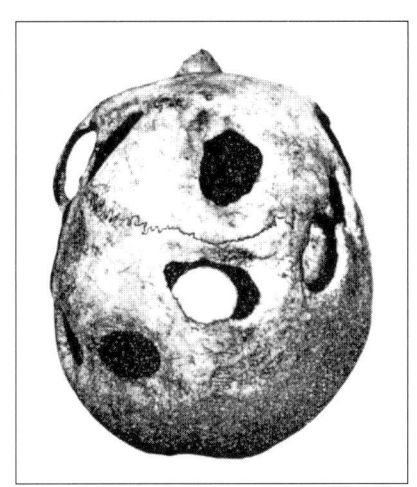

Besonders aus den alten Kulturen
in Peru und in Ägypten gibt es
Hunderte oft mehrfach trepanierte
Schädel.

Noch haben die Ärzte die Glücksbeschaffung nicht zu ihrer Hauptaufgabe gemacht. So versuchten schon einige Glückshungrige auf
eigene Faust das gehirnchirurgische Dauerglück zu erreichen. Sie er-
probten zum Beispiel die Trepanation als Glücksbringer. Hierbei geht
der chirurgische Eingriff mit einer rotierenden Kreissäge oder einer
Kugelfräse (dem sogenannten Trepan, von gr. *trépein* = drehen)
durch den Schädelknochen und die *Dura mater* nur bis zur *Pia
mater*, der weichen Hirnhülle. Er gilt dem *Liquor cerebrospinalis*
(ca. 150 ml) zwischen den Hirnhautschichten *Pia mater* und *Arachnoidea* (Spinnenhaut), der mit der Rückenmarksflüssigkeit und der

Flüssigkeit im vierten Hirnventrikel in Verbindung steht. Pionier war der Niederländer Bart Huges, der erste moderne Homo sapiens correctus, wie er sich selbst nennt. Nicht überhaupt der erste, denn die Trepanation ist seit alters bekannt. Besonders aus den alten Kulturen in Peru oder Ägypten gibt es Hunderte von trepanierten Schädeln, ohne daß man wüßte, ob die Trepanationen kultischen oder therapeutischen Zwecken dienten. Jedenfalls kann man bei den meisten Schädeln aus der Knochenbeschaffenheit an den Rändern der Trepanationslöcher entnehmen, daß die Betroffenen die Operation überlebt hatten und längere Zeit mit den Schädellöchern weiterlebten.

Jener Hirnglückspionier, Bart Huges, behauptet, die Trepanation mache Glücksdrogen überflüssig, sie wirke nämlich so ähnlich wie diese. Er bohrte sich 1965 ein Loch in den Schädel, um sein Hirnwasser herauszupressen. Gehirnchirurgen, zu deren Berufsalltag die Trepanation gehört, bestreiten diese Möglichkeit der Glückbeschaffung. Ihre Patienten hätten nie über positive Gefühle bei oder nach einem solchen Eingriff berichtet, wohl über Kopfschmerzen. Huges hat das offenbar anders erlebt. Er meint, durch das Ablassen seines Gehirnwassers hätte sich der Druck im Schädel so vermindert, daß nun mehr Blut einströmen und das Gehirn mit mehr Sauerstoff und mehr Glukose versorgen könne. Demzufolge fühle er sich tatsächlich viel besser als vorher, denn er sei nun ständig »high«, was ihm die LSD-Droge erspare (Reavis 1967, 307 ff.). Huges' Beispiel machte Schule. 1977 trepanierte sich ein gewisser Immo Jalass, der darüber auch nach 20 Jahren nur Gutes zu berichten weiß. Ärzte halten ihn für paranoid.

Ich würde hier über diesen Wahnsinn kaum so viel Worte verlieren, wenn nicht Immo Jalass sein Motiv für die Umwandlung zum Homo sapiens correctus in einem schauderbaren Ausruf formuliert hätte, der mir für das neurophilosophische Verschwinden des Geistes überhaupt zutreffend zu sein scheint:

»Wo kann ich meinem Selbst näher sein als in der Physiologie?« (*Die Zeit*, 7.11.97, 13)

Hirnphysiologie kann uns sogar über den Tod hinwegtrösten, insofern er das Allerschönste sein könnte. Denn warum nur lächeln Leichen oft so zufrieden – wie Säuglinge an der Mutterbrust nach der Sättigung? Diese schlafen mittels körpereigenem Vasopressin den erquickenden Schlaf. Haben sie die Lust erfahren, welche Ewigkeit will und gefunden hat? Und beschert das sterbende Gehirn sie uns wieder? Mancher, der dem Tod sehr nahe war, bestätigt das. Andere nicht. Bleiben wir also beim schmerzlosen Leben: In einer Kölner Klinik erhalten die Patienten per Knopfdruck nach Belieben die einzunehmende Schmerzmittelmenge, die sie brauchen. Die Maximaldosis, über die hinaus das Glück den Tod bedeuten würde, soll festgelegt sein.

Hirnphysiologen erforschten die Wirkung der Hirnopiate, der Endomorphine (auch Endorphine). Diese besorgen uns den Schlaf (wie ehemals der Gott Morpheus), auch Glücksgefühle und Schmerzlosigkeit, bewirken sogar Heilung. Auch der Placeboeffekt beruht auf Endorphinen. Dieser Effekt kann nämlich durch Naloxon, einen Morphin-Antagonisten ohne morphinartigen Eigeneffekt, blockiert werden. Halten Endorphine auch vom Selbstmord ab? Denn in den Gehirnen solcher, die sich selbst den Tod (allerdings nicht durch Opiate) beigebracht haben, fand man eine verminderte Endorphinkonzentration. Sogar bei Austern hat man diese Stoffe gefunden: Endorphine aus derselben Chemikaliengruppe wie Heroin und Morphium. Sind die Muscheln und ihr Immunsystem gestreßt, so findet man nur wenige freie Anti-Streß-Moleküle, also Endorphine. Der Spiegel dieser Substanzen steigt bei Entspannung. Vielleicht geraten auch gestreßte Muscheln in einen schmerzfreien Morphinrausch, womöglich ausgelöst durch den hoffnungslosen Zustand, in die sie der übliche Zitronensaft vor dem Verzehrtwerden durch den Menschen versetzt hat. So kann es sein, daß sie »ihre Passage in den menschlichen Magen nicht mehr bewußt erleben« (Benecke 1997, 52).

Ob diese Vorstellung nun mehr Appetit auf Austern macht?

4. Unsterblichkeit

»Mein Tod wird für mich wie eine herzliche Umarmung sein.« Das hatte die Sterbeforscherin Elisabeth Kübler-Ross in ihrem letzten Buch versichert. Aber sie wurde enttäuscht. Ihr langsames Sterben erfuhr sie dann als Demütigung. Bislang gehörte der Protest gegen den Tod im Sinne der Forderung, ihn abzuschaffen, in die Kunst und zur Ästhetik des Absurden, wie jenes »Literaturblech« von 1967:

>»Der Tod muß abgeschafft werden, diese verdammte Schweinerei muß aufhören. Wer ein Wort des Trostes spricht, ist ein Verräter. Bazon Brock.« (Brock 1977, 799 f.)

Die Tröstung oblag der Religion und Philosophie. Nun können wir an die Physiologen, an die Neurowissenschaftler und Gentechniker appellieren – und diese an sich selbst –, um die Unsterblichkeit zu besorgen. Aber haben wir dann, was wir wollten?

Günther Anders schreibt in seinem Buch *Die Antiquiertheit des Menschen*:

>»Daß wir *nicht sterben* wollen, ist zwar wahr; unwahr dagegen, daß wir positiv weiter und immer weiter leben, also abermillionen Jahre alt werden wollen. Noch nicht einmal der Vorstellung eines solchen Und-so-weiters sind wir fähig. Das heißt: die Bestimmtheit gehört ausschließlich zur Negation, also zur Abwehr, nicht zum positiven Wunsch. Warum das so ist, warum unserem fundamentalen Abwehrwunsch keine positive Vorstellung korrespondiert, diese vielmehr *blind* bleibt; ob wir gewissermaßen ›zu sterblich‹ sind, um das Nicht-sterben auch nur ›meinen‹ zu können, dem können wir hier nicht nachgehen. Aber es ist so.« (Anders 1956, 58 f.)

Der Tod, meint Richard Wollheim, ist ja nicht ein Übel in dem Sinne, in dem eine Erfahrung ein Übel ist, sondern weil er uns der Aussicht auf weitere Erfahrung beraubt, der Möglichkeit von Glück. Sein macht süchtig: seinssüchtig.

»Daß der Tod ein Unglück ist, kommt nicht daher, daß es uns besser ginge, wenn wir ewig lebten: Denn auch Unsterblichkeit wäre ein Unglück. ... Wessen er uns beraubt, ist etwas Fundamentaleres als die Lust: Er beraubt uns ... der Erscheinungswelt, und, haben wir die Erscheinungswelt einmal gekostet, entwickeln wir ein Verlangen nach ihr, das wir nicht aufgeben können, selbst dann nicht, wenn das Begehren nach dem Nachlassen des Schmerzes, nach dem Verlöschen, stärker wird.« (Wollheim 1996, 269)

Der Zusammenhang von Glück, Tod und Unsterblichkeit bildet den Kern von Kants Moralphilosophie. Hier liegt auch das eigentliche Problem des Lebens. Jedes menschliche Leben endete bisher mit dem Tod, das glückliche wie das unglückliche. Wie soll man glücklich enden, wenn dabei auch das Glück zu Ende geht? Fröhlicher endet der Unglückliche, der an ein glückliches Jenseits glaubt.

Kant meint wie vor ihm die meisten Philosophen, daß Glückseligkeit der Sinn unseres Lebens, aber leider auch unerreichbar sei. Oder Gott sei Dank? Wir hätten nämlich ein Gewissen, sagt Kant, welches von uns fordert, unser Glück im Rahmen der Tugend zu suchen. Unmöglich sei es dann, das vollkommene Glück vor dem Tod zu finden. Allerdings: So sicher wie der Befehl des Gewissens sei das Nach-Tod-Leben und in ihm das Nach-Tod-Glück.

So unglaublich es klingt: Kant hat wegen der Unmöglichkeit der Glückseligkeit in diesem Leben die Unsterblichkeit postuliert. Das Unglück ist unsere Chance!

Hier Kants (1968, V 122 ff.) Gedankenkonstruktion dazu:

1. Glücklich zu sein, das heißt zufrieden mit seinem Dasein, ist das Verlangen aller vernünftigen, aber endlichen Wesen, also aller Menschen. Dieses Verlangen ist letztlich der Grund aller Unternehmungen des Menschen, also alles dessen, was er tut und will. Wie kann man aber angesichts des Todes vernünftigerweise mit seinem Dasein zufrieden sein?

2. Sein Gewissen sagt jedem Menschen, daß er tugendhaft sein soll, das heißt frei von sogenannter pathologischer oder sinnlicher Wil-

lensmotivierung und einzig dem kategorischen Imperativ ver-
pflichtet. Dieser Gewissensruf wäre falsch, wenn diese Sittlichkeit
nicht auch realisierbar wäre, ohne mit dem natürlichen Verlangen
nach Glück zu kollidieren. Das höchste Gut ist Glückseligkeit plus
Sittlichkeit.

3. Um aber Glück durch Tugend (statt zum Beispiel durch Laster)
herzustellen, müßte man ein Heiliger sein. Damit meint Kant die
völlige Angemessenheit der Gesinnungen zum moralischen Ge-
setz in jedem Moment, was in der Sinnenwelt unmöglich sei.
Möglich wäre die Heiligkeit nur bei einer deshalb unendlich fort-
dauernden Person, die dann in gewisser Weise ständig an sich
arbeiten, das heißt die Sinnlichkeit als Neigung zu Glückslastern
abarbeiten könnte.

4. Deshalb muß es eine solche ewige Fortdauer geben, weil uns
sonst das Gewissen mit seiner unbedingten Forderung nach Tugend um unser Glück betrügen würde. Es würde geradezu lügen.

Die Konstruktion Kants hat zwei Säulen: eine übersinnliche und
eine sinnliche. Einmal das übersinnliche Faktum des kategorischen
Imperativs des Gewissens. Dann das sinnliche Faktum des verhäng-
ten Todes solcher Lebewesen, wie ich es bin, also der Endlichkeit
des Lebens.

Gegen Kants Säulen gibt es grundsätzliche Bedenken. Vielleicht
haben ja die Menschen nur deshalb ein Gewissen, weil sie wissen,
daß sie sterblich sind, aber den Tod nicht akzeptieren und über ihren
Tod hinaus, das heißt unabhängig von ihrer physischen Existenz,
leben wollen. Dies Weiterleben könnte schon in der Anerkennung
der anderen bestehen, also im Geist der anderen. Das postmortale
Glück wäre so das prämortal bloß vorgestellte Glück: die Vorstellung
vom eigenen Geachtetsein durch andere, ohne welches man sich
selbst nicht mehr achten kann. Nicht das Gewissen oder dessen
imperativische Stimme wäre das übersinnliche Faktum, sondern der
Tod. Übersinnlich ist das Faktum des Todes, weil dieser selbst un-
erfahrbar und nur indirekt, über die Identifizierung mit anderen, ge-

wiß ist. Diese sind allerdings bisher alle vor mir gestorben, beweisen also weniger meine Sterblichkeit als meine Unsterblichkeit, die deshalb auch durch mutwilliges Töten anderer wahrscheinlicher gemacht wird. Die Identifizierung kann also scheitern, sie erfolgt nicht hinsichtlich eigener Erfahrungen wie beim Mitleid angesichts fremden Leidens.

Nach dem Tode sind wir in einer ganz anderen Welt, die aber nur der Form nach verändert ist, wo wir nämlich die Dinge erkennen, wie sie an sich selbst sind.
IMMANUEL KANT

Was aber, wenn die Menschen untötbar wären oder auch nur beliebig lange leben könnten? Fühlte sich da noch irgend jemand durch sein Gewissen, das heißt nun (im Sinne der eben angeführten Anerkennungsreflexion) durch die überlebenden Anderen, auf das Glück im Jenseits verwiesen? Was würde aus Kants Moral, wenn das Leben beliebig lang währen könnte? Würden wir dann noch versuchen, durch die unendliche Progression, die Kant über den Tod hinaus fordert, im unendlichen Leben heilig zu werden, also Glück und Tugend in alle Ewigkeit zu verbinden suchen? Ist die physische Lebensverlängerung dann überhaupt moralisch zu verantworten? Ist die Moral für Unsterbliche womöglich die Maximierung des Glücks, der Lustgefühle um jeden Preis? Wie machten es die Unsterblichen der alten Griechen, die Götter? Könnten unsterbliche Menschen so miteinander leben? Würden tötbare, aber doch potentiell unsterbliche Menschen überhaupt noch miteinander leben können? Würde die Angst, das ewige Leben zu verlieren, sie nicht hindern, überhaupt vor die Tür zu treten? Oder würde nicht ein Kampf um die lebenserhaltenden Ressourcen entbrennen, ein Krieg aller gegen alle, so daß sich die Menscheit womöglich entweder auf einen oder gar keinen zusammenzöge? Denn ginge es nicht für jeden darum, wie Gott zu sein, ewig und zugleich der eine und einzige?

Werfen wir einen Blick in die Bibel. Laut biblischer Geschichte wurden die Menschen aus dem Paradies vertrieben, weil sie vom Baum der Erkenntnis gegessen hatten und nicht auch noch vom Baum des ewigen Lebens essen sollten. Mir scheint, die Menschen sind ins Paradies zurückgekehrt. Denn steht dieser zweite Baum wirklich noch unangetastet dort? Haben die Menschen nicht zumindest begonnen, sich an seinen Früchten zu schaffen zu machen, um zu werden wie die Götter und dann schließlich so wie der eine Gott: einzig und ewig? Hat uns denn nicht heute die Gentechnologie im Verbund mit der Neurotechnologie den Zugang zum Paradies ewigen Lebens verschafft? Ich meine insbesondere die Technik des Klonens, das heißt der nichtsexuellen Reproduktion. So wie das biblische Paradies vom Eingott Jahwe (Jehowa) beherrscht wurde, so könnte das neue Paradies von der sich durch nichtsexuelle Reproduktion auf ein Individuum reduzierenden Menschheit beherrscht werden.

Der Bibeltext der *Genesis* läßt noch an einigen Stellen durchblicken, daß es zunächst mehrere Gottheiten, Göttinnen wie Götter, waren, welche die Menschen sich zum Bilde schufen, sie aus dem Paradies vertrieben und auch den Bau des babylonischen Wolkenkratzers verhinderten. Die Bibel beginnt ja mit der Erschaffung der Welt durch die Elohim, die Götterschar. Aber das wird immer falsch mit Gott übersetzt, als stünde dort El, die Einzahl von Elohim, oder eben ein päpstlicher Pluralis majestatis.»Laß uns Menschen machen als unser Abbild, uns ähnlich« (1 *Mose* 1,26), heißt es und»Seht, der Mensch (= Adam) ist geworden wie wir; er erkennt Gut und Böse.« Nach dem Sündenfall werden noch zwei weitere Versuche des Menschen, ganz so wie ein Gott zu werden, von den Elohim abgeschmettert: Die sexuelle Vermischung der Menschentöchter mit den Göttersöhnen (1 *Mose* 6,2) und der himmelstürmerische Turmbau zu Babel (1 *Mose* 11,4). Die Folge: 1. Die Menschen werden höchstens noch 120 Jahre alt (1 *Mose* 6,3:»Seine Lebenszeit soll 120 Jahre betragen!«). 2. Die Menschen verstehen sich untereinander nicht mehr (1 *Mose* 11,7:»Auf, steigen wir hinab und verwirren dort ihre Sprache!«). Dann erst ist es mit den Versuchen der Selbstvergöttlichung der Menschen zu Ende. Und erst viel später steht Jesus Christus mit seinem Gottestod dafür ein, daß die Menschen wenigstens nach dem Tod noch in den Himmel kommen können.

Die Menschen, das sind Männer und Frauen. Ihr Verhältnis zueinander wird nach dem ersten Sündenfall, dem Essen vom Baum der Erkenntnis, als patriarchales festgeschrieben: er oben, sie unten. Jahwe, jetzt genannt Jahwe Elohim, auf den sich die Götterschar reduziert hatte, befiehlt:

>»Viel Mühsal bereite ich dir, sooft du schwanger wirst. Unter Schmerzen gebierst du Kinder. Du hast Verlangen nach deinem Mann; er aber wird über dich herrschen.« (1 *Mose* 3,16)

Nur noch die Männer sind jetzt die Bilder des einen Gottes Jahwe. Deshalb die reaktionäre Wiederholung der Menschenerschaffung im zweiten Kapitel: Jahwe macht den Adam; und der gebiert, unter Narkose und mit Jahwe als Operateur, die Frau als seinen Klon. Aber ohne Y-Chromosom! Der Mann Adam repräsentiert nun allein die Menschheit. Doch den göttlichen Zugang zum Baum des Lebens bzw. des Klonens hat er noch nicht.

Das scheint sich heute geändert zu haben. Bis vor kurzem waren die Männer zwecks Fortpflanzung noch auf Frauen angewiesen.

Adam befand sich eben bislang noch außerhalb des Paradieses, in dem Gott damals die Frau zum Klon und Gehilfen des Mannes gemacht hatte. Jetzt ist die Rückkehr angekündigt: der göttliche Zugriff auf den Baum des Lebens, also des Klonens und der Gehirntransplantation. Denn diese beiden Technologien verheißen Unsterblichkeit.

Nach dem ersten Sündenfall verkündete Jahwe Elohim:

>»Seht, der Mensch (= Adam) ist geworden wie wir, er erkennt Gut und Böse. Daß er jetzt nicht die Hand ausstreckt, auch vom Baum des Lebens nimmt, davon ißt und ewig lebt! Jahwe Elohim schickte ihn aus dem Garten von Eden weg, damit er den Ackerboden bestelle, von dem er genommen war. Er vertrieb den Menschen und stellte östlich des Gartens von Eden den Kerubim auf und das lodernde Flammenschwert, damit sie den Weg zum Baum des Lebens bewachten.« (1 *Mose* 3,22–24)

Im letzten Kapitel der Bibel stehen die »Bäume des Lebens« noch da: wie Frauen, deren monatlichen Früchte die reifen Eizellen sind. »Zwölfmal tragen sie Früchte, jeden Monat einmal.« (*Offenbarung* 22,2) Der Zugriff darauf ist bis vor kurzem nur der patriarchal-sexuelle gewesen. Nun ist der nichtsexuelle angesagt.

Klonen ist eine normale Sache in der Natur, bei Pflanzen, Tieren oder Menschen. Von Natur aus entstehen eineiige Zwillinge, und per Zufall gibt es bei der Spermieninjektionsmethode namens Icsi auch zufällig manchmal Klone, meint der Reproduktionsgenetiker Steen Willadsen. Das gezielte, beabsichtigte Menschenklonen hat man noch nicht im Griff, auch wenn die Ausgangszelle eine embryonale und keine ausgewachsene Euterzelle ist, wie wahrscheinlich beim Klon-Schaf Dolly.

Gegen das Klonen an sich steht kein biblisch-moralischer Kerubim und kein flammendes Schwert. Diese beiden Wächter richten sich gegen die Unsterblichkeit durchs Essen vom Baum des Lebens, also nur gegen eine geklonte Unsterblichkeit. Der heutige Anlauf dazu ist der zweite Sündenfall. Er bedeutet zugleich die Rückkehr ins Paradies. Macht dann die zweite Sünde nicht die erste gut? Kann also Klonen Sünde sein?

Der erste Sündenfall war der Griff nach den Früchten des Baums der Erkenntnis, um klug zu werden wie Jahwe bzw. die göttliche Schlange. Der zweite ist der Griff nach den Früchten des Baums des Lebens zwecks endgültiger Gottwerdung, das heißt zwecks Unsterblichkeit. Warum soll das Sünde sein?

Der erste Sündenfall machte die Menschen klug wie Gott und die Schlange. Der zweite emanzipiert sie vom Schöpfer: Sie stellen sich nun selbst her.

Sünde ist, biblisch gesehen, die Hybris der Gottwerdung des Menschen. Die erste Sünde bescherte dem Menschen das Wissen um den Tod, die bedrückende Aussicht, als einzelner zwangsläufig zu Staub und Moder zu werden. Nur durch die Kette der sexuellen Reproduktion erhält sich das menschliche Leben – über die einzelnen sterblichen Individuen hinweg. Was soll nun verkehrt daran sein, als Individuum zu werden wie Gott – unsterblich? Und warum dann nicht auch so zu werden wie Jahwe, der eine und einzige der Elohim durch Ausmerzen der anderen aus der Götterschar? Genügt zum ewigen menschlichen Leben nicht auch nur ein Mensch, ein

Mensch wie ein Gott? Die Menschheit, die sich allmählich reduziert auf ein unsterbliches Wesen, wäre die nicht der lebendige Gottesbeweis? Sind wir unterwegs dahin? Wer wird es werden? Wer wird Gott? Das Problem des Menschen ist seit der Erweckung seiner Vernunft beim ersten Sündenfall das Todesbewußtsein. Zwecks realen Weiterlebens stürzte er sich bisher auf die Sexualität und zwecks symbolischen Weiterlebens in die Kunst, die Wissenschaft, das kulturelle Leben und in die Religion, das heißt ins jenseitige Leben nach dem Tod. Mehr Unsterblichkeit schien im kulturellen Leben zu sein, mehr Realität im Gattungsleben sexueller Reproduktion.

Platon setzte auf die Kultur. Er schrieb im *Symposion* (209 c–d):

>»Und jeder sollte lieber solche Kinder haben wollen als die menschlichen, wenn er auf Homer sieht und Hesiod und die anderen trefflichen Dichter, nicht ohne Neid, was für Geburten sie zurücklassen, die ihnen unsterblichen Ruhm und Angedenken sichern.« (Platon 1957, II 238)

Platon kannte das Klonen noch nicht, welches Unsterblichkeit verspricht oder zumindest suggeriert. Gesetzt, man könnte sich, zeitverschoben oder synchron, mit DNA-identischen Reproduktionen seiner selbst versorgen. Wie könnte man dadurch dem Tod entkommen? Durch Töten! Denn: Wie anders soll ich in frischeren, weniger kranken, genkorrigierten Doubles meiner selbst mein Leben verlängern und in ihnen weiterleben, wenn nicht durch Identitätstransfer? Und Identität, wo ist sie? Sie steckt im Gehirn, dem einzigen Organ, so scheint es, das ich nicht auswechseln kann, ohne ein anderer zu werden, womöglich dort auch nur in einem kleinen Hirnteil. Dieses müßte ich meinem Klon implantieren (ohne dabei den Gehirntod zu sterben), so daß dadurch die Identität des Klons verdrängt, gelöscht, beendet würde. Anstelle des anderen bin dann ich.

Hirnimplantationen gibt es längst. 1990 pflanzte, aus therapeutischen Gründen, J. Kolarik in Olmütz Schizophrenen fötales Hirngewebe ein. Lebendes Gewebe natürlich. Die Spenderföten wurden

dabei selbstverständlich getötet. Diagnose: Hirntod. Leben die Föten im fremden Gehirn nun weiter? Sind sie nun jene Anderen geworden, die womöglich Nicht-mehr-Schizophrenen?
Kerubim und flammendes Schwert! Wo seid ihr geblieben? Kant
hatte in seiner *Grundlegung der Metaphysik der Sitten* die Stimme
des Gewissens mitgeschrieben:

>»Handle so, daß du die Menschheit, sowohl in deiner Person, als in
>der Person eines jeden anderen, jederzeit zugleich als Zweck, niemals
>bloß als Mittel brauchst.« (Kant 1968, IV 429)

Er glaubte allerdings, dadurch zu einem unendlichen Fortleben in
einer übersinnlichen Welt zu kommen. Denn der irdische Tod galt
ihm als unvermeidbar. Die übersinnliche Welt ewigen Lebens schien

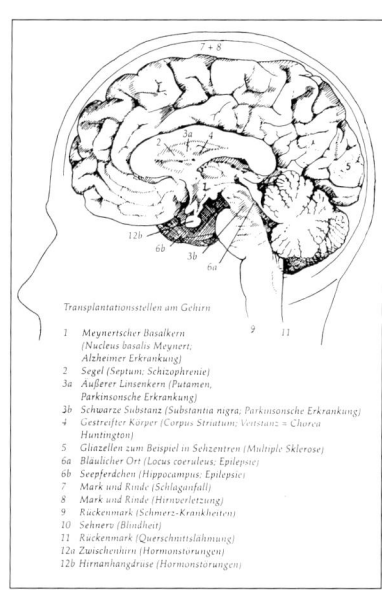

Gehirn als Lebensmittel fürs
Gehirn. Gehirnkannibalismus

Transplantationsstellen am Gehirn

1 Meynertscher Basalkern
  (Nucleus basalis Meynert;
  Alzheimer Erkrankung)
2 Segel (Septum; Schizophrenie)
3a Äußerer Linsenkern (Putamen,
  Parkinsonsche Erkrankung)
3b Schwarze Substanz (Substantia nigra; Parkinsonsche Erkrankung)
4 Gestreifter Körper (Corpus Striatum; Veitstanz = Chorea
  Huntington)
5 Glanzellen zum Beispiel in Sehzentren (Multiple Sklerose)
6a Bläulicher Ort (Locus coeruleus; Epilepsie)
6b Seepferdchen (Hippocampus; Epilepsie)
7 Mark und Rinde (Schlaganfall)
8 Mark und Rinde (Hirnverletzung)
9 Rückenmark (Schmerz-Krankheiten)
10 Sehnerv (Blindheit)
11 Rückenmark (Querschnittslähmung)
12a Zwischenhirn (Hormonstörungen)
12b Hirnanhangdrüse (Hormonstörungen)

ihm durch die Unbedingtheit der Forderung gewiß, unabhängig von
Lust und Laune allgemein verbindlich zu handeln: freiwillig absolut
gesetzmäßig, wie sonst in der Natur automatisch. Von der Möglich-

keit, gerade dadurch, daß man einen anderen Menschen – und das ist auch mein Klon – nur als Mittel nimmt, sich selbst unsterblich und damit zum absoluten und einzigen Zweck zu machen, hatte er keine Ahnung.

Sofern die Moral der Unsterblichkeit und Todesüberwindung durch Verzicht, ja Wegwerfen sinnlichen Glücks dient, wird sie durch den zweiten Sündenfall storniert. Der erste Sündenfall mit dem neuen Bewußtsein des Todes, durch das sich der Mensch vom Tier unterschied, machte die aufs Jenseitsglück zielende Moral nötig, insbesondere die Sexualmoral. Die Abschaffung des individuellen eigenen Todes durch klonierte Unsterblichkeit, und das heißt durch Töten, macht sie dann wieder überflüssig. Sie vermag selbst nichts gegen ihre Auflösung. Sie hat ja keinen Grund mehr. Sexualität als Reproduktionstechnik braucht es dann auch nicht mehr zu geben.

Es sei denn, Moral hätte einen anderen Sinn als den der Garantie todesenthobenen Lebens über die sterblichen Individuen hinweg, also eines Lebens der überindividuellen Gattung im Diesseits oder der moralischen Person im Jenseits. Denn wer wird noch an irgendeine Maxime sein Leben daransetzen, wenn dieses Leben möglicherweise das ewige, das einzige, das göttliche ist? Nur eine andere Moral könnte uns die Rückkehr ins Paradies zum Baum des Lebens verwehren. Aber eine solche Moral haben wir nicht, solange wir nicht ohne Unsterblichkeitshoffnung sterben wollen. Und wer will das schon?

Kapitel 2: Gehirnexplosion

1. Die verbotene Frucht

»Es ist ungefähr so groß wie eine Grapefruit. Es wiegt ungefähr soviel wie ein Kohlkopf. Es ist das einzige Organ, das wir nicht transplantieren können, ohne jemand anders zu werden.« (Ornstein/Thompson 1993, 27)

Mit Herz, Lunge, Hand und Fuß ist das nicht so. Die können wir austauschen oder sogar weglassen; nicht immer, ohne dadurch anders zu werden, aber doch wohl immer, ohne dann jemand anders zu sein. Der Vergleich mit Frucht und Pflanze ist bezeichnend: Das Gehirn kann wie eine Frucht gegessen und verpflanzt werden. Natürlich geht das Essen und Verpflanzen auch mit anderen Körperteilen. Aber beim Gehirn sind die Folgen der Einverleibung oder Verpflanzung doch ganz anders.

Fleischliche Einverleibung unter Artgenossen nennt man Kannibalismus. Er gehört zur heutigen Transplantationsmedizin als Mittel unserer Lebensverlängerung. Womöglich war er der Anfang der Medizin, vielleicht sogar der Auslöser der Menschwerdung überhaupt. Das mag überraschend klingen. Aber eine Andeutung solcher Menschwerdung macht die Bibel mit ihrer Geschichte vom Sündenfall. Denn: Was war das für eine verbotene Frucht? Sie war etwas, das die Menschen anders werden ließ. Anders heißt: so wie wir jetzt sind, nämlich klug, nackt und dauerbrünstig. Das Motiv der Menschen war ja, anders werden zu wollen, so zu werden wie Gott: klug und unsterblich. Es gelang ihnen nicht ganz, denn sie konnten nur von dem einen der verbotenen Bäume essen, dem Baum der Erkenntnis. Vom Baum des ewigen Lebens wurden sie durch die Vertreibung aus dem Paradies ferngehalten.

Von einem zweiten Sündenfall durch Rückkehr ins Paradies war schon im vorigen Kapitel die Rede. Jetzt geht es um den ersten Sündenfall, um die Übertretung des Eßverbotes bezüglich des Baumes der Erkenntnis.

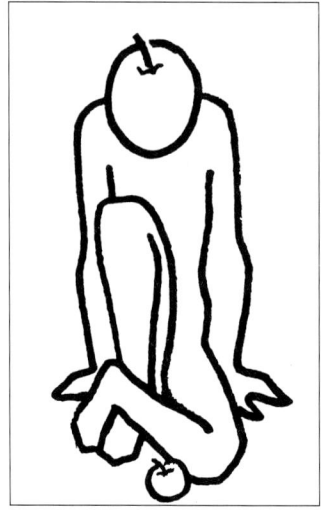

Wenn es also auch nur eine Frucht gewesen wäre, deren Anblick durch die Ähnlichkeit mit anderen annehmlichen, die man sonst gekostet hatte, zum Versuche einladete; wenn dazu noch etwa das Beispiel eines Tieres kam, dessen Natur ein solcher Genuß angemessen, so wie er im Gegenteil dem Menschen nachteilig war, daß folglich in diesem ein sich dawider setzender Instinkt war: so konnte dieses schon der Vernunft die erste Veranlassung geben, mit der Stimme der Natur zu schikanieren und trotz ihrem Widerspruch den ersten Versuch von einer freien Wahl zu machen, der als der erste wahrscheinlicherweise nicht der Erwartung gemäß ausfiel.
IMMANUEL KANT

Das ist meine These: Das verbotene Essen war die Einverleibung von Fleisch, von dem, worin das Leben steckt. Insbesondere war es Kannibalismus, denn es ging ums eigene Fleisch, ums eigene Leben. Es war sogar Gehirnkannibalismus. So wie ein einzelner Mensch (zum Beispiel einer namens Adam) durch chirurgische Hirnverpflanzung oder Hirnimplantation anders wird, womöglich ein anderer, so wurde auch die Menschenart oder der Mensch (das hebräische Wort dafür ist Adam) über Generationen hinweg durch Gehirnkannibalismus verändert. Der Mensch wurde zu einer anderen Art Mensch, zum *Homo sapiens sapiens.* Das ist die Hypothese, die im folgenden durch die Heilige Schrift und des weiteren durch profane Anthropologie zu erhärten ist. Die These stammt von Oscar Kiss Maerth.

Die »richtige Interpretation der Genesis«, so schreibt er in seinem Buch *Der Anfang war das Ende* (1971, 234), wird »die Denkweise und die zukünftigen Zielsetzungen der Menschheit entscheidend beeinflussen«. Wenn das eine Zukunftsprognose sein soll, dann glaube ich das nicht. Wer hat denn noch heutzutage eine Bibel und macht sich Gedanken über die *Genesis*? Außerdem scheint der Kannibalismus das größte Tabu der Menschheit zu sein. Selbst da, wo er noch praktiziert wird, zum Beispiel in Borneo oder Neu-Guinea, sprechen die Menschen – wenn überhaupt – nur verschlüsselt darüber. Er wird verschwiegen und auch nicht bildlich dargestellt. Kannibalismus bildet den Schuldkomplex der Menschheit schlechthin. Das Christentum versucht, ihn quasi homöopathisch mit dem eucharistischen Kannibalismus abzugelten. Die Wissenschaft wagt selten, ihn zu erforschen. Am liebsten wird er als Legende abgetan, so durch William Arens in seinem Buch *The Man Eating Myth* (1979) und durch andere, die allerdings alle gründlich widerlegt wurden (Abler 1980, 309 ff. und Whitehead 1984, 69 ff.). Schon bei den Griechen, so erzählt Platon, mußte der Kannibalismus am Anfang der Menschheit verschwiegen werden. Das Gleiche gilt für die Hebräer und ihre Bibel. Man wird deshalb wohl immer wieder die biblische *Genesis* interpretieren, aber wohl kaum so, wie ich es hier vorhabe.

Wenn also »die richtige Interpretation der Genesis« nicht tatsächlich die Menschheit verändern wird – sie tat es zumindest seit Maerths Buch aus dem Jahre 1971 nicht –, so scheint sie mir doch eine interessante Spekulation zu sein, die bei uns einiges an Vorstellungen in Bewegung zu setzen vermag, vielleicht mit dem Ergebnis: Es könnte doch alles ganz anderes gewesen sein, als man meinte. Wir selbst waren Kannibalen und sind es geblieben. Sollten wir aufhören, es zu sein?

Es lohnt sich also, noch einmal (wie schon im vorigen Kapitel) in die Bibel zu schauen. Normalerweise macht man das nicht, weil man schon genug davon gehört hat, was darinsteht. So mag es sein, daß manch einem die Behauptung vom Fruchtfleisch des Sündenfalls ganz unbiblisch erscheint. Man wird außerdem von einem philosophischen Text (und in gewissem Sinn ist dieser hier ein solcher) nicht annehmen, daß er sich auf mythische Geschichten stützt. Ich nehme deshalb Immanuel Kant, dem man gemeinhin doch Philosophie zutraut, als Rechtfertigung und auch als Unterstützung für die nun folgende Interpretation der Sündenfallgeschichte. Diese Geschichte hat Kant (1968, VIII 123) in seiner Schrift *Mutmaßlicher Anfang der Menschengeschichte* aus dem Jahre 1786 wie folgt ins Philosophische übersetzt: Der Anfang der Vernunft war ein Vernunftmißbrauch.

Vernunft, von der sie Gebrauch machen konnten, hatten die ersten Menschen der Bibel schon. Sie konnten denken und sprechen und sie wußten, daß sie sterblich waren. Für ihr Nichtsterben riskierten sie alles, eben auch – durch Anderswerden oder Artveränderung – auszusterben. Vernunft im eigentlichen Sinne ist für Kant praktische oder moralische Vernunft. Die andere Vernunft, die theoretische Vernunft oder den Verstand, den haben bereits die Tiere – zumindest in Maßen. Diese Vernunft hatten natürlich auch die Menschen vor dem Sündenfall. Was sie auszeichnete, wenn es denn eine Auszeichnung bedeutet, war ihr Todeswissen. Darauf beruht das Motiv zum Sündenfall: göttlich sein zu wollen, allwissend und unsterblich.

Vernunftmißbrauch sieht Kant im Essen vom verbotenen Baum der Erkenntnis, das klug machte, aber auch pelzlos und sexuell krank, so daß nicht nur eine Technologie des Überlebens (Wohnung, Kleidung, Hygiene), sondern auch eine Sexualmoral, getragen von Scham- und Schuldgefühlen, nötig und, dank der dabei gewonnenen Klugheit, möglich wurde. Gewarnt und legitimiert durch den katastrophalen Vernunftmißbrauch am Anfang verspricht Kants Vernunftmoral der Triebzügelung und Sublimierung, das katastrophal-kannibalische Ende der Menschheit zu vermeiden. Statt einer Unsterblichkeit auf Erden durch Essen vom Baum des Lebens, das Kant allerdings noch nicht als Klonierung und Hirntransplantation in Erwägung ziehen konnte, stellt er, wie oben bereits besprochen, dem Menschen die Unsterblichkeit der Seele in Aussicht.

Warum Vernunftmißbrauch? Kant meint, mit der Vernunft hätte

»der unerfahrene Mensch … seine Kenntnis der Nahrungsmittel über die Schranke des Instinktes zu erweitern« gesucht und dabei gegen den Naturtrieb (zur vegetarischen Kost zwecks Selbsterhaltung der Individuen) neue Begierden erkünstelt und unnatürliche Neigungen erzeugt, das heißt: »Lüsternheit« und »Üppigkeit« (Kant 1968, VIII 111). Denn nur die vegetarische Kost war Tieren und Menschen in *Genesis* 1,30 von der Götterschar (= Elohim) und dann in *Genesis* 2,16 den Menschen noch vor Erschaffung der Tiere von dem nun Jahwe genannten Gott aus der Götterschar gestattet worden. Dieses Vegetarismusgebot wird in *Genesis* 3,17 ff. bei der Vertreibung vom Lebensbaum mit seinen ewiges Leben ermöglichenden Früchten dreifach wiederholt und dadurch eingeschärft: »Vom Ackerboden wirst du essen«, »die Pflanzen des Feldes mußt du essen«, »dein Brot sollst du essen« (*Genesis* 3,17 ff.).

Natürliche Gründe für die Umstellung auf Fleischnahrung und damit auf ein künstliches Raubtierverhalten gibt es nicht. Die Umstellung auf fleischliche Kost ist keine zwingende Entwicklung. Sie ist zum Beispiel nicht nötig für höhere Intelligenz, etwa zur Versorgung eines größeren Gehirns. Es gibt genug fleischfressende Tiere ohne auffällige Hirnvergrößerung in ihrer Entwicklung. Schließlich sind die Menschenaffen weitgehend Vegetarier geblieben. Der Kannibalismus diente auch nie der profanen Nahrungsbeschaffung, er war immer rituell überformt und zielte meist nur auf den Kopf und das Gehirn.

Kant meint: Zum Vernunftmißbrauch (beim verbotenen karnivoren Essen) kam es durch Einbildungskraft und Augenlust. Der verbotene Baum und seine Frucht waren hübsch anzusehen: Sie waren eine »Augenweide«, schreibt die Bibel (*Genesis* 3,6). Der intrakraniellen Stimulierung, wenn wir die drogenartige Wirkung der neuen Speise so nennen wollen, ging also die Augenlust (wie ich sie im vorigen Kapitel beschrieben habe) voraus. Nach dem Verzehr gingen den Essern die Augen auf, heißt es in der Bibel. Jetzt erst war nämlich die moralische Vernunft da, so würde Kant sagen, und zwar mit ihrer ersten Äußerung, dem »Feigenblatt«. Vorher diente die Vernunft nur den Trieben, jetzt beginnt sie, die Triebe zu beherrschen. Kant schreibt:

>»Das Feigenblatt war also das Produkt einer weit größeren Äußerung der Vernunft, als sie in der ersten Stufe ihrer Entwickelung bewiesen hatte. Denn eine Neigung dadurch inniglicher und dauerhafter zu machen, daß man ihren Gegenstand den Sinnen entzieht, zeigt schon das Bewußtsein einiger Herrschaft der Vernunft über Antriebe und nicht bloß, wie der erstere Schritt ein Vermögen ihnen im kleineren oder größeren Umfange Dienste zu leisten. Weigerung war das Kunststück.« (Kant 1968, VIII 113)

Die Sexualorgane wurden »den Sinnen entzogen«, damit der Sündenfall, also die Erweiterung der vom Instinkt gesetzten Grenzen durch die Einbildungskraft, sich hier, beim Instinkt der Arterhaltung, nicht wiederhole. Und das heißt nun: damit nicht eine im Sinne Kants perverse Sexualität, also Masturbation, Sodomie und Homosexualität, zum Aussterben der Art führte.

Im Zuge der neuen karnivoren Ernährungsweise wurden, wie die Bibel schreibt, die Menschen immer langlebiger (bis an die 1000 Jahre), riesiger und mächtiger, was vielleicht ein Zeichen dafür war, daß sie bereits etwas von den Früchten für ewiges Leben erlangt hatten. Schließlich vermischten sich die Göttersöhne mit den attraktiven Menschentöchtern. Es kam zu Riesenwuchs und der Perversion allen Fleisches, das heißt zur sexuellen Vermischung aller Fleisch-Lebewesen: der »gefallenen« Götter, der Menschen und der Tiere. »Alle Wesen aus Fleisch auf der Erde lebten verdorben.« (*Genesis* 6,12) Die Götter, insbesondere Jahwe Elohim, beschlossen die Reinigung der Erde und die Herabsetzung der Lebenszeit auf 120 Jahre (*Genesis* 6,3). Tatsächlich ist die Zeit der Sintflut vor etwa 4000 bis 5000 Jahren auch die des Endes des Kannibalismus in Eurasien und auch des Endes der Gehirnvergrößerung. Bis ungefähr zum 50. Jahrtausend vor unserer Zeitrechnung hatte sich das Gehirnvolumen der Menschen in der letzten Jahrmillion verdreifacht.

Kant meint zum biblischen Alter der Menschen vor dem Sündenfall: Die so alt werdenden Menschen hätten ihre Ausrottung verdient, weil

> »die Laster eines so lange lebenden Menschengeschlechts zu einer
> Höhe steigen müßten, wodurch sie keines besseren Schicksals würdig
> sein würden, als in einer allgemeinen Überschwemmung von der
> Erde vertilgt zu werden.« (Kant 1968, VIII 122)

In anderen Mythentexten wird der Kannibalismus direkt benannt:

> »Die Gefallenen hatten einen so gewaltigen Appetit, daß Gott ganz
> unterschiedlich schmeckendes Manna auf sie herabregnen ließ, damit
> sie nicht in die Versuchung kamen, Fleisch zu essen, eine verbotene
> Speise, und die Sünde mit dem Mangel an Getreide und Küchen-
> kräutern zu entschuldigen. Trotzdem verschmähten die Gefallenen
> Gottes Manna und schlachteten zu ihrer Ernährung Tiere und aßen
> sogar Menschenfleisch. Auf diese Weise verpesteten sie die Luft mit
> widerlichen Dünsten. Daraufhin beschloß Gott, die Erde zu rei-
> nigen.« (Ranke-Graves 1986, 125)

Der Bund Gottes mit allem Fleisch nach der Sintflut zeigt, daß
der Anlaß zur Reinigung die Folgen der karnivor-kannibalischen
Ernährung waren. Jetzt wird nämlich erstmals den Menschen zu-
gestanden, alles Lebendige zu verspeisen, bis auf das Blut, das Jahwe
gehört. Das dabei ausgesprochene Menschen-Tötungsverbot für
Mensch und Tier ist eigentlich, wie der Zusammenhang zeigt, ein
Eßtabu. Wie damals (in *Genesis* 1) alle grünen Pflanzen den Menschen und den Tieren verordnet wurden, so jetzt (*Genesis* 9) alles
Lebendige allem Lebendigen, also alle Wesen aus Fleisch allen We-
sen aus Fleisch. Nur das Vergießen von Menschenblut ist verboten.
Das heißt: Der Kannibalismus ist verboten.

Fleischverzehr wird übrigens deshalb erlaubt, weil Jahwe Elohim
nicht auf den Duft der Brandopfer verzichten will (*Genesis* 8,21).
Die Mythenbildner und Bibelschreiber rechtfertigen mit dem ge-
fräßigen Gott ihre karnivore Ernährung und, was dahinter steckt,

den Tötungskult. Denn der ist wohl der eigentliche Grund für das Essen von Fleisch. Sein Sinn ist die Abwehr der Todesangst, die Einverleibung des Todes und seine Verwandlung ins Leben.

Mit etwas Phantasie erkennt man in der dann folgenden, völlig verstümmelten Geschichte von Noahs Trunkenheit und Geilheit einen Rückfall in den Kannibalismus, also das verbotene Essen und Trinken (was im Meßopfer der Christen wieder zelebriert wird). Kanaan und mit ihm die Kanaaniter werden hier von Großvater Noah verflucht. Warum? Hat doch nicht Kanaan, sondern sein Vater Ham – das ist Noahs Sohn – die Geschlechtsteile Noahs gesehen, als dieser, berauscht von Rotwein (das heißt Blut; das Blut des Herrn Jesus im Meßopfer ist ja auch Wein), eingeschlafen war? Dabei habe Ham dem Noah nämlich etwas angetan. Was, das steht hier nicht. Aber was soll es anderes sein als die Kastration (Schulte 1995, 94 ff.)? Die Moral der Geschichte: Gott kastriert die Falschesser, die sich anmaßen, wie Gott selbst zu essen, also mit Blut. Der Bund, den Jahwe dann mit Abraham schließt, zeigt es: Er wird blutig ins Fleisch geschnitten als Beschneidung am achten Tag, dem Tag der Opferung der Erstgeburt. Die Beschneidung ist eine rituelle Opferhandlung, Ersatzopfer und Kastrationsdrohung gegen das verbotene Essen.

Der erste Sündenfall war geschehen. Die Folgen sind zumindest in dem Sinne gut, daß es nun eine moralische Vernunft gibt, um die Triebe zu beherrschen und die unsterbliche moralische Person hervorzubringen. Es bleibt also bei der karnivoren Ernährung, an der die dreifache Ermahnung zum Vegetarismus bei der Vertreibung aus dem Paradies nichts ändern konnte. Und so kann es auch bei der moralischen Vernunft bleiben. Kant sieht den Sinn der ganzen Geschichte in einer Rechtfertigung des menschlichen Schicksals der Triebzügelung und Sublimierung.

»Es ist also dem Menschen eine solche Darstellung seiner Geschichte ersprießlich und dienlich zur Lehre und zur Besserung, die ihm zeigt: daß er der Vorsehung wegen der Übel, die ihn drücken, keine Schuld geben müsse; daß er seine eigene Vergehung auch nicht einem ursprünglichen Verbrechen seiner Stammeltern zuzuschreiben berechtigt sei, wodurch etwa ein Hang zu ähnlichen Übertretungen in der Nachkommenschaft erblich geworden wäre (denn willkürliche Handlungen können nichts Anerbendes bei sich führen); sondern daß er das von jenen Geschehene mit vollem Rechte als von ihm selbst getan anerkennen und sich also von allen Übeln die aus dem Mißbrauche seiner Vernunft entspringen, die Schuld gänzlich sich selbst beizumessen habe, indem er sich sehr wohl bewußt werden kann, er würde sich in denselben Umständen gerade eben so verhalten und den ersten Gebrauch der Vernunft damit gemacht haben, sie (selbst wider den Wink der Natur) zu mißbrauchen. Die eigentlichen physischen Übel, wenn jener Punkt wegen der moralischen berichtigt ist, können alsdann in der Gegenrechnung von Verdienst und Schuld schwerlich einen Überschuß zu unserem Vorteil austragen.« (Kant 1968, VIII 123)

In gewisser Weise hätten wir also den Sündenfall als Anfang der vom Instinkt befreiten und durch Einbildungskraft erweiterten Vernunft zu feiern: Wir übernehmen dann permanent die Verantwortung für den verbrecherischen Gründungsakt. Aber die Ursprungsschuld muß auch dauernd getilgt werden durch die moralische Selbstbegrenzung der Vernunft.

Wegen seines Vernunftmißbrauchs macht Kant den Menschen für Krieg, Todesbewußtsein und Mühsal der Lebenserhaltung verantwortlich. Er nennt das eine »Berichtigung« hinsichtlich der moralisch-physischen Übel, weil diese Übel, also Krieg, Tod und Mühsal, manchmal der Vorsehung angelastet werden. Nach Kant sind sie nötig für die moralische Vernunft. Es sind deshalb, wie Kant sagt, nicht eigentlich physische (natürliche), vielmehr meta-physisch induzierte, moralisch nützliche Übel, oder kurz: »moralische Übel«. Nicht der Natur oder der Vorsehung, das heißt Gott, dürfen sie angelastet werden, sondern sie gehen auf das Konto des Menschen. Es gibt allerdings auch noch die eigentlichen physischen Übel, also die moralisch überflüssigen Übel wie zum Beispiel angeborene Gebrechen, Verletzungen oder Tod durch Unfall und Naturereignisse wie das Erdbeben von Lissabon 1755. Diese gehen nicht zu des Menschen Lasten, vielmehr zu denen der Natur oder der Vorsehung. Aber verglichen mit den anderen Übeln, die der Mensch moralisch nötig hat und deshalb selbst verantworten muß, sind sie gering zu veranschlagen, meint Kant. Sie bilden, beim Kontenvergleich der Schuld von Mensch und Vorsehung, keinen »Überschuß zu unserem Vorteil«. Das heißt: Es gibt keinen für den Menschen vorteilhaften Überschuß an Nichtschuld und Verdienst. Es gibt nicht weniger zu verantwortende Übel bei uns als bei der Vorsehung, sondern mehr. Das ist Kants Theodizee, seine Rechtfertigung der Vorsehung. Den ersten Sündenfall haben wir durch Moral abzubüßen. Durch etwas gänzlich Unnatürliches: den Menschen nicht nur als Mittel zu nehmen, das heißt nicht nur als Lebensmittel. Nicht einmal aus Liebe sollte man sich fressen.

2. Gehirnkannibalismus

Der Mensch entstand durch Gehirnkannibalismus. Das war die These von Oscar Kiss Maerth. Wir haben nun gesehen: Die Bibel hat im Prinzip nichts dagegen. Denn der Sündenfall und der Grund für die Ausrottungsaktion Sintflut können in diesem Sinn verstanden werden. Lassen wir uns nun von Maerth selbst und einigen Anthropologen seine Hypothese erläutern, bei der es ja nicht nur um unsere Vergangenheit geht, sondern auch um unsere Zukunft. Das kann man in der Bibel angezeigt finden: Gott schließt nach dem Neuanfang der Menschheit durch Noah einen Bund mit *allem Fleisch* gegen den Kannibalismus und opfert schließlich stellvertretend für alle zu konsumierenden Lebewesen seinen Sohn. Unter dieser Voraussetzung des Bundes, daß Mensch und Tier alle *ein Fleisch* sind, ist jegliche Vereinnahmung von Lebewesen Kannibalismus, nicht nur die innerartliche. Dem Kannibalismus von damals entspricht heute also nicht nur das allgemeine und gegenseitige Abschlachten und Verzehren

von fleischlichen Lebewesen, sondern auch die Transplantationsmedizin, die in Zukunft, so vermute ich, immer mehr das menschliche
Leben bestimmen wird. Sie bedient sich für die Lebenserhaltung und
Lebensverlängerung des Menschen sowohl artfremder wie arteige-
ner (menschlicher) Körperteile oder auch menschlicher Ganzkörper,
zum Beispiel Embryonen, sowie transgener Varianten.

Gehirnkannibalismus, meint Maerth, war insofern der Anfang der
Menschwerdung, als er für das in der Evolutionsgeschichte einmalige Phänomen der Hirnvergrößerung innerhalb einer Art sorgte.
Denn das große Gehirn kann als spezifisches Artmerkmal des Menschen angesehen werden. Es darf als objektive Bedingung der Möglichkeit menschlicher Vernunft gelten, durch die sich der Mensch
selbst als *animal rationale* von den Tieren unterscheidet. »Hirnvergrößerung durch Hirnessen« lautet also die eigentliche These von
Maerth. Sie mag ein Mythos sein oder ein Märchen – ebenso wie die
Zukunftsvision kannibalischer Lebensverlängerung oder Unsterblichkeit. Aber dann ist sie ein märchenhafter Mythos, der durch den
aktuellen Horror der Hirntransplantation Interesse verdient: Es
könnte ja sein, daß wir deshalb so sind, wie wir heute sind, weil wir
immer schon das waren: Kannibalen.

»Hirnheckendes Hirn« könnte man Maerths Akkumulationsprozeß
der Hominisation nennen – in Anlehnung an Marxens Bezeichnung
des Kapitals als »geldheckendes Geld« (Marx/Engels 1956, XXIII
170). Tatsächlich ist das Gehirn das eigentliche Kapital des Menschen, das, wovon er zehrt, worauf er sich verlassen kann. Im Vergleich zu seinen nächsten natürlichen Verwandten, den Affen (nicht
den entfernteren Delphinen, Elefanten und Walen mit ihren manchmal windungsreicheren und mehr als sechsmal so schweren Gehirnen), hat der Mensch besonders viel davon: mindestens ein Kilo-
gramm mehr als die Menschenaffen. Entscheidend ist: Die Hirnver-
dreifachung vollzog sich in einem evolutionsgeschichtlich gesehen
sehr kleinen Zeitraum – in ein bis zwei Millionen Jahren. Das bedeutet eine Zunahme von ungefähr einem Kubikzentimeter pro 1000

Jahre, was, verglichen mit unserer Lebenszeit, langsam aussieht. Es kann dennoch mit Blick auf die großen Zeiträume der evolutiven Veränderung der Lebewesen als etwas Plötzliches angesehen werden. Deshalb spricht man auch von der Gehirnexplosion beim Menschen. Vielleicht war der Zeitraum der Gehirnverdreifachung auch etwas größer, weil womöglich bereits vor acht Millionen Jahren afrikanische Urahnen, von denen allerdings keine Schädelknochen erhalten blieben, aufrecht gingen.

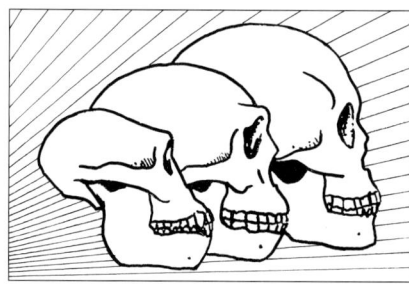

Fast alles zur Verfügung stehende Skelettmaterial weist darauf hin, daß Menschen Menschen gegessen haben.
FOLKE HENSCHEN

Dennoch ist das menschliche Gehirnwachstum biologisch etwas Einmaliges. Das Schimpansenhirn vergrößerte sich zwar auch in den letzten ein bis zwei Millionen Jahren, aber höchstens um 10 Prozent auf 400 Kubikzentimeter. Seit mindestens 50000 Jahren, manche sagen: seit 250000 Jahren, stagniert das Hirnwachstum der Menschen, wobei man die gefundenen Schädel für repräsentativ hält. Es sind allerdings nur ein paar hundert Individuen von vielen Milliarden (35 Milliarden sind es laut Reay Tannahill 1979,8) aus der Jahrmillion vor 50000, deren fossilierte Knochenreste gefunden wurden und die als zu unseren Vorfahren zählend angesehen werden können. Bei diesen Knochen handelt es sich meistens um Reste von Mahlzeiten. Folke Henschen schreibt:

>»Fast alles zur Verfügung stehende Skelettmaterial aus dem mittleren und Teilen des oberen Pleistozän (weist) darauf hin, daß Menschen Menschen gegessen haben.« (Henschen 1966, 18)

Zudem muß ein allgemeiner Hirnkannibalismus angenommen werden, meint Henschen. Fast alle gefundenen Schädel (oder Schädelstücke), sofern sie nicht von einer offensichtlich unzugänglichen Leiche (etwa bei Verschüttung oder Ertrinken) stammen, zeigen Spuren der Hirnentnahme.

»Ein stark verbreiteter Kannibalismus muß nämlich vorausgesetzt werden, wenn man für viele traumatische Skelettveränderungen und vor allem für die großen Löcher der basalen Teile an Hunderten von Schädeln eine annehmbare Erklärung finden will. Wie schon oben angedeutet wurde, hat man bei vielen, vielleicht den meisten Ausgrabungen von menschlichem Material weit mehr Kranien entdeckt, als den übrigen, relativ spärlichen Skeletteilen entsprochen hätte. Dies muß als ein Zeichen dafür gedeutet werden, daß der Kopf, der Schädel eine ganz besondere Rolle gespielt hat. Von größtem Interesse sind diese schon angedeuteten traumatischen Veränderungen der Schädelbasis rings um das Hinterhauptsloch herum. Derartige Artefakte hat man nicht nur in Afrika bei den Australopithecus-Hominiden gefunden, sondern auch an gewissen Stellen in China, am frühesten bei den Pekingmenschen von Choukoutien, wo man etwa 40 Schädel entdeckte, die von den Körpern getrennt waren. ... Von größter Wichtigkeit für die Deutung dieses Zerbrechens der Schädelbasis sind neuere Funde von rezenten Schädeln aus Melanesien und bei Borneos jetzigen Kopfjägern und Kannibalen.« (Ebd., 19)

Warum überhaupt Kannibalismus? Ich meine, er ist etwas spezifisch Menschliches, wenn man ihn nämlich mit dem spezifisch menschlichen Todesbewußtsein in Verbindung bringt. Als die Menschen begannen, sich mit ihren Toten zu identifizieren und im Tod des anderen den eigenen erkennen konnten, war der Kannibalismus womöglich eine Art Therapie für den Schrecken des Todesbewußtseins. Anders gesagt:

»Bei dem Versuch, den Tod zu überwinden, wurde der Mensch zum Kannibalen.« (De Marchi 1988, 23)

Der Urschock des Todesbewußtseins wäre es also, der uns allen bis heute gewissermaßen in den Knochen steckt. Mit der kannibalischen Kompensation dieses Schocks begann die zerebrale Progression. Dafür gibt es zahlreiche konkurrierende oder sich ergänzende Hypothesen. Erinnert sei an die Geschichte vom Umzug der Waldbewohner in die Savanne, den übrigens die anderen Affen nicht mit-

Der Mensch entstand durch Kannibalismus – Intelligenz ist eßbar.

OSCAR KISS MAERTH

machten und auch all die Menschen nicht, die immer noch seit Jahrmillionen in Urwäldern leben. Oder an die Geschichte vom aufrechten Gang, der die Hände zum Werkzeuggebrauch frei machte, wenngleich man zur Handarbeit den aufrechten Gang nicht braucht, denn Sitzen genügt dafür – zumindest den Affen, zum Beispiel auch den häufig aufrecht gehenden Gibbons. Ebenso an die Geschichte von der Feuernutzung und dem damit verbundenen Energiesparen bei der Verdauung von Gegrilltem und Gekochtem, wodurch erst ein größeres Hirn möglich wurde, welches ja beim heutigen Menschen tatsächlich 20 Prozent der aufgenommenen Energie verbraucht.

Meiner Meinung nach hängt die Menschwerdung mit dem Todesbewußtsein zusammen. Dazu paßt eher als die genannten Geschichten die These vom künstlichen Raubtierverhalten des Menschen und der Transformation des Menschen vom Flüchter zum rennenden und werfenden Gegenangreifer, dem *homo iactans*, wie Peter Sloterdijk schreibt. Nach seiner Vorstellung ist der »rote Faden des psycho-evolutionären Prozesses« ein »euphorisch Ich-bildender Sadismus«, also wohl eine Art Tötungslust, die Todesabwehr bedeuten könnte (Sloterdijk 1993, 24 und 27). Auch bei Wolfgang Giegerich (1994, 33) ist es der »tötende Hieb«, durch den sich die Menschenseele aus dem Dunkel der bloß biologischen Existenz herausgeschockt hat. Der Seelenraum mußte freigehauen werden durch die tötende Tat, meint er. Die »Ich-Orgasmen« tödlichen Treffens mögen also das Selbstbewußtsein hervorgerufen haben. Doch erst der Kannibalismus hätte, so Maerth, mit der Hirnvergrößerung für die menschliche Vernunft gesorgt, insbesondere der Hirnkannibalismus.

Denn das Gehirn ist auch eine Sexdroge, meint Maerth. Das bedeutet: Beim Hirnkannibalismus verbinden sich Tötungskompetenz oder Annexion des Todes mit der Sexualität als Weitergabe des Lebens. Tötungslust und Sexuallust kommen zusammen.

So könnte es gewesen sein: Irgendwann begannen Affen, wie sie noch heute in kaum veränderter Form leben und auch ab und zu Artgenossen zerfleischen, systematisch Gehirne ihrer Artgenossen zu verspeisen, nachdem sie deren sexuell stimulierende, lustvolle Wirkung entdeckt hatten. Im Laufe von ungefähr zehn- bis zwanzigtausend Generationen wurden solche kannibalisierenden Affen zu Menschen. Hominide dagegen, die keine Kannibalen waren, blieben Affen. Die kannibalischen Hominiden bedrohten sich natürlich durch ihren wechselseitigen Kannibalismus, der sich im Hinblick auf die Intelligenzsteigerung als besonders effektiv erwies, selber mit Ausrottung. Zugleich aber ist der Krieg zwischen einzelnen Gruppen als entscheidender Selektionsfaktor der Menschen anzusehen – im Sinne einer biogenetischen Gesamtfitneßmaximierung. Und der Vater des Krieges ist nun einmal der Kannibalismus.

Der Kannibalismus wurde allmählich rituell eingedämmt und z.T. auch durch mildere Formen, zum Beispiel das Verspeisen frischen Affenhirns, ersetzt. In Regionen später einsetzender Hominisation wie Südostasien, wo das Menschengehirn heute noch nicht jene maximale Durchschnittsgröße von 1400 ccm erreicht hat und manchmal bei Frauen noch die ursprünglichen Östrussignale erhalten sind, wird er noch praktiziert, schreibt Maerth (1971, 185). Im Zusammenhang mit der Seuche BSE (Bovine Spongiforme Enzephalopathie) wurde die Öffentlichkeit wieder daran erinnert, daß es auch heutzutage noch Kannibalismus, insbesondere Hirnkannibalismus, gibt. Carlton Gajdusek hatte nämlich eine auffällige Ähnlichkeit zwischen dem in den 50er Jahren von Vincent Zigas entdeckten Kuru-Syndrom und jener hirnkannibalisch übertragbaren schwammartigen (spongiformen) Gehirnerkrankung (Enzephalopathie) bei Schafen (Scrapie) und Rindern (denen man üblicherweise Schafshirn in die Nahrung mischte) festgestellt. Das Kuru-Syndrom fand sich beim Volk der Fore in Papua-Neuguinea, bei denen es Hirnkannibalismus gab. Die Krankheit verschwand, nachdem man damit aufgehört hatte.

Bedenken, daß der Einstieg in den Gehirnkannibalismus durch den Griff zur Sexdroge Hirn den Affen nicht zuzutrauen sei, können ausgeräumt werden. Die im ersten Kapitel erwähnten Versuche zur intrakraniellen Selbststimulierung, bei denen sich Affen über eine von ihnen selbst ein- und ausschaltbare Hirnelektrode Lust verschaffen konnten, und die Versuche zur peripheren Selbststimulierung haben gezeigt, daß diese Tiere intelligent genug sind, sich Lust wünschen zu können und auch über schwierige Umwege an die Lustspender heranzukommen. Sie beweisen das sogar in der freien Natur, wo sie zuweilen den Menschen bei der Ernte von Saladijn, einem sexuell anregenden Kraut, Konkurrenz machen. Im Unterschied zu dessen Konsum ist die Sexdroge Hirn weniger einfach zu beschaffen und, so schreibt Maerth aus eigener Erfahrung, auch durchaus keine Delikatesse. Das wirksamste Hirnteil sei die Hypophyse, auf deren Entnahme und Verzehr sich der Hirnkannibalismus auch häufig beschränkt.

Zunächst wirke das verzehrte rohe Gehirn nur sexuell anregend, schreibt Maerth, auf die Dauer befördere es das Hirnwachstum und steigere die Intelligenz. In der Folge der Generationen von Hirn-

verzehrern habe sich dann die Hirnvergrößerung ins Erbgut ein-
geschrieben. Darauf verweist der Untertitel seines Buches: *Der
Mensch entstand durch Kannibalismus – Intelligenz ist eßbar*. Wie
soll das denn möglich sein? Ist das Ganze nicht ein lamarckistisches
Märchen, da es uns die von Jean Baptiste Lamarck in seiner *Zoologi-
schen Philosophie* gelehrte und längst widerlegte Vererbbarkeit erworbener Eigenschaften wieder auftischt?

Leider unterscheidet Maerth nicht zwischen »der Mensch« als
Gattungsbezeichnung und »der Mensch« als Bezeichnung für einen
einzelnen Menschen. So macht es allerdings auch die Bibel, wo beides »Adam« heißt: die Gattung Mensch und eine Person. Was dem
Einzel-Adam widerfährt, widerfährt auch der ganzen Gattung Adam.
Auch Eva (= Leben) bezeichnet sowohl eine Menschensorte, die für
die Adamgattung den Fortbestand, also Leben bedeutet, als auch
eine Einzelperson, die vom Mann Adam zwecks Fortpflanzung in
Kain und Abel erkannt wird.

Bei Maerth wächst also nicht nur das Gehirn *eines* Essers, sondern gleich das der Gattung. Das ist der Lamarckismus. Wir halten
es für gewöhnlich mit dem Darwinismus, obwohl Darwin selbst auch
Lamarckist war. Ausdrücklich hat er in der 6. Auflage des *Ursprungs
der Arten* Lamarcks Lehre, die er vorher verworfen hatte, wieder-
belebt. Bereits in der Einleitung zur 1. Auflage steht:

> »Ich bin überzeugt, daß die natürliche Auslese das hauptsächliche,
> aber nicht das ausschließliche Mittel der Veränderung ist.« (Zit.n.
> Gould 1997, 82)

Da heute in der Biologie außer darwinistischem Evolutionismus
nichts Sinn macht, werden wir uns Maerths These von der eßbaren
Intelligenz daraufhin näher ansehen müssen.

Erinnert sei an die Wurmexperimente der 70er Jahre von McCon-
nell in Michigan. Er hatte Plattwürmer (Planarien) darauf trainiert,
sich bei einem Lichtreiz zusammenzuziehen. Dann zerkleinerte er
sie und verfütterte sie an nicht trainierte Exemplare. Er wußte be-

reits, daß der Dressureffekt auch in einem sich aus Einzelstückchen eines dressierten Wurms regenerierenden Wurm erhalten bleibt, unabhängig davon, ob in dem Einzelstückchen etwas Hirn enthalten ist oder nicht. Der Dressureffekt zeigte sich nun auch bei den Tieren, welche Einzelstückchen eines dressierten Tieres verspeist hatten. Sie schienen die Lichtangst gefressen zu haben. Bald hieß es: Intelligenz sei eßbar, und man habe das Erinnerungsmolekül entdeckt.

Schuld daran war besonders George Unger, der in Gehirnen von erfolgreich auf Dunkelheitsphobie trainierten Tieren eine chemische Substanz fand, ein Peptid, das er Skotophobin nannte, also Dunkelheitsmeider.

George Unger hatte in Texas zwei Jahre lang 4000 Ratten daraufhin erzogen, Dunkelheit, die sie normalerweise bevorzugen, zu meiden. Sie bekamen einen Elektroschock, wenn sie in den abgedunkelten Teil des Käfigs gingen. Dann tötete er sie und injizierte ihre zerpreßten Gehirne untrainierten Ratten. Daraufhin mieden diese ebenfalls die dunklen Ecken. Dieselbe Injektion mit Rattenhirn bewirkte sogar bei Mäusen und Fischen Dunkelheitsphobie. Auch orale Verabreichung wurde bei Ratten erprobt. Man verköstigte das Gehirn von Ratten, die sich in einem Labyrinth zu orientieren gelernt hatten, an ihre untrainierten Artgenossen. Kürzere Lernzeit für deren Labyrinthorientierung war die Folge. Man schien tatsächlich dem sogenannten Gedächtnismolekül auf der Spur zu sein.

Aber war nun dieses Skotophobin lediglich ein Abfallprodukt mentaler Aktivität, war es ein Stimulanz für Hirnaktivität oder war es wirklich der Träger einer Gedächtnisaufzeichnung? Man weiß es nicht. Die Wirkung der Injektion, die überhaupt nur in der Hälfte aller Fälle eintrat, verlor sich schon nach fünf Tagen. Die Experimente ließen sich auch später nicht erfolgreich wiederholen. Außerdem konnte man sie anders interpretieren. Von einigen Biologen wurde das Ergebnis von vornherein für unmöglich gehalten, weil ein Stoff nur sehr zerstückelt vom Magen ins Blut und von dort durch die Blut-Hirn-Schranke hindurch ins Gehirn kommen kann.

Freilich wird fremdes Erbgut verdaut, aber doch nicht ganz. Man fand heraus, daß Genfragmente mit mehr als 1500 Nukleotiden ins Blut und in die Blutzellen gelangen können. Allerdings: Vererbungsrelevant scheinen solche Genfragmente nicht zu sein. Gemäß dem sogenannten Weismannschen Dogma kann kein erworbenes Merkmal die schützende Wand um das Keimplasma (Ei und Samenzelle) durchdringen und die Erbanlagen modifizieren. Aber eine solche schützende Wand besteht weder bei Pflanzen noch bei niederen Tieren wie zum Beispiel den Plattwürmern. Und daß sie, da wo sie besteht, undurchdringlich ist, ist nicht sicher. Könnten Veränderungen in der Tätigkeit von Körperzellen daher Einfluß auf Vorgänge in Keimzellen haben? Ein Einfluß durch adaptive Enzyme gilt als möglich. Und weiter: Warum sollte nicht in den Chromosomen ein phylogenetisches Gedächtnis für wiederkehrende Erfahrungen codiert sein? Die Molekulargenetik hat es vielleicht nur noch nicht nachweisen und rekonstruieren können. Komplexe erbliche Fähigkeiten wie das Nestbauen oder die Phänomene der Mimikry fordern eine solche Erklärung geradezu heraus. Außerdem scheint inzwischen klar, daß das Langzeitgedächtnis auf chemischer Speicherung durch Ablagerung kleiner RNA-Stücke beruht. Absurd ist Maerths Vorstellung von eßbarer Intelligenz demnach nicht.

Die Hauptschwierigkeit der Maerthschen Theorie für einen Darwinisten ist aber nicht, die Herausbildung nützlicher Eigenschaften, zu denen die Intelligenz gehören könnte, zu verstehen, sondern die Herausbildung solch nachteiliger Eigenschaften wie Pelzlosigkeit, Verlust des Östrus und überschüssige, im biblischen Sinne böse Intelligenz, welche Instinktprogramme außer Kraft setzt. Die Evolution selektiert doch nur Überlebenseigenschaften, womöglich zusammen mit genetisch an sie gebundenen nicht überlebenshindernden Eigenschaften. Solche anscheinend unnütze Eigenschaften (wie zum Beispiel Sichelzellenanämie oder auch Homosexualität; vgl. Baker 1997, 341) müßten mit einem Fortpflanzungsvorteil (wie Malariaresistenz bei Sichelzellenanämie) einhergehen. Im Falle des Menschen war eine solche Eigenschaft wohl die allgemein gestiegene, gegenüber den gebliebenen Naturanforderungen überschüssige Intelligenz, welche jene Nachteile, also Pelzlosigkeit und Östrusverlust, kompensierte und zugleich mit gesteigertem Fortpflanzungserfolg einherging.

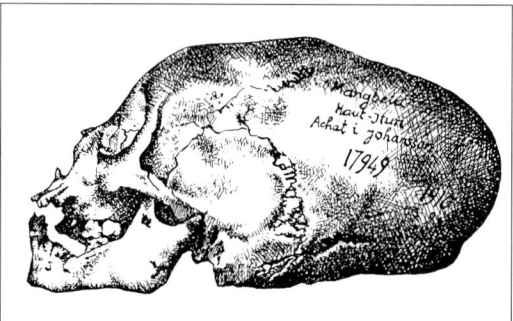

Absichtliche Schädelverformungen zeugen vom Versuch der Menschen, dem Gehirn mehr Platz zu bieten, meint Oscar Kiss Maerth.

Der Verlust von Östrussignalen und Haarpelz könnte darwinistisch auf einen geänderten, aus Mutationen selektierten Hormonhaushalt zurückgeführt werden, der ein Überleben trotz hirnkannibalischer äußerer Hormonzufuhr möglich machte, weil die Sexualität durch eine Art Dauerbrunst gesteigert war. Höhere Intelligenz und gesteigertes Hirnwachstum wurden demnach selektiert als nötige Kompensation der anderen Mangelerscheinungen. Anders gesagt: Unter den Hirn- und Hypophysenessern kamen bevorzugt die zur Fortpflanzung, deren Intelligenz die nachteiligen Folgen des Hirnkannibalismus kompensierte. Haarwuchs und Geschlechtsleben stehen ja unter der Kontrolle der Hypophyse. Bei habituellem Hirnkannibalismus haben Individuen mit einem dafür modifizierten Hormonverteilungssystem evolutive Vorteile. Mit diesem Hormonverteilungssystem lebt der heutige Mensch immer noch – obwohl er, in unserer Gegend spätestens seit 1700 Jahren, den Hirnkannibalismus aufgegeben hat und auf andere Drogen, welche die hirnkannibalisch angeeigneten ersetzen, ausgewichen ist.

So viel zur Annehmbarkeit der Maerthschen Hypothese für Darwinisten. Nun müssen wir noch verstehen, warum denn der Kannibalismus verschwand und erst in unserer Zeit in anderer Form wieder aufersteht. Gründe für den Rückgang des Kannibalismus könnten Krankheiten gewesen sein, die auf ein zu großes Gehirn zurückzuführen sind, meint Maerth. Das wäre womöglich eine Erklärung für die vielen Funde trepanierter Schädel. Er schreibt:

»Tausende und Abertausende von solchen perforierten Schädeln wurden in allen Teilen der Welt ausgegraben, die deutlich zeigen, wie verzweifelt der Mensch versucht hat, sich vor der geistigen Umnachtung zu bewahren, was ihm aber nicht gelungen ist. Einige Schädel wurden zweimal, dreimal und auch fünfmal geöffnet. Ein beachtlich großer Prozentsatz der Operierten überlebte diese Operationen.« (Maerth 1971, 137)

Die ältesten perforierten Schädel stammen aus der Zeit um 10000 vor unserer Zeitrechnung. Der therapeutische Sinn ist allerdings nicht klar. Ärzte bestreiten auch den vermeintlichen Effekt positiver Bewußtseinsveränderung. Allenfalls bei Tumoren kann durch Trepanation ein lindernder Druckausgleich hergestellt werden. Henschen schreibt:

»Sofern es sich nicht um Knochenschäden gehandelt hat, bleibt meistens dunkel, was mit der Operation beabsichtigt war, was – um medizinisch zu reden – die Indikationen gewesen sind. Man glaubt, daß es schwere Kopfschmerzen, Epilepsie und ›Besessenheit von bösen Geistern‹ waren, die zu dieser radikalen, aber zuweilen vielleicht erfolgreichen Behandlung geführt haben.« (Henschen 1966, 65)

Nach Maerth ist der Mensch durch den Hirnkannibalismus und die damit verbundene Hirnvergrößerung nicht nur intelligenter, sondern auch irr geworden, weil der Schädel nicht hinreichend mitwuchs. Daß das Heil der Menschen deshalb in einem größeren Schädel gesehen wurde, findet Maerth durch die chinesische Mönchsfigur Shou-lao (= langes Leben) angezeigt, die eine enorm große Wulst am vorderen

Schädeldach aufweist. Solche Hirnwülste seien absichtlich durch Schädelverformung erzeugt worden, ähnlich wie die tausendfach belegten Schädelverformungen bei vielen Ethnien in Vergangenheit und Gegenwart. Die an die Eichel des erigierten Penis erinnernde überhöhte Stirn des Glatzkopfes Shou-lao wäre also nicht lediglich ein Sexualsymbol.

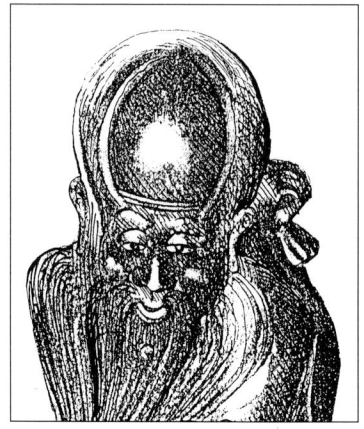

In China kennt jeder Überlieferungen, daß Menschen mit so verformten Schädeln mit den Göttern sprechen und die Zukunft voraussagen könnten.

OSCAR KISS MAERTH

Der Kannibalismus überhaupt und der Hirnkannibalismus im besonderen sind in unserer Weltgegend nicht mehr üblich. Die immer neuen Funde früher Europäer vor über zehntausend Jahren belegen zwar immer wieder den damals allgemeinen Kannibalismus, aber in historischer Zeit gab es ihn in Europa kaum noch. Die Kelten hörten allerdings erst um 300 nach Christus damit auf. Die Faszination des rituellen Kannibalismus dagegen erweist sich, wie die eucharistische Verspeisung von Jesu Fleisch und Blut bei den Meßopfern der Christen zeigt, als ungebrochen. Realen Kannibalismus in neuer Form gibt es erst heute wieder durch die Transplantationsmedizin und die Gentechnologie, insbesondere den Hirnkannibalismus durch Hirngewebsverpflanzung. Heute werden wieder Hirne anderen Hirnen einverleibt, und zwar direkt, ohne oralen Umweg. Man lebt wieder vom Gehirn anderer. Hirn nährt sich von Hirn.

Der gegenwärtige medizinische Kannibalismus besteht. Der zukünftige könnte vermieden werden. Und der vergangene? Nun, den mag man leugnen. Aber bitte, so betont Jacques Attali in seinem Buch *Die kannibalische Ordnung*, leugnet nur, um der kannibalischen Zukunft zu widerstehen! Er schreibt:

»Der größte Erfolg einer Theorie mißt sich ja nicht an ihrer Falsifizierbarkeit, sondern an ihrer Falsifikation: Indem sie dem Vergangenen eine logische Tendenz unterlegt und daraus eine Zukunft extrapoliert, hilft sie, diese Zukunft abzuwenden und all das zu zerstören, was sie in uns entstehen läßt. Und damit wird gleichzeitig auch die Darstellung des Vergangenen nichtig, die jener Extrapolation zugrundelag.

Wir können es vermeiden, Kannibalen gewesen zu sein, wenn wir aufhören, es zu werden. Wir können nicht aufhören, es zu werden, solange wir die bis heute nicht überwundene kannibalische Ordnung nicht selbst als Übel erkannt haben und sie als solches behandeln.« (Attali 1981, 274)

3. Sprachgenesis

War am Anfang das Wort, wie mit dem Johannesevangelium einige Anthropologen behaupten? Ein großer Teil unseres Gehirns ist mit Sprache beschäftigt: ungefähr 300 Gramm. Vielleicht ist unser Gehirn ja nur wegen der Sprache so groß. Womöglich wären wir ohne Sprache keine Menschen geworden. Denn kann man sich vorstellen, keine Sprache zu haben, jetzt, wo man eine hat? Wir müssen es dennoch versuchen, wenn wir wissen wollen, was die Sprache ist, wie sie stammesgeschichtlich entstand, warum sie so vielfältig vorkommt und es keine einheitliche Verständigungsweise für alle Menschen gibt, wie es bei Tierarten – wenn auch nicht lautsprachlich – der Fall ist.

Einen stummen Stamm hat man noch nicht entdeckt, wohl Gruppen mit einem großen Anteil an Gehörlosen, so daß dort auch die

Hörenden untereinander zuweilen die Taubstummensprache benutzen. Bisher kennt man noch keinen lautlosen Volksstamm. Warum nicht? Warum sollten Menschen nicht verstummen? Nicht nur die Entstehung der Sprache scheint mir ein Rätsel, auch ihr Nicht-Verschwinden. Denn kann einen das Leben nicht auch sprachlos machen? Ich kenne kaum einen ergreifenderen Ausspruch als diesen:

»Bei den Papuas ist die Sprache sehr arm; jeder Stamm hat seine eigene Sprache, deren Vokabular unaufhörlich verarmt, weil nach jedem Todesfall einige Wörter zum Zeichen der Trauer gestrichen werden.« (Perec 1986, 337)

Auch zum Verstummen aus Trauer und zum Schweigen aus Weisheit braucht man ja Sprache. Es ist so wie bei der Meditation: Was verschwinden soll, muß erst einmal da sein, die Worte, die Gedanken, das innere Gebrabbel.

Hat man denn Sprache aus Freude am Leben (oder gar an den Geburten statt an Todesfällen) erfunden? Ist Sprache ein Luxus? Die Broca-Aphasie zeigt, daß eine Beeinträchtigung der Sprache nicht auch eine der Kognition bedeuten muß. Und umgekehrt gibt es sehr sprachversierte Menschen mit sehr eingeschränkter Kognition. Aber das betrifft immer Gehirne, die stammesgeschichtlich seit Tausenden von Jahren für Sprache geeignet sind. Wie kamen diese Gehirne zustande?

Vergleicht man die Kommunikation von Menschenaffen und Menschen, hat man nicht unbedingt den Eindruck, als hätte die menschliche Sprache einen evolutiven Vorteil gebracht oder einem Selektionsdruck entsprochen. Man könnte in der Sprache einen Ersatz für die in größeren Gruppen nicht mehr durchführbare Kontaktbildung, etwa durchs Lausen, sehen. Die Affen verwenden 20 Prozent ihrer Zeit für diese soziale Interaktion der Hautpflege. Ihre Gruppen sind klein. Bei 200 Individuen, so schätzt man, müßte man schon 57 Prozent der Zeit aufwenden. Da kommt ihnen verbale Kommunikation, bei der man viele gleichzeitig bedienen und dabei auch noch etwas anderes machen kann, sehr gelegen.

Die Kommunikation in Affengruppen, durch die die einzelnen Mitglieder sich zum Beispiel Gefahren oder Futtergelegenheiten mitteilen, geschieht auch ohne Sichtkontakt und mit wenigen Lauten, manchmal ganz lautlos. Angesichts der Affenkommunikation scheint es, als hätten jene Affen, die früher einmal Menschen wurden, mit dem neuen Kommunikationsmittel Lautsprache anstelle der sprachlosen (auch gebärdelosen) Kommunikation mehr verloren als gewonnen.

Tatsächlich kann man in der biblischen Geschichte vom Turmbau zu Babel die Erinnerung an den Untergang der nonverbalen Kommunikation, die womöglich ein Gedankenlesen war, erkennen. Die Geschichte handelt vom letzten entscheidenden Eingriff der Götter in die Menschheitsentwicklung nach der vorangegangenen Vertreibung aus dem Paradies und der anschließenden Fast-Total-Vernichtung. Die babylonische Verwirrung (Babel kommt vom hebr. Wort *balal* = Verwirrung) richtet sich wie die vorangegangenen Göttermaßnahmen gegen die Selbstvergöttlichungsversuche der Menschen, wovon bereits in Kapitel 2 die Rede war. Die Nachkommen der Überlebenden der Sintflut versuchten, sich durch den gemeinschaftlichen Turmbau den Götterhimmel, also die extraterrestrische Welt, wie wir heute sagen würden, zu erschließen. Die Götter verhinderten dies durch die Verwirrung der Verständigung unter den Menschen.

Was die Götter damals verhinderten, geschieht heute in zunehmendem Ausmaß: Die Menschen werden immer älter und haben die Unsterblichkeit im Visier. Sie transplantieren sich lebendes Gewebe von Tieren und anderen Menschen, um ihr Leben zu erhalten und zu verlängern, und beginnen bei der Komposition ihrer eigenen Gene sich des Genpools aller Lebewesen zu bedienen. Sie erschließen den Weltraum, besiedeln ihn demnächst mit Robotern und dann wohl auch, in geeigneter transgener Form, mit sich selbst.

Haben die Menschen etwa ihre frühere einheitliche Verständigung wiedergefunden? Oder ist es eine neue Einheitssprache, die heute das alles möglich macht?

Gemäß der biblischen Geschichte vom Himmelsturm verwirrten die Götter die bisherige Verständigung (*Genesis* 11, 1–9). Seitdem sind die Menschen für ihre Verständigung untereinander auf die Sprache (Gebärdensprache wie Lautsprache) und die Schrift (auch Bilderschrift) angewiesen. Mit der Entstehung verschiedener Sprachen hat das nichts zu tun. Denn verschiedene Sprachen gab es ja schon vorher. Im vorangehenden Bibelkapitel (*Genesis* 10) ist nämlich von der Verzweigung der Völker und ihrer Besiedelung verschiedener Länder die Rede. Die Besiedelung unternehmen die Völker »jedes nach seiner Sprache«, heißt es da (*Genesis* 10, 31).

Seit der babylonischen Verständigungsverwirrung muß der Mensch also versuchen, ausschließlich mit der Sprache seine Gedanken mitzuteilen. Wenn er will und nicht schweigt oder lügt! Denn das scheint doch wohl der eigentliche Vorteil der Sprache zu sein: die Gedanken, Absichten und Wünsche nicht nur verbergen, sondern auch vortäuschen zu können, also etwas anderes zu sagen, als man denkt. Der Glaube, daß Lügen Vorteil verschafft, ist Allgemeingut der Menschheit.

Immer heißt es, die Sprache wäre das entscheidende Humanum, die besondere Auszeichnung des Menschen. Jacques Monod schreibt:

> »Das Gehirn der Tiere ist ohne jeden Zweifel imstande, Informationen nicht nur zu registrieren, sondern auch miteinander zu verknüpfen, sie umzuwandeln und das Ergebnis dieser Operation in Gestalt einer Einzelleistung wiederzugeben, nicht aber – und das eben ist das Entscheidende – in einer Form, die es gestattete, einem anderen Individuum eine eigene, originale Verknüpfung oder Umwandlung mitzuteilen. Das ermöglicht erst die menschliche Sprache; sie kann *per definitionem* als an dem Tag geboren angesehen werden, wo die bei einem Individuum schöpferischen Kombinationen oder *neuen* Assoziationen an andere weitergereicht wurden und nicht mehr mit ihm untergehen konnten.« (Zit.n. Zimmer 1986, 185)

Monod beschreibt damit den Vorrang der Menschen vor den Tieren: die Unsterblichkeit individueller Errungenschaften durch sprachliche Mitteilung und Einspeisung in die sich sozial entwickelnde Kultur. Er denkt da wohl schon an die Schrift, welche sprachlich Tradiertes erst festschreibt und reproduzierbar macht – in Büchern wie seinen. Über das Mitgeteilte hinaus oder hinter diesem muß alles untergehen, was ein Individuum an Wissen, Erfahrungen und Fertigkeiten in seinem Gehirn hat. Die gelehrte, versierte, aber schließlich auch bornierte oder demente Person verschwindet. Neugeborene Individuen müssen alles neu lernen: Klavier zu spielen, einen Windsorknoten zu knüpfen und, vor allem, in einer Sprache zu sprechen. Wenigstens erhalten sich gewisse Fähigkeiten und Kenntnisse ein Leben lang, anders als bei Wesen mit Neuronenteilung. Ein männlicher Kanarienvogel zum Beispiel muß jedes Jahr wieder seinen Gesang erlernen, denn jedes Jahr wächst und schrumpft das Gesangszentrum, weil sich Neuronen neu bilden und wieder zerfallen.

Die soziale Evolution spielt sich weitgehend außerhalb der genetischen Plastizität des Gehirns ab, durch die sich zum Beispiel die Größenverhältnisse der Hirnbereiche (Großhirn, Kleinhirn, Hirnstamm) im Laufe der letzten Jahrhunderte noch ein wenig verändert haben.

»Der Mensch hat eine zweite beschleunigte Art der Evolution erschlossen, die ihn schließlich zum Herrn über alle anderen Lebewesen machte.« (Zimmer 1986, 185)

Diese Evolution begann vor ungefähr 10 000 Jahren und erhielt vor 5000 Jahren einen Schub durch die Erfindung der Schrift (zusätzlich zur Sprache). Das geschah, soviel wir wissen, in Sumer. Kultur ist seitdem weitgehend Sprach- und Schriftkultur geworden. Aber viele Völker, sogar die meisten, wenn man darunter Sprachgemeinschaften versteht, haben bis heute keine Schrift, wohl aber Lautsprache und eine Kultur durch Erzählungen, Riten, Kulte und Techniken der Lebensfristung bzw. Todesabwehr.

Der Anfang der Kulturgeschichte, geschweige denn der Hominisation, fällt nicht unbedingt mit der Entstehung der Sprache oder der Sprachen zusammen. Es könnte ja sein, daß vor 10 000 Jahren die

Sprache lediglich eine neue Funktion erhielt. Vordem ist sie vielleicht hauptsächlich und wie heute noch nicht unwesentlich dazu da gewesen, eine Gruppenidentität zu stiften, also Fremde zu identifizieren und auszugrenzen. Dann hätte sie sogar eher der Nichtverständigung als der Verständigung gedient. Bedenken wir nur, daß eine Fremdsprache nach der Pubertät kaum ohne auffälligen, muttersprachlich bedingten Akzent beherrschbar ist. Sogar Dialekte der eigenen Sprache können jenseits der Pubertät kaum noch gelernt werden. An der Sprache erkennt man also Fremde. Zumindest für die engere Umgebung ist der Vorteil oder die Notwendigkeit einer sprachlichen Verständigung nicht offensichtlich. Warum sollte man denn Naheliegendes, auf das man zeigen kann, oder persönliche Erfahrung, die man nonverbal durch Gesten und Interjektionen verstehen und unmittelbar nachempfinden kann, auch noch sprachlich mitteilen? Evolutionisten, die für die Sprachentstehung einen Selektionsdruck bzw. einen Selektionsvorteil geltend machen müssen, beziehen sich nämlich oft auf die Bedeutung der Sprache für die Weitergabe von Techniken zur Werkzeugherstellung oder zum Werkzeuggebrauch, als könne man das nicht besser oder sogar nur dadurch, daß man es vormacht. Vielleicht gab es vor der Lautsprache auch längst die Gebärdensprache, die ja ohne anatomische Veränderungen wie die Kehlkopfsenkung entstehen konnte. Lassen sich für sie auch solche Gründe wie die angeblichen Vorteile für die Werkzeugherstellung bei der Lautsprache geltend machen?

Es könnte sein, daß man damals, am Anfang der Kulturgeschichte, erfahren hat, daß Sprache nicht nur Verständigung über Konkretes und der Erfahrung Zugängliches ermöglicht, sondern auch räumlich und zeitlich Fernes oder nur Ausgedachtes gegenwärtig machen und festhalten, ja, daß man mit ihr abstrakt denken kann. Das schließt nicht aus, daß die Sprache ursprünglich überhaupt nicht für den Kontakt der lebenden Menschen untereinander gedacht war, sondern für den Kontakt der Lebenden mit den Toten, die lautsprachlich und das heißt, wie in Kapitel 3 dargelegt wird: emotional beschworen bzw. angerufen wurden, so wie religiöse oder spiritistische Leute es auch heute noch in ihren Gottesdiensten und Séancen machen. Die ersten Stadtanlagen der Menschen waren ja auch nicht für die Lebenden, sondern für die Toten da. Dann hätte die Sprache ursprünglich den Sinn einer Kompensation des Todesrätsels und der Beschwörung der über Tod und Leben entscheidenden göttlichen Mächte gehabt. Jener Schub der sozialen Evolution wäre so Folge einer Profanisierung der Sprache, ihres Einsatzes für die weltlichen Dinge wie Handel und Verkehr. Offenbar gilt das für die sumerische Schrift, die, soweit wir wissen, vornehmlich zur Warenauflistung, also zur Logistik benutzt wurde. Oder sollte etwa die Logik der Sinn der Sprache sein? Bei einigen Naturvölkern fällt auf, daß sie zum Beispiel für den abstrakten Schluß (der Subsumtion eines Falles unter eine Regel) keinen Sinn haben.

Fragen über Fragen. Hat nicht Johann Gottfried Herder sie schon vor mehr als 200 Jahren in seiner Schrift *Über den Ursprung der Sprache* grundsätzlich beantwortet? Jedenfalls wird dieser klassische Text gern zur Aufklärung des Rätsels der Sprachentstehung herangezogen. Machen wir es auch so. Wir werden uns wundern.

Herder stützte sich auf die Bibel wie wir soeben auch, aber nicht auf die Turmbau-Episode, sondern auf die Geschichte von der Tiererkennung Adams im Paradies (*Genesis* 2,19):

> »Gott führte die Thiere zu ihm, daß er sähe, wie er sie nennete! und wie er sie nennen würde, so sollten sie heißen!« (Herder 1959, 41)

Herder meint dazu (in seiner nicht reformierten Rechtschreibung):

> »Wo kann es auf Morgenländische, Poetische Weise bestimmter gesagt werden: der Mensch erfand sich selbst die Sprache! – aus Tönen lebender Natur! – zu Merkmalen seines Herrschenden Verstandes! – und das ist, was ich beweiße.« (Ebd.)

Herder nimmt also die biblische Geschichte von der Suche nach einer »Hilfe, die dem Menschen entsprach« (*Genesis* 2, 20), das heißt von der Erprobung möglicher Fortpflanzungspartner, als Spracherfindungsgeschichte. Eigentlich sollte aus dem Zusammenhang klar sein, daß es hier um etwas anderes als um Sprache geht, nämlich um Nennen und Erkennen, und das heißt: um Fortpflanzung oder um den Fortbestand der Lebewesen-Art Mensch, genannt Adam. Die Durchmusterung der Tierarten auf Erkennbarkeit hin ist eine solche auf Kreuzungsmöglichkeit hin, denn erkennen meint biblisch auch begatten. Diese Durchmusterung führte denn auch zur Entdeckung des Lebens (= Eva), nämlich zur Entdeckung der Möglichkeit, als Gattung, wenn auch durch Kreuzung, weiter zu existieren. Adam erkannte Eva, das heißt paarte sich mit dieser Art von Lebewesen, die für ihn nun die Bedeutung des Lebens überhaupt hatte. Dafür, daß dieses Erkennen oder Benennen auch zu Nachkommen führen konnte, war allerdings ein medizinischer Eingriff durch Jahwe Elohim nötig, gewissermaßen die Überwindung der Bastardisierungssperre (Schulte 1995, 42).

Herder nimmt das sexuelle Erkennen oder Benennen der Tiere, welches ein Erkennen verschiedener Arten ist, als asexuelle Namensgebung und erste Wortfindung überhaupt. Tatsächlich könnte die Sprache der Menschen etwas mit der Fortpflanzung zu tun haben. Humberto Maturana und Francisco Varela sind dieser Ansicht:

>»Wegen der anatomischen Züge ihres Skelettbaus muß ihr Sexualleben auch ihre sprachliche Interaktion über den Gesichtsausdruck beim frontalen Koitus einbezogen haben.« (Maturana/Varela 1987, 236)

Sie meinen, daß »die Sprache als Resultat liebevoller Kooperation entstand«. Aber dann ist sie Resultat der Begattungsoperation der Menschen untereinander und nicht der sexuellen Erprobung von Tierarten als Fortpflanzungshilfen, wie es der Bibeltext anzeigt.

Herder übersieht den sexuellen Sinn der biblischen Tierbenennung und setzt dann die Sexualität überhaupt in den Gegensatz zur Sprache, indem er den Tierbenenner Adam als besonnenen, seinen Sexualtrieb kontrollierenden Menschen mit den so ganz anderen brünstigen, instinktbesessenen Tieren vergleicht. Diese können schon wegen ihrer Sexualität die Sprache nicht aufkommen lassen. Der erste Moment der Besonnenheit, also der Triebdistanzierung, bildet schon den Anfang der Sprache, meint Herder. Sprache ist für

Der Mensch erfand sich selbst
die Sprache! –
aus Tönen lebender Natur! –
zu Merkmalen seines
Herrschenden Verstandes!
JOHANN GOTTFRIED HERDER

Herder Zeichen und Instrument der Herrschaft des Menschen über das Tier, insbesondere dasjenige Tier, das er selbst ist, den sogenannten inneren Schweinehund. Denn Sprache kommt auf bei Adam, weil dieser die Tiere vorüberziehen läßt, ohne sie zu reißen (das heißt zu fressen) oder zu begatten (also im biblischen Sinne zu erkennen). Er erkennt sie lediglich aus der Distanz, das heißt: Er wiedererkennt sie und gibt ihnen dabei das Merkwort, das sie selbst erschallen lassen. Herder schreibt:

> »(J)edes trägt seinen Namen auf der Zunge, und nennet sich … als Vasall und Diener. Es liefert ihm sein Merkwort ins Buch seiner Herrschaft, wie einen Tribut, damit er sich bei diesem Namen seiner erinnere, es künftig rufe und genieße.« (Herder 1959, 41)

Dieser vielzitierte Grundtext der abendländischen Sprachphiloso-
phie ist äußerst komisch, nicht nur wegen der doppelten Abwehr des
Sexuellen, sondern auch wegen des vermeintlichen Vorbilds der
Sprachlaute in den Verlautbarungen der Tiere. Diese sind ja weitgehend Partnersuchlaute, werden aber gar nicht mit der Zunge artikuliert, wie es der Mensch tut, wenn er spricht und nicht schreit, weint
oder lacht. Von Herders lustigem Text (war er überhaupt ernst gemeint?) sollte man ein größeres Stückchen gelesen haben.

»Lasset jenes Lamm, als Bild sein Auge vorbeigehn: ihm wie keinem
andern Thiere. Nicht wie dem hungrigen, witternden Wolfe! nicht
wie dem blutleckenden Löwen – die wittern und schmecken schon im
Geiste! die Sinnlichkeit hat sie überwältigt! der Instinkt würft sie darüber her! – Nicht wie dem brünstigen Schaafmanne, der es nur als
den Gegenstand seines Genusses fühlt, den also wieder die Sinnlichkeit überwältigt, und der Instinkt darüber herwirft; nicht wie jedem
andern Thier, dem das Schaaf gleichgültig ist, daß es also klar dunkel
vorbeistreichen läßt, weil ihm sein Instinkt auf etwas anders wendet –
Nicht so dem Menschen! so bald er in die Bedürfniß kommt: so reißt
ihn kein Sinn auf dasselbe zu nahe hin, oder davon ab: es steht da,
ganz wie es sich seinem Sinn äußert. Weiß, sanft, wollicht – seine be-
sonnen sich übende Seele sucht ein Merkmal, – *das Schaaf blöcket!*
sie hat Merkmal gefunden. Der innere Sinne würket. Dies Blöcken,
das ihr am stärksten Eindruck macht, das sich von allen andern Eigenschaften des Beschauens und Betastens losriß, hervorsprang, am
tiefsten eindrang, bleibt ihr. Das Schaaf kommt wieder. Weiß, sanft,
wollicht – sie sieht, tastet, besinnet sich, sucht Merkmal – es blöckt,
und nun erkennt sies wieder! ›Ha! du bist das blöckende!‹ ... ›*Der
Schall* des Blöckens von einer menschlichen Seele, als Kennzeichen
des Schaafs, wahrgenommen, ward, Kraft dieser Besinnung, *Name*
des Schaafs, und wenn ihn nie seine Zunge zu stammeln versucht
hätte.‹ ... ›Er erkannte das Schaaf am Blöcken: es war *gefaßtes Zeichen, bei welchem sich die Seele an eine Idee deutlich besann – Was
ist das anders als Wort? Und was ist das ganze Menschliche der Sprache, als eine Sammlung solcher Worte?* ... seine Seele hatte gleichsam
in ihrem Inwendigen geblöckt ... – die Sprache ist erfunden!‹ ...

›...Die ganze, vieltönige Natur ist Sprachlehrerin und Muse! Da führet sie alle Geschöpfe an ihm vorbei: jedes trägt seinen Namen auf der Zunge, und nennet sich, diesem verhüllten, sichtbaren Gotte! als Vasall und Diener.‹« (Herder 1959, 29 und 41)

Herder läßt also die Sprache aus dem Mund der Tiere kommen. Die Tiere nennen sich selbst. Sie tragen ihren Namen auf der Zunge. Warum nur heißt das Schaf dann nicht »Blöck«? Oder warum sagt es nicht gleich »Schaaf« oder »Sheep«? Schon deshalb, weil es nicht mit der Zunge blökt und mit ihr auch gar nichts sagen kann. Die für die menschliche Lautsprache unerläßliche Zunge ist ja ursprünglich kein Sprachorgan. Die Tiere benutzen sie als das, wozu die Evolution sie entwickelt hat: als Verdauungsorgan. Von der Zunge schreibt Maerth:

»Sie tastet die Nahrung ab, fordert den Speichelbedarf von den Speicheldrüsen ab und bewegt die Nahrung im Mund. Wäre die Zunge ein Sprachorgan, so hätten die Tiere nur aus Versehen eine Zunge, denn kein Tier benutzt sie zur Artikulation von Lauten.« (Maerth 1971, 183)

Was hat dann zur Ausbildung einer Lautsprache, die sich der Zunge bedient, geführt? Schwerlich eine gestiegene Intelligenz. Denn keineswegs steht bei den Tieren die Zahl der Lautvarianten im geraden Verhältnis zu ihrer Intelligenz. Hühner und Spatzen mit ihrer größeren Lautvariationsbreite sind nicht intelligenter als Kühe und Affen. Die Delphine haben trotz eines Hirns, das größer und furchenreicher werden kann als das des Menschen, nur sehr geringe Lautvariationen. Sie artikulieren ihre Laute sowenig mit der Zunge wie die Affen. Affen beherrschen aber von Geburt an bis zu dreißig verschiedene Lauttöne. Dagegen kann das Neugeborene der Menschen weder artikuliert noch unartikuliert sprechen. Diese Affenlaute sind nicht der Anfang der menschlichen Sprache. Deren Anzahl hätte dann wohl mit zunehmender Intelligenz wachsen müssen und eine einheitliche Sprache ergeben.

Übrigens entstehen die Lautfolgen in den akustischen Äußerungen der Affen durch den Wechsel von Aus- und Einatmung, wie Thomas Geissmann herausgefunden hat. Aber alle Sprachen der Menschheit werden ausschließlich durch Ausatmen artikuliert. Schon deshalb können sie nicht aus der Affensprache entwickelt worden sein. Nicht das Sprechen stammt von den Affen, wohl aber das Lachen und Weinen. Überhaupt bilden Laute nicht die eigentliche Verständigungsweise der Tiere. Die Lautsignale der Affen scheinen eher metakommunikative Zeichen zu sein, Vorzeichen für Mitteilungen, Ankündigungen. Beim Menschen sind die unartikulierten Lautsignale überflüssig geworden, haben sich aber rudimentär erhalten im Lachen, Weinen, Schreien, Stöhnen. Sie bilden den einzigen ursprünglichen, arteigenen und von allen verstehbaren Wortschatz der Menschen. Für sie braucht man die Zunge nicht. Diesen Wortschatz gab es schon, als die Zunge lediglich ein Verdauungsorgan war.

Vielleicht steckt hinter der Entstehung der menschlichen Sprache also doch der Verlust gedanklicher unmittelbarer Kommunikation, wie es die biblische Geschichte von der babylonischen Verwirrung anzeigt. Der Mensch begann demnach zu gestikulieren und schließlich zu artikulieren, als die Lücken in der nichtsprachlichen Kommunikation – nennen wir es ruhig Gedankenlesen – größer wurden. Neue Zentren im Gehirn und Verbindungen zur Zunge mußten sich bilden, so daß heute ein Fünftel des Großhirns mit der Sprache beschäftigt ist. Die von der Evolution zu besorgenden Veränderungen waren unter anderem Kehlkopfsenkung, Vergrößerung des Rachenraumes und Verkleinerung des Mundraumes – mit Nachteilen beim Kauen, Schlucken und Atmen. Eine Entwicklung, die bei den Neandertalern anscheinend noch nicht abgeschlossen war, denn deren Gaumen war flach und ihr Kehlkopf befand sich noch ziemlich hoch. Der Grenzvokal *i*, durch den erst die Unterscheidung bzw. Intonation der verschiedenen Vokale möglich ist, stand wahrscheinlich noch nicht zur Verfügung (Zimmer 1986, 175 und Kuckenburg 1996,78).

Noch heute gibt es Völker, die mehr gestikulieren als sprechen. Manche sprechen guttural, mit einer nur schwer beweglichen Zunge. Wir kennen das von der Schwierigkeit, bestimmte Konsonanten wie *r* und *l*, die man als Kind nicht zu artikulieren gelernt hat, nachzulernen. Wäre die Sprache eine natürliche und keine soziale Entwicklung, würden alle Laute von Kindheit an mit der Zunge formuliert. Tatsächlich entwickeln alleingelassene Kinder untereinander eine Vorform der Gebärdensprache (aus der frühestens in zweiter Generation eine wirkliche Gebärdensprache werden kann). Aber zu einer artikulierten Lautsprache gelangen sie nicht. Sie sind darauf angewiesen, daß andere ihnen das Artikulieren mit der Zunge vormachen, sonst bleibt es bei bellenden Lauten oder Schreien.

Wird das zu Übermittelnde zu komplex und gefühlsträchtig, gestikulieren wir. Weist das nun darauf hin, daß die Sprache, wie gern behauptet wird, niemals ausreichen wird, den Inhalt eines Gedankens und Gefühls präzise auszudrücken? Denn schließlich konnten Menschen und Tiere früher denken als sprechen. Oder zeigt es lediglich, daß hinter der Sprache und der sprachlichen Gedankenverfertigung der ganze Körper steckt, der sich mitteilt? Sprachlich gefaßte Gedanken könnte man dabei mit phantomisierten Körpern oder Körperteilen vergleichen (Mikorey 1952 und Schulte 1997, 176 ff.).

Gehen wir noch einmal zurück zum Problem der Spracherfindung und fragen danach, was wir beim Sprechen mit dem Körper machen oder was der Körper mit uns macht. Zur Sprache brauchen wir nämlich gewissermaßen zwei Köpfe. Nicht nur den Kopf mit seinem Gehirn und den Sinnesorganen Ohren, Nase, Augen und Mund, sondern auch den Kehlkopf am Übergang des Kopfes zum übrigen und eigentlichen Körper.

4. Kopf und Kehlkopf

Daß der Geist nur eine Sache des Gehirns sei, seine Software gewissermaßen, und daß er sich ausschließlich durch Gehirnereignisse erklären ließe, diese Auffassung sei eine unzulässige Vereinfachung, meint Antonio Damasio:

>»Damit sage ich nicht, daß der Geist im Körper ist, sondern nur, daß der Körper mehr beisteuert als nur grundlegende Lebensfunktionen und modulatorische Effekte, die sich im Gehirn bemerkbar machen. Vielmehr liefert er einen *Inhalt*, der wesentlicher Bestandteil normaler geistiger Funktionen ist.« (Damasio 1996, 301)

Geistige Funktionen sollen ja fürs Überleben des gesamten Organismus und nicht nur des Gehirns sorgen. So will es die Evolution, die den Geist hervorbrachte, so sieht es Damasio.

>»Geist zu entwickeln, was in Wirklichkeit heißt, Repräsentationen zu entwickeln, von denen einige als Vorstellungen bewußt gemacht werden, bot den Organismen eine neue Möglichkeit, sich Umweltbedingungen anzupassen, die im Genom nicht vorhergesehen werden konnten. Die Grundlage für diese Anpassungsfähigkeit begann wahrscheinlich damit, daß die Organismen Vorstellungen vom agierenden Körper konstruierten, das heißt Vorstellungen vom Körper, wie er extern (sagen wir, unter Verwendung seiner Gliedmaßen) und intern (durch Regulation des viszeralen Zustands) auf die Umwelt reagierte. ...
>   Zwar gibt es eine äußere Wirklichkeit, doch das, was wir von ihr wissen, erfahren wir, wie ich meine, durch den Körper in Bewegung, durch Repräsentationen seiner Störungen. Folglich bleibt uns immer verborgen, wieweit unser Wissen mit der ›absoluten‹ Wirklichkeit übereinstimmt. ...
>   Möglicherweise ... spielen Urrepräsentationen des bewegten Körpers auch eine Rolle für das Bewußtsein. Nach meiner Ansicht bilden sie den Kern neuronaler Repräsentationen des Selbst und liefern damit ein Bezugssystem für das, was dem Organismus innerhalb und außerhalb seiner Grenzen zustößt.« (Damasio 1996, 306, 312 f.)

Diese Ansicht teilt Damasio mit anderen Forschern, die von Körperschema und Selbstmodell als Leistungen des neuronalen Netzwerkes »Gehirn« sprechen. Was gemeint ist, muß man natürlich immer von sich selbst her kennen. Ich muß mich als einen mit anderen Körpern vergleichbaren Körper reflektiert oder objektiviert, das heißt: mich in einer Art »Selbstveränderung« mit anderen identifiziert haben können, um dann davon zu reden, daß das Gehirn in der Lage sein muß, das zu können, was ich kann: 1. Objekte wahrnehmen, 2. die eigene Reaktion darauf und auch noch 3. sich selbst als einen darauf Reagierenden wahrnehmen. Damasio spricht von nonverbaler und verbaler Narrativierung. Durch erstere entstünde Subjektivität, durch Sprache dann ein Meta-Selbst, genannt Ich. Mit nonverbaler Narrativierung meint er jene dritte Art von Vorstellungen, also nicht nur Vorstellungen von einem Objekt und von den Reaktionen des Organismus auf das Objekt, sondern Vorstellungen »von einem Organismus, der gerade ein Objekt wahrnimmt und darauf reagiert« (ebd., 322). Die Sprache würde dann aus den nonverbalen Erzählungen, das heißt diesen Vorstellungen der dritten Art, verbale Erzählungen machen.

Erklärt ist damit allerdings noch gar nichts. Zu erklären wäre, wie denn der Organismus sich reflektieren kann, wie er es anstellt, für sich Gegenstand zu sein, Gegenstand gegenüber Gegenständen. Damasio versucht das erst gar nicht, sieht vielleicht auch gar nicht das Problem, weil er nicht von seinem eigenen Bewußtsein und Organismus spricht, sondern von dem vermeintlichen Bewußtsein eines Organismus da draußen in der objektiven Welt. Sicher, da befinde ich mich auch als Körperwesen. Aber die Frage ist doch, wie ich dazu komme, so etwas anzunehmen und mich als ein Ding unter anderen erfahren zu können. Nicht Objektivität ist doch das erste, sondern Subjektivität, affektive leibliche Subjektivität oder emotionales Sichgewahren in Empfindungen von Lust und Schmerz, leiblicher Weitung und Engung.

Im folgenden referiere ich eine zugegeben etwas komische, zudem recht wirr und redundant verfaßte Theorie des menschlichen

»Be-Greifens«, die Sprachtheorie von Eduard Rossi. Ich finde sie überaus anregend und geeignet, die naturwissenschaftliche Erklärung von Sprache und Denken, wie sie zum Beispiel durch Antonio Damasio versucht wird, zu irritieren und auch zu übertreffen. Das ist nämlich der Witz an Rossis Theorie: Sie erklärt, warum die Naturwissenschaften und ihr mechanistisches Wirklichkeitsbild so unwiderstehlich, ja für das sprachgeleitete Denken geradezu selbstverständlich sind. Von Damasios Bemerkungen über das körperbewußte Gehirn aus gesehen könnte man sagen: Rossi macht in seiner Theorie den Versuch, die nonverbale und verbale Narrativierung, und das heißt Selbstbildung, zusammenzubringen und als sinnlichwirkliche Selbstreflexion des Körpers darzustellen.

Rossis Sprachtheorie findet sich in seinen beiden Büchern *Das menschliche Begreifen und seine Grenzen* und *Die Abhängigkeit des menschlichen Denkens von der Stimme und der Sprache* aus den Jahren 1968 bzw. 1958. Rossi meint, daß die Gegenstände unseres sprachlich gefaßten Denkens – womöglich im Unterschied zu den Gegenständen eines nicht-sprachgeleiteten Denkens – einen körperlich-mechanistischen Charakter haben, weil die Sprache, um es mit Damasio zu sagen, Körperrepräsentationen bildet. Sprache sei nämlich Abbildung oder Wiederholung der äußeren Sensomotorik des sich bewegenden Körpers im Mundraum. Die äußere Sensomotorik wird dort in eine körperinnere Sensomotorik, die zugleich auch eine äußere ist, also eine innere äußere, übersetzt und in »Ausdruck« verwandelt, in Atemausdruck. Sprechen ist sensomotorisches Geschehen, das die Emotionen körperlicher Sensomotorik verfügbar macht oder reflektiert: Sie werden gehört.

Demnach kommt die Sprache tatsächlich aus dem Mund, aber nicht, wie Herder uns erzählte, aus dem der Tiere, sondern aus dem eigenen Mund des Menschen. Allerdings nicht schon aus dem Mund eines Neugeborenen. Dessen Mundraum nebst Nasenraum und Rachen ist noch ganz so beschaffen wie der eines ausgewachsenen Schimpansen. Affen und die Tiere überhaupt haben keinen zum

Sprechen geeigneten Mund- und Rachenraum, wie der dem Klein-
kindalter entwachsene Mensch ihn hat, also nicht diesen Raum zwischen den Mundlippen, die den Abschluß nach außen, und den
Stimmlippen, die den Abschluß nach innen gegen den Atemdruck
herstellen. Auch singende Vögel haben einen solchen »Sprachraum«
nicht. Statt des Kehlkopfs gibt es bei ihnen für den Gesang ein viel
tiefer gelegenes Organ an der Einmündung der beiden Bronchien in
die Luftröhre, die Syrinx. Beim Menschen bildet der Kehlkopf mit
der Stimmritze den Abschluß des Innern.

Das hat eine lange phylogenetische Vorgeschichte.

Zuerst entstand bei den Lungenfischen ein Ringmuskel, die Kehl-
ritze, zum Schutz vor eindringenden Fremdkörpern. Bei den Amphibien entwickelte sich der Kehlkopf aus Teilen des Kiemenskeletts
und des Vorderdarms. Als Begleiterscheinung des Abschließens der
Ausatmung kommt es bei ihnen auch zu Lauten. Allmählich bildeten
sich Stimmlippen zusätzlich zum Knorpel. Erst beim Menschen gibt
es keine Knorpellücke mehr in der Stimmritze wie sogar noch bei
den Affen, denen ja schon ein gemeinsamer Nasen-Rachen-Raum
für Atmung und Ernährung zur Verfügung steht. Die Stimmritze mit
den Stimmlippen schließt ganz dicht erst beim Menschen. Der Kehlkopf ist zudem so tief abgesunken, daß die Atemluft auch durch den
Mund entweichen kann. Das Pferd zum Beispiel erstickt, wenn man
ihm die Nase zuhält. Es wiehert durch die Nase. Das Maul öffnet es
dabei nur aus Erregung. Der Atemweg und der Speiseweg, die sich
bei Nagern und Huftieren schon überkreuzen, korrespondieren erst
bei Raubtieren, wie zum Beispiel beim Hund, aber auch nur, wenn
er bellt. Erst wenn er zugleich »schreit« und zu beißen droht, zieht
er den Kehlkopf krampfhaft so weit herunter, daß der Atem und der
Stimmton nicht mehr wie beim Winseln und Heulen durch die Nase,
sondern durch das Maul austreten und ein Bissen auch über die
Kehldecke hinweg in die Speiseröhre gelangen kann.

Rossis These lautet: Das menschliche Sprechen und damit die vielen verschiedenen Lautsprachen wiederholen jede auf ihre Weise

im inneren Außen des Mundraumes die erlebte Beziehung des Körpers zur äußeren Umgebung. So kommt es, daß der Geist, der in der Sprache die Welt versteht, sie mechanisch oder sensomotorisch deutet. Er hat keine andere eigenmotorisch und sensorisch zugängliche Welt. Er ist Körpergeist.

Auch die Entstehung des Lebens und seine Entwicklung können wir nur verstehen, wenn wir das Leben auf mechanische Bewegungen, schließlich die der Moleküle und Atome, zurückführen, also unter die Kategorien von Antrieb und Widerstand bringen, in denen wir uns selbst erfahren. Es ist das, was uns verstandesmäßig zur Verfügung steht. Die Welt ist eine der Wirksamkeit des Körpers entsprechende Wirklichkeit. Und diese ist eine mechanische.

Wir können also nicht über das Sensomotorische hinaus denken, weil oder solange das Denken dem Sprechen folgt. Woher wissen wir das aber? Woher die Vorstellung des Nichtkönnens, der Einschränkung unserer Sicht? Haben wir sie mit diesem Gedanken des möglichen Andersseins nicht schon durchbrochen? Sicher, die Paradoxie ist dieselbe wie bei Kants Erkenntnis von der Unerkennbarkeit der Dinge an sich. Solche metaphysischen Sätze, die von der Allmechanik bei Rossi oder der Allkausalität bei Kant, lassen sich nicht anders rechtfertigen als durch die unmitteilbare Selbsterfahrung des Geistes, Körpergeist zu sein.

So wie es bei Kant heißt: Alle Dinge sind extensive, intensive Größen im Kausalzusammenhang, so bei Rossi: Alle Begriffe sind mechanische, oder: Die Bedeutung aller weltdeutenden Verlautbarungen ist *a priori* eine mechanische. Die Verlautbarungen für nicht direkt sensomotorisch Gegenständliches wie zum Beispiel die Gedanken selbst oder das, worüber wir hier reden, sind metaphorisch mechanistisch. Man braucht nur einmal auf die Worte zu achten: Sofort erkennt man die Gedankenwelt als mechanistische. Gedanken fallen ein, kommen und gehen, wiederholen, ergänzen, entwickeln sich, widerstreiten einander, heben sich auf und was dergleichen Körperaktionen mehr sind. Rossi meint allerdings, man könnte dem artikulativen Charakter der Wörter ihre Bedeutung entnehmen. Die Worte hätten ursprünglich die Bedeutung, die dem Artikulationserlebnis entspricht, so daß etwa das Senken des Kiefers beim gesprochenen Wort »Abend« dem Sinken der Sonne »ent-›spricht‹« (Rossi 1968, 38). Diese Reduktion der Wortbedeutung auf die sprachliche Ausdrucksbewegung halte ich für überzogen und überflüssig. Sie zielt auf eine phonetische Ursprache und unterschätzt die Vieldeutigkeit und Variabilität der Abbildung äußerer Sensomotorik oder Gegenstandsbegegnung durch innere Sensomotorik im Mundraum bei der Atemartikulation durch die Sprachwerkzeuge. Sie unterschätzt also die Beliebigkeit des Bezugs vom Zeichen zum Bezeichneten, die erst von sozialer Konvention aufgehoben wird und bei Rossi gar nicht in den Blick kommt. Das Verhältnis zu Gegenständen, die meinesgleichen oder ebenfalls sich »ausdrückende« Körper sind, kann nicht ausschließlich mechanisch über Druck und Widerstand oder Fressen und Gefressenwerden begriffen werden. Meinesgleichen sein heißt: auch gefährdet, auch begehrend, auch sterblich zu sein. Ich glaube nicht, daß irgend etwas Menschliches ohne Rücksicht auf das spezifisch menschliche Todesbewußtsein zureichend beschrieben werden kann, insbesondere die Sprache nicht. Aber was heißt zureichend? Offenbar reicht es durchweg den Denkern und Wissenschaftlern, ihre Theorien über Denken, Wissenschaft, Sprache, Wahrnehmung oder Emotion zu machen, ohne an den Tod und das heißt an sich selbst oder das mögliche Nichtsein von allem zu denken. Wenn auch die Distanz zu sich selbst oder das Absehen von sich selbst erst Objektivität möglich macht, so doch nicht ohne dasjenige, von dem abzusehen ist. Die Negation meiner selbst ist die Bedingung der Möglichkeit der Erfahrung, so könnte man Kants transzendentales Prinzip vom Ich-denke, das alle seine Vorstellungen begleiten können muß, auch formulieren. Das Ich tilgt sich in der Erfahrung des Objektiven oder Wirklichen. Die Reflexion auf sich macht dem Subjekt die Wirklichkeit zur Erscheinungswelt oder zur Einbildung.

Zurück zu Rossi. Bedenkenswert scheint mir seine Begründung für den *a priori* mechanistischen Charakter des Wirklichen. Rossi erklärt: Alles, was wir erleben können, sind Bewegungen der äußeren oder inneren Umgebung und Zustandsveränderungen. Nur mechanische Bewegungen der Makrowelt sind unserem Willen unmittelbar zugänglich. Wir bewirken Veränderungen durch Körperbewegungen. Geräusche, Schall sowie Licht können wir nur mechanisch hervorbringen. Musik, Stimme, Sprache – all das ist nur durch mechanische Bewegung möglich. Geistiges äußern wir in Bewegungen dank des Tastsinns, der allein nicht nur Eindrücke liefert, sondern aktive willkürliche und kontrollierte Einwirkung auf die Umwelt ermöglicht. Unsere Arbeit ist stets Bearbeitung von Widerständen mit Hilfe des Tastsinns: beim Sprechen, Schreiben, Musizieren. Auf alle Bewegungen, die uns beeindrucken, können wir willkürlich nur sensomotorisch, also mechanistisch reagieren.

Die Grundbewegungen des stimmlichen Ausdrucks (Abschließen, Zusammennehmen, Unter-Druck-Setzen und Ausdrücken) und die des sprachlichen Ausdrucks (durch Greifen oder Begreifen des ausströmenden Atems) sind die Grundbewegungen des Lebens überhaupt. Deshalb sind in ihnen auch alle Wortbedeutungen vorgezeichnet, meint Rossi (1958, 24). Die Bedeutung der menschlichen Laute kommt aus der Art ihrer Entstehung.

Aller Sinn, den wir erfassen können, entsteht und besteht nur in den Ausdrucksbewegungen unserer Stimme als Abstimmung unseres Innern mit dem Außen. Rossi erklärt:

> »Erst der Bindung unserer Wort- und Begriffsbildung an die Mechanik, an die Betätigung an materiellen Widerständen und das Standhalten-Müssen in einem Gleichgewicht zwischen Atemdruck und Atemabschluß verdanken wir den festen Stand auch in unserem Denken, es wäre sonst haltlos nur in Eindrücken schwankend wie das des Tiers.« (Ebd., 31)

Das ursprüngliche Motiv der Wort- und Begriffsbildung war deshalb auch nicht, wie Herder in Anschluß an die Bibel meinte, die Namensgebung für Gegenstände zwecks Verständigung darüber, sondern es war die Abstimmung unseres Inneren auf die Eindrücke von den Dingen. Es ging darum, ihnen in einem Gleichgewicht standzuhalten. Menschliches Sprechen kann man mit Rossi als Rückgriff auf die Funktion des Urmundes ansehen. Denn am Anfang der Entwicklung der Lebewesen wie auch der eigenen Ontogenese steht als vielleicht wichtigstes Ereignis die Gastrulation oder die Bildung des Urmundes. Er bedeutet auch den Beginn des mechanischen »Begreifens« der Umwelt und Beginn der mechanischen Fortbewegung, auch der zur Fortpflanzung. Die Weiterentwicklung des Lebens, die sogenannte Evolution, gilt der Wirkung der zwischen Antrieb und Widerstand ablaufenden Bewegungen aufs eigene Innere bei einem Organismus. Daraus sind alle Lebensformen bis zur menschlichen Sprache und Musik entstanden.

Mit der Wiedervereinigung von Atemweg und Speiseweg ist beim Menschen die Funktion des Urmundes, also die Unterordnung des ganzen Leibes unter den Mund und sein Zusammennehmen durch den Mund, in gewisser Weise wieder hergestellt. Unsere Beziehungen zwischen Innen und Außen können dann im Mund durch das sprachliche Begreifen vergegenständlicht werden, denn im Gegeneinander der Kiefer, Zähne, Lippen und in den Bewegungen der Zunge hin zu allen Teilen der Mundhöhle (zum Beispiel im Kreisen der Zungenspitze längs der Lippen) erlebt der Mund alle erdenklichen mechanischen Bewegungen, eben auch die, welche die Begegnung des Körpers mit der Umgebung bilden.

Die Wörter sind Ergebnisse der Abstimmung unseres inneren Antriebs auf die von Gegenständen ausgehenden Eindrücke, sagt Rossi. Diese Abstimmung kommt durch ein Zusammenspiel von Kehlkopf, Zunge und Lippen zustande. Die Hauptsache ist der Kehlkopf, denn er ist ein Gefühlsorgan. Durch ihn bekommt die Sprache ihre Basis: Sie ist Bekundung von etwas Lebendem, das Atem, Odem, Seele hat.

Noch beim Orang Utan kann man den Kehlkopf über der Zunge sehen, bei anderen Menschenaffen nicht mehr. Der menschliche Kehlkopf ist am weitesten abgesunken. Beim Kleinkind bis zum fünften Monat befindet er sich allerdings noch in der Höhe des Gaumensegelzäpfchens. Er sinkt allmählich bis zum siebten Lebensjahr immer tiefer.

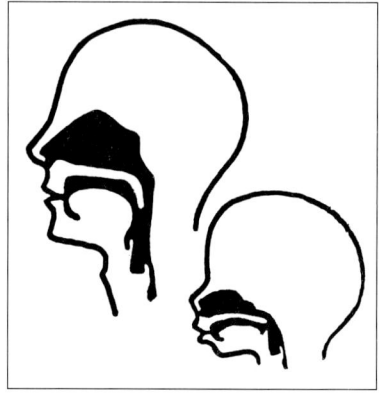

Affen und die Tiere überhaupt haben keinen zum Sprechen geeigneten Mund- und Rachenraum, wie der dem Klein- kindalter entwachsene Mensch ihn hat. Auch singende Vögel nicht.

Einem in der Not gesteigerten inneren Antrieb und Atemdruck kann der Kehlkopf allein nicht mehr aktiv standhalten. Die Kehlkopf- senker, die ihn am Brustbein halten, sind zu schwach. Daher ent- steht in der Not ein haltloses Schreien. Rossi meint, daß Kinder nach der Geburt schreien, weil die Stimmlippen vergeblich versuchen, den verlorengegangenen Druck im Mutterleib gegen die nun unter Außendruck gedehnten Lungen auszugleichen. Statt nur zu schreien oder zu fliehen könne der herangewachsene Mensch sich zusam- mennehmen und standhalten: Er kann mit den Mundbodenmuskeln den Kehlkopf am Aufsteigen und unbeherrschten Schreien hindern, ihn beim Abschluß des inneren Drucks unterstützen, indem er den Mund schließt. Sprechen wäre demnach die Beherrschung des Schreiens.

Der Mund als genetisch ältestes Greiforgan vom Wählen der Nah- rung her ist unserem Willen viel mehr zugänglich als der Kehlkopf.

So kommt es zur Stimm- und Selbstbeherrschung erst durch den Mund. Aus dem Wechsel zwischen Schließen und Öffnen entsteht der Wechsel zwischen Konsonanten und Vokalen und das sprachliche Begreifen. Aus den ursprünglich unartikulierten Gefühlslauten des Kehlkopfes werden artikulierte Laute. Bei den Tieren bleibt es bei unartikulierten Gefühlslauten. Die Tiere geben Laute von sich, um Gefühle abzubauen. Der Mensch benutzt die mit Gefühlen beladene Sprache auch dazu, sie zu erregen – mit spitzen Bemerkungen oder beißenden Satiren. Er kann sich auch kraft des Mundes zusammen nehmen – bei Schmerz, Schreck, Angst und körperlichen Anstrengungen. Bei schwerer Arbeit, etwa Lastenschleppen, stauen wir durch Schließen der Stimmritze und dann auch noch durch den Mundabschluß die Ausatmung, um den inneren Antrieb zu steigern.

So kommt es, daß unsere Gefühle je nach dem Verhältnis von innerem Antrieb zu Widerständen positiv oder negativ bewertet werden. Wir sind den Widerständen entweder gewachsen und haben Kraftgefühl oder Lust, oder die Widerstände sind zu groß, so daß wir Schwäche, Unlust oder Trauer empfinden. Manchmal sind sie auch zu klein, und unser Antrieb geht ins Leere, das heißt: Wir bleiben unbefriedigt. Diese Gefühle haben deshalb auch ihre Richtung: aufwärts oder abwärts, je nach ihrer Beanspruchung des Gefühlsorgans Kehlkopf.

Gefühle sind, dem Wort »Gefühl« entsprechend, auf das Fühlen, das heißt den Tastsinn bezogen, mithin auf das mechanische Verhältnis des Körpers zur Umgebung durch Antrieb und Widerstand. Unser Ausdruck antwortet auf Eindrücke. Die Gefühle gehören elementar in das mechanische Weltbild unseres Verstandes, das der Mund mit Lippen, Zunge, Zähnen und Kehlkopf vorschreibt, denn er bildet unsere körperliche Beziehung zur Umgebung nach. Hier kommt Rossis Lehre wieder mit dem eingangs zitierten Hinweis von Damasio zusammen. Rossi zeigt, wie die Gefühle die rationale Weltbeschreibung bestimmen. Damasio beließ es bei der These, daß Empfindungen »genauso kognitiv« seien »wie jedes andere Wahr-

nehmungsbild« und ihr Einfluß»immens« sei. Rossi entdeckt die
Emotionalität des Mechanischen (oder Sensomotorischen) und die
Mechanik der Emotionen. Das Gefühlsorgan dabei ist der Kehlkopf.
Das mechanische Weltbild der Sprache hören wir aus unseren Begriffen heraus, aus all den Worten, die hier aufs Papier fließen. Es
sind mechanische Metaphern. Das ist kein Reduktionismus, den
man abstreifen könnte. Denn der Einfluß auf die Welt – das, was ich
für mich und andere, was ich überhaupt tun kann und zur Selbsterhaltung machen muß – ist Bewegung. Ich muß die Körperwelt
gegenständlich verstehen wie mich selbst, schon weil mein»Gegen-
stehen« die drohende Kollision vermeiden kann, die den gewalt-
samen Tod bedeutet. Vielleicht kommt daher die Unwiderstehlich-
keit der Naturwissenschaften. Habermas schrieb darüber:

> »Die Erfahrungswissenschaften stellen eben doch nicht ein beliebiges
> Sprachspiel dar. Ihre Sprache interpretiert die Wirklichkeit unter
> dem anthropologisch tief verankerten Gesichtspunkt möglicher tech-
> nischer Verfügung. Durch sie geht der faktische Zwang der natür-
> lichen Lebensumstände in die Gesellschaft ein.« (Habermas 1971, 54)

Durch mögliche Verfügung wehren wir den Tod ab, das Ende möglicher Verfügung. Die Naturwissenschaften erklären uns, wie die
Körperwelt zu handhaben ist, in der wir als Körper leben und uns zu
erhalten versuchen. Sie stellen uns die Natur, insbesondere unseren
eigenen Organismus, auf dessen Leben wir angewiesen sind, mehr
und mehr zur Verfügung. Wir verfügen eben sensomotorisch über
den Körper und die Natur, verstehen die Welt von unserer Körper-
wirksamkeit her. Ihre elementare Wirklichkeit besteht in festen Körpern, die kontrolliert im Blickfeld und in Reichweite bewegt, zerteilt
und zusammengesetzt werden können. Denn mein eigener Körper
ist so etwas, das im Zusammentreffen mit anderen Gegenständen
bewegt, zerteilt oder auch zusammengesetzt werden kann. Hermann
Schmitz (1996, IX) beklagt diese seit Demokrit auch philosophisch
definierte Weltsicht als nun endlich zu revidierende »physiologi-

stisch-reduktionistisch-introjektionistische Denkweise«. Aber nach Rossi können wir nicht anders, weil oder solange das Denken dem Sprechen folgt, und dieses der körperlichen Gegenständlichkeit meiner selbst in der Welt entspricht. Durch die Überlegungen, die wir hier angestellt haben, haben wir jedoch diesen Zwang zum Mechanistischen auch schon relativiert, weil durchschaut. Allerdings können wir nicht sagen, wie die Welt beschaffen wäre, wenn es die Lautsprache nicht gäbe, die uns das Weltbild vorschreibt.

Zu diesem Weltbild gehört wohl auch, daß wir, wie Damasio es beschrieb, ein vorsprachliches Bewußtsein, ja eine nichtsprachliche Narrativierung annehmen müssen, wenn wir objektivistisch erklären wollen, was das ist, was wir jetzt tun: sprachlich narrativieren. Aber so kommen wir nur scheinbar dahinter, was wir sind, was diese Gegenwart ist, was jetzt geschieht. Die Welt, welche die Naturwissenschaft als bestehend annimmt, die Welt also, in der es zum Beispiel Lautsprache gibt, wird ja als an sich und unabhängig von unserem versprachlichten und erst durch Sprache konstituierten Gedanken beschaffen angesehen. Was dahintersteckt ist das sich ausdrückende Am-Leben-Sein, mein Am-Leben-Sein. Das kann gewissermaßen nur nach vorne blicken, nicht hinter sich. Es kennt sich zwar, aber erkennt sich nicht. Es ist erkennbar als unerkennbar.

5. Gensprache

Sprache verbindet Menschen durch Mitteilung von Gedanken. Wie das gehen soll, ist kaum zu verstehen. Mit George Herbert Mead (1975, 191) könnte man es so erläutern: Wir stellen gedanklich eine semantische Struktur her, die wir in eine lineare Folge unterschiedlicher Laute umsetzen, um beim gleichzeitigen oder späteren Hören dieser Lautfolge wieder ähnliche Vorstellungen hervorzurufen und diese Hervorrufung dann auch bei anderen durch Verhaltensabstimmung herbeizuführen. Durch Sprache kann man dann auch sein eigenes Vorstellungsleben klären und bereichern: Neue Gedanken kommen einem beim Versuch zu sagen, was man denkt, empfindet, wahrnimmt, wünscht und so weiter. Den anderen hat man dabei als virtuellen Zuhörer »im Hinterkopf«, so wie ich jetzt hier beim Schreiben, das eine sprachliche Selbstexplikation meiner Gedanken über Sprechen und Schreiben ist.

Die menschliche Sprache ist gewissermaßen das Leben des Geistes: Akkumulation, Variation und Auslese von Ideen, Fragestellungen und Theorien, ähnlich wie in der biologischen Evolution. Aber auch das körperliche Leben der Sprechenden wie aller Organismen ist eine Sprache: die Gensprache. Ist sie womöglich die Ursprache und der Ursprung der menschlichen Sprache? Bedeutet die Entdeckung des genetischen Codes vielleicht die Selbstentdeckung des Sprachgeistes in der Natur? Das Leben des Geistes wäre dann durchaus etwas Natürliches und prinzipiell nicht vom Leben der Organismen Verschiedenes. Sehen wir genauer hin.

Mit der Sprache der Gene können Lebewesen Informationen von einer Generation an die nächste weitergeben – durch Replikation von Nukleinsäuremolekülen. Mit der Sprache können wir etwas Ähnliches erreichen. Die Informationsübertragung ist hier Gedankenübertragung vermöge unseres Geistes auf der Basis der Wahrnehmung der regelbestimmten Lautfolgen, der Gebärdenfolgen und der Schriftzeichenfolgen. Das ist keine direkte Gedankenübertragung wie beim parapsychologischen Gedankenlesen, sondern Hirnstimulierung beim Anderen durch dessen Wahrnehmung des motorischen Outputs unseres Gehirns beim Sprechen, Gestikulieren oder Schreiben.

Wie funktioniert die biologische Sprache? Sie gründet in der Struktur der Nukleinsäure, die 1944 von Oswald Avery als Träger des genetischen Materials entdeckt wurde. Deren Baueinheiten, die Nukleotide, sind aus den drei Grundbausteinen Phosphorsäure (P), Zucker (S) und den vier Basen Adenin, Cytosin, Guanin und Thymin zusammengefügt, den vier »Buchstaben« (A, C, G und T) der »Gensprache«. Nukleinsäuremoleküle (RNA oder DNA in der 1953 von Watson und Crick entdeckten Form der Doppelhelix) haben bei den aus Zellen aufgebauten Lebewesen die Bedeutung von Bauanleitungen für Proteine (das sind Ketten von Aminosäuren), die den Phänotyp, die Gestalt des Organismus, bilden, durch dessen Überleben und dessen Fortpflanzung die Nukleinsäuremoleküle ihre eigenen Überlebens- und Replikationschancen beeinflussen.

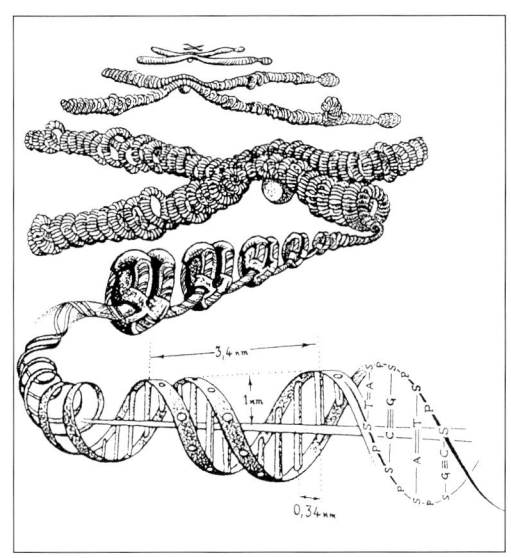

Von der Doppelhelix zum Chromosom: Die Doppelhelix legt sich in einer zweiten Spirale, der Superhelix, um kugelige Histoproteine. Eine dritte Auffaltung und Schraubung ergibt die Super-Superhelix des Chromosoms.

Die Nukleinsäuremoleküle können aber nicht nur als Informationsträger angesehen werden, sondern auch als die ursprünglichen Lebewesen selbst. Ihre Entstehung wäre dann, wie der Biologe Wolfgang Wieser (1995, 220) erklärt, zugleich die Erfindung der Individualität gewesen, denn ein aus Nukleinsäureketten bestehendes Genom stellt eine einzigartige Ansammlung von relativ wenigen Atomen im Weltall dar. Beim Menschen sind es nur 10^{11}. Das Genom des Darmbakteriums *Escherichia coli* hat 4000 Gene mit je 1000 Nukleotiden, es läßt sich also deuten als eines der insgesamt $(4^{1000})^{4000}$ möglichen Wörter der Länge 4 Millionen, die aus den vier

Buchstaben des Gen-Alphabets gebildet werden können. Das bedeutet: Wenn es davon keinen Klon gibt, ist dieses Genom höchstwahrscheinlich einmalig im ganzen Universum, dessen Gesamtzahl an Molekülen geringer ist als diese Zahl. Wieser schreibt:

>»Die Evolution wurzelt in dem Prinzip, daß mit Hilfe einer relativ kleinen Zahl von Informationseinheiten durch Kombination und Verlängerung genetische Programme von praktisch unbegrenzter Mannigfaltigkeit zusammengesetzt werden können. Durch Erzeugung von Varianten und auf Grund der Fähigkeit zur Replikation gelingt – mit fast beliebiger Genauigkeit – die Anpassung dieser Programme an sämtliche Herausforderungen der Umwelt. ... (Womöglich ist) das zur Selbstreflexion befähigte menschliche Individuum die bisher leistungsfähigste Verwirklichung dieses Prinzips.« (Ebd.)

Die einmaligen und individuellen Nukleinsäuremoleküle haben bei Organismen, wie wir es sind, also bei Zellen mit Zellkern und bei einem mit solchen Zellen aufgebauten Lebewesen, eine Codefunktion. Diese gründet in der Arbeitsteilung zwischen Nukleinsäuren und Proteinen, wobei die Nukleinsäuremoleküle in ihren Abschnitten die Bedeutung von Bauanleitungen für Proteinsynthesen erhalten. Die Bauanleitungen sind mit den vier Buchstaben Adenin, Cytosin, Guanin und Thymin geschrieben, indem immer eine der vier Basen in jeweils ein Nukleotid eingebaut ist. Mehrere Buchstaben bzw. Nukleotide hintereinander bilden ein Wort (Codon). Die wichtigsten Wörter sind die Tripletts, wovon $4^3 = 64$ kombinatorisch aus den vier Buchstaben möglich sind. Die Tripletts codieren 20 bestimmte Aminosäuren. Ein Triplett wird immer in eine Aminosäure übersetzt. Drei der Tripletts dienen als Trennzeichen für Sätze, als Punkt gewissermaßen. Mit aus Aminosäuren zusammengesetzten Proteinen wird dann der gesamte Phänotyp aufgebaut. Er entsteht nach genetischer Vorschrift.

Im Laufe der Evolution wurde das genetische Programm in einem besonderen Teil der Zelle, dem Zellkern, untergebracht. Bei Zellen mit Zellkern (Eukaryonten) gibt es DNA auch im übrigen Bereich der Zelle, zum Beispiel in den Mitochondrien. Die Absonderung des genetischen Materials im Zellkern und in den Mitochondrien machte ein inneres Membransystem erforderlich, wodurch die Zelle insgesamt empfindlicher wurde. Zellen schlossen sich zu mehrzelligen Lebewesen zusammen, wobei einzelne Zellen verschiedene Funktionen haben konnten. Um eine Anreicherung von Erbfehlern zu vermeiden und für mehr Variation zu sorgen, wurde die Sexualität erfunden. Schließlich trennten sich (in Wiederholung des Schemas der eukaryonten Zelle) Körperzellen (Soma) und Keimbahn, so daß nur die Keimzellen die genetische Information weitergeben können, während die Körperzellen die sexuelle Neukombination von Genen mit einer Hülle, dem Körper, ausstaffieren, der für die sexuelle Fortpflanzung, die Fortsetzung der Keimbahn bis zur nächsten Generation, zu sorgen hat. Dann hat er ausgedient. Allenfalls trägt der Körper durch Milieubeeinflussung noch weiter zur Fortpflanzung bei, denn die Körper prägen den sozialen und ökologischen Raum der Nachkommen durch ihre Tätigkeiten. Menschen schaffen sich zusätzlich noch darwinistisch effektive symbolische Wirklichkeiten. Michael Ghiselin schreibt zum Beispiel:

> »Ein Mythos kann dann genauso einen selektiven Einfluß ausüben wie ein Raubtier. Wir fürchten beide und verhalten uns entsprechend.« (Zit.n. Holenstein 1990, 109)

Aber alles, was ein Individuum an Erfahrungen und Kenntnissen gewinnt, wird nicht genetisch »aufgeschrieben« und vererbt. Hier setzen die menschliche Sprache und die Schrift ein. Sie ermöglichen eine eigene Art von Evolution, indem zum Beispiel Erfahrungen aufgeschrieben und über den Tod des Autors hinaus von anderen gelesen und adaptiert werden, wie es ja auch hier bei diesem Text geschieht, in dem ich die aufbewahrten Gedanken anderer Autoren zitiere.

Aber sind menschliche Sprache und Schrift überhaupt mit der Gensprache bzw. der Genschrift vergleichbar?

Wir hatten uns gefragt, ob das Wesentliche der menschlichen Sprache nicht bereits in der Gensprache vorliegt, ob Sprache dann nicht doch als naturwissenschaftlicher Gegenstand anzusehen ist und ob die menschliche Sprache nicht hier ihren Ursprung bzw. ihre »Vor-schrift« hat. Die Rede vom Gencode oder der Sprache der Gene scheint ja zunächst nur eine Metapher zu sein, weil doch in einer lebenden Zelle keiner spricht oder etwas versteht und keiner einen Plan liest, wenn nach der Vorschrift eines Gens ein Protein aufgebaut wird. Es läuft alles chemisch-physikalisch, also automatisch ab. Wie soll man dasjenige Schrift oder Sprache nennen dürfen, was weder Sprecher und Hörer, noch Schreiber und Leser kennt?

Vielleicht funktioniert aber unsere Sprache selbst nach genetischer Vorschrift, so daß sie nur eine Fortsetzung derjenigen Sprache wäre, die uns als Lebewesen definiert. Denn sicherlich ist zumindest die menschliche Fähigkeit, Sprache zu erlernen, genetisch programmiert. Bei der menschlichen Lautsprache haben wir es zwar mit vielen verschiedenen meist schriftlosen, nur gesprochenen Sprachen zu tun. Den vielen Lautsprachen scheint aber eine gemeinsame Universalgrammatik zugrundezuliegen, welche zur allgemeinen genetischen Ausstattung der Menschen gehören könnte. Nach Noam Chomsky setzt Sprechen ein unbewußtes Erfassen komplizierter grammatikalischer Regeln voraus, die bislang noch nicht so vollständig von den Linguisten verstanden wurden, daß man mit ihrer Kenntnis praktikable Übersetzungsmaschinen hätte bauen können. Aber extraterrestrische Intelligenzen, so meinen Anhänger Chomskys, könnten womöglich diese Regeln (die sogenannte Universalgrammatik) erkennen. Sie würden sagen, daß die Menschen mit ihren mehreren tausend Sprachen alle eine Sprache (als Anwendung einer einheitlich angeborenen, für Menschen typischen Sprachkompetenz) sprechen: »Mentalesisch« (Pinker 1996, 532).

Natürlich wird die Sprache erlernt, nur die Erlernbarkeit und der Spracherwerb in seinen Phasen scheint angeboren. Allerdings auch nicht so, daß sich Mutationen in der Programmierung der Universalgrammatik bilden und durchsetzen könnten. Man hat jedenfalls noch keine besondere angeborene Sprachstruktur gefunden wie etwa eine Virtuosität in Passivkonstruktionen oder in lipogrammatischer Rede (durch Weglassen eines bestimmten Lautes oder Buchstabens wie des *e* in Georges Perecs Roman *Anton Voyls Fortgang*). Allerdings gibt es vererbte Grammatikfehler, vergleichbar solchen Fehlern, die auf Hirnschädigung (zum Beispiel im Bereich des Broca-Areals) zurückzuführen sind.

Die Diskussion über die Art der genetischen Veranlagung und darüber, in welcher Form und in welchem Ausmaß es eine genetische Sprache für die Sprache gibt, ist offen. Daß es sie gibt, muß aber angenommen werden. Ohne genetisches Vorwissen ist der Spracherwerb, wie wir ihn bei Kindern verfolgen können, undenkbar. Einwandererkinder zum Beispiel erlernen die neue Sprache genauso schnell wie die ihrer Eltern. Sie haben keinen angeborenen Vorteil fürs Erlernen der Muttersprache. Die kleinen Kinder haben auch bereits sprachliche Fähigkeiten, bevor sie sprechen. Sie unterscheiden Phoneme schon im Mutterleib. Kinder, die zu sprechen beginnen, können auch sehr schnell aus wenigen Sätze beliebig viele neue Sätze bilden. Sie machen sich sogar unter Abwesenheit von sprechenden Erwachsenen ihre eigene Sprache. Sprachlos gebliebene Erwachsene können das nicht mehr. Nur Kinder machen zum Beispiel aus Pidgin (einer Behelfssprache in einer Gruppe von Erwachsenen mit vielen verschiedenen Muttersprachen, meist rudimentäres Englisch) eine richtige Sprache, die sogenannte Kreol-Sprache, die dann zum Beispiel auch Dativbildungen enthält. Es gibt keine »Steinzeitsprachen«, Sprachen sind allesamt vollwertig.

Mit Darwin muß die genetisch veranlagte Sprache als evolutiver Vorteil für die Sprechenden angesehen werden. Eine grammatische Grundfigur in allen Sprachen ist besonders wichtig, meint Steven Pinker (1996, 178) in seinem Buch *Der Sprachinstinkt*: die Zergliederung von Raum und Zeit in Objekte und Handlungen. Wer das kann, macht erfolgreiche Voraussagen, kommt durch, hinterläßt Babys. Die Schrift zur Sprache ist dagegen keine Instinktsache. Sie muß mühsam erlernt werden. Die alphabetische Schrift scheint sogar eine einmalige Erfindung in der Geschichte der Menschheit gewesen zu sein, eine Erfindung der Phönizier. Erst mit der alphabetischen Schrift ähnelt die menschliche Sprache der Gensprache. Das Genom codiert ja seine Botschaften nicht nur digital (in nicht kontinuierlich variierenden Symbolen) wie die menschlichen Lautsprachen auch, sondern zudem in Zeichen aus einem begrenzten Repertoire wie in der alphabetischen Schrift. Die Gensprache existiert allerdings nur als Schrift. Wäre es denkbar, daß auch die menschliche Sprache nur geschrieben und nicht auch gesprochen (oder durch Gebärden ausgedrückt) würde? Bilderschriften kann man doch prinzipiell in allen möglichen Lautsprachen lesen. Warum sollte man sie nicht ohne Lautsprache erfunden haben und verstehen können? Bilderschriften vielleicht, aber doch wohl nicht eine alphabetische Schrift, in der den einzelnen Lauten Zeichen zugeordnet sind.

Die genetische Schrift ist nicht eine solche Schrift wie diese hier, deren ich mich bediene, bei der die Bedeutung der Worte gedacht wird und dann womöglich auch realisiert im Sinne der Herstellung des Bedeuteten. Zum Beispiel kann man verabreden, daß CAU eine bestimmte Aminosäure bedeutet, die Aminosäure His. Aber das Wort Cau, das hier von mir getippt wurde, und eine Farbverteilung auf dem Papier ergibt, ist nicht eine ganz bestimmte materielle Atomanordnung, die in Kontakt mit anderen Atomen oder Molekülen neue Atomzusammenstellungen hervorruft, und zwar genau das, was sie bedeuten. So ist es aber in der Gensprache. Da ist CAU eine Konstellation von Atomen, ein Stück der DNA, das den Zusammenbau einer Aminosäure veranlassen kann, die wir His nennen und die ebenfalls aus Atomkonstellationen besteht. Zwischen dem Schriftzeichen und dem Bedeuteten (Herzustellenden) gibt es dabei keinen vermittelnden Leser, der bestimmte materielle Produktionsvorgänge veranlassen würde, um das von ihm verstandene Bedeutete herzustellen zu können. So wäre es bei uns, wenn wir das Kommando »Tisch« lesen und uns dann an die Herstellung machten. Zeichen und Bezeichnetes sind in der Gensprache nicht über eine Bedeutung des Zeichens verbunden. Wenn es da eine Sprache gibt, ist es eine, die keinen Geist nötig hat. Oder es handelt sich um einen materiellen Geist.

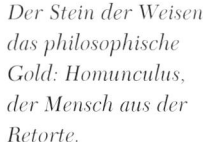

Der Stein der Weisen, das philosophische Gold: Homunculus, der Mensch aus der Retorte.

Es ist eben so, daß in lebenden Zellen bestimmte Tripletts der DNA bestimmte Aminosäuren herstellen können und bestimmte Folgen von Tripletts bestimmte Proteine produzieren. Wir machen uns das zunutze, indem wir bestimmte Nukleotidsequenzen zusammenstellen und ablesen lassen. Wir schreiben gewissermaßen und lassen das Geschriebene durch die lebende Zelle produktiv werden.

Sind wir damit hinter den Geist des Lebens gekommen? Ist dieser Geist dann eine lebende Schrift?

Was Menschen genetisch schreiben, haben sie allemal von Lebewesen gelernt. Das Leben können sie nie neu erfinden. Es wären ja immer Lebewesen, die Lebewesen erzeugen würden. Wir können uns nicht mehr selbst erfinden. Jeder, sowohl der natürlich Gezeugte und Geborene als auch der Geklonte oder willkürlich von Menschenhand genetisch »Geschriebene« und womöglich noch extrauterin Aufgezogene, jeder wird sich als nicht selbstgemachte, sich selbst absolut vorfindliche singuläre Faktizität erleben müssen, wenn er denn bewußtseinsfähig ist.

Oder könnte er doch im Nachlesen des Planes seiner selbst seine Selbsterzeugung nachholen, zum *Causa-sui*-Wesen mutieren, indem er sich dauernd nachmacht und unendlich fortschreibt? War es das, wovon die Philosophen und Alchimisten träumten?

Kapitel 3: Gehirnspaltung

1. Götterstimmen

Der sich seiner selbst bewußte Geist entstand später als die Sprache, meint Julian Jaynes in seinem Buch *Der Ursprung des Bewußtseins*. Die meiste Zeit habe der Mensch ohne Bewußtsein (= *consciousness*) gelebt, sogar als er schon sprechen konnte. Was für eine Art Bewußtsein ist gemeint?

Alltäglich leben wir meist ohne den sich seiner selbst bewußten Geist, ohne das Ich, das sich überlegt, was es tun soll und wie es etwas tun soll, zum Beispiel zum Kühlschrank gehen. Unser Ich tritt auf, wenn wir in Situationen geraten, in denen nicht bereits automatisierte Problemlösungen zur Verfügung stehen, so daß wir ohne Überlegungen agieren können. Für viele Verrichtungen wäre es auch schon zu spät, wenn wir zuvor überlegt hätten, was zu tun ist. Bewußtsein, sagen die Hirnphysiologen, ist ein später und ziemlich langsamer Prozeß, der von nicht-bewußtseinsfähigen Zentren gesteuert wird. Basalkerne, Kleinhirn und Thalamuskerne müssen, für uns unbewußt, einverstanden sein, wenn wir zum Beispiel bewußt willentlich den Arm bewegen. Sie können diese Bewegung aber auch allein veranlassen, ohne daß wir uns zu ihr entschlossen hätten.

Jaynes meint wohl nicht, daß der Mensch früher durchgängig so gelebt habe, wie wir heute nur noch zuweilen leben, nämlich ohne reflektierende Überlegung. Er meint, wenn ich ihn richtig verstehe, daß die Menschen früher für solche Problemsituationen, die unseresgleichen zu Reflexionen und zu mühsamer Entscheidungsfindung herausfordern, besondere Programme hatten, auf die sie zurückgreifen konnten. Allerdings keine unbewußten Verhaltensprogramme, sondern hörbare, sprachlich gefaßte Handlungsanweisungen – in ihrem eigenen Gehirn. Daß es so war, wußten sie selbst nicht, sie hielten sie für die Stimme ihrer Führer. Sie wußten also nicht, daß es ihre eigene Stimme war, die gleichsam als Über-Ich in ihnen selbst redete, wenn sie in Streß gerieten und nicht automatisch handeln konnten. Reflexion wird es damals auch gegeben haben; aber nur in der Weise, daß man versuchte, stille zu sein und hinzuhören, was die Stimmen sagten, also durch eine Art Bewußtseinsspaltung.

Die Überlegungen, die Jaynes und wir jetzt anstellen, sind vielleicht ein Relikt davon oder ein Ersatz dafür. Suchen wir nicht nach Antworten auf unsere Fragen, als seien sie schon da, nur wir fänden sie nicht? Wo sind die Stimmen geblieben, was sagten sie, was würden sie uns heute sagen? Müssen wir uns denn alles selber sagen? So fragen wir uns. Was uns umtreibt, ist die verlorene Orientierung durch autoritäre, göttliche Stimmen, meint Julian Jaynes.

Der selbstbewußte Geist oder das personale Ich sind nach Jaynes eine sehr späte Errungenschaft der Menschheit. Der Umschwung vom ichlosen zum selbstbewußten Individuum erfolgte seiner Meinung nach in unserer Weltgegend erst vor ungefähr 3000 Jahren. Daß das hirnphysiologische Gründe gehabt haben könnte, nämlich Veränderungen in der Funktionsverteilung der Großhirnhälften, darauf verweisen, so Jaynes, die Umkehrung der Gesichtsprofile auf alten Münzen und sonstigen Darstellungen und auch die Umkehrung der Schriftrichtung in der sogenannten Achsenzeit nach einer kurzen Phase der Unentschiedenheit. Porträts, Münzbildnisse, Gemmen, Vasenbilder (500 000 Objekte wurden untersucht) schauen vor der Achsenzeit (6./5. Jahrhundert v. u. Z.) vorwiegend nach rechts, danach zu 80 Prozent nach links. Dahinter steckt, so meint Julian Jaynes, eine sprunghaft entstandene linksseitige Hemisphärendominanz.

Es kann sich aber wohl kaum um die Art der Linkshemisphärendominanz handeln, die bei Ratten zu beobachten ist, falls die nicht auch von jenem Umschwung, den Jaynes annimmt, betroffen gewesen waren. Man hat nämlich herausgefunden, daß Ratten, die sich nur mit dem rechten Teil ihrer Schnurrbarthaare, für den die linke Gehirnhälfte zuständig ist, orientieren konnten, besser eine von acht Weggabelungen wiederzuerkennen lernten als Ratten, die mit dem linken Schnurrbartteil auskommen mußten. Solche Funktionsdominanzen oder Aufgabenverteilungen im Gehirn sind genetisch programmiert. Zum Beispiel weiß man aus der Untersuchung des Gehirns Londoner Taxifahrer mit dem PET (= Positronen-Emissionstomogramm), daß bei der Fahrtroutenbeschreibung nur der rechte Hippocampus aktiviert wird, nicht der linke. Also, schließt man, befindet sich die Ablesevorrichtung für den »geistigen« Stadtplan bei ihnen rechts, nicht links.

Tatsächlich dominiert bei den heutigen Menschen im europäischen Kulturkreis die linke Hirnhälfte, was Rechtshändigkeit und linke Sprachverarbeitung bedeutet. Durchweg stehen sich in europäischen Gehirnen eine mehr logisch-rationale und eine mehr intuitiv-kreative Hirnhälfte gegenüber. Anders ist es bei Japanern, Polynesiern oder Hopi-Indianern. Da dominiert die rechte Hirnhälfte. Und so soll es auch bei den vorantiken Völkern gewesen sein. Erst mit der Kultur der Griechen, meint Jaynes, kam eine Linkshemisphärenpräferenz zustande, die sich bei den Europäern bis heute erhalten hat. Demnach obliegt die logische Abbildung der Wirklichkeit bei uns vorwiegend der linken Hemisphäre. Sie ist mehr als die rechte Hälfte für die Kommunikation mit der Außenwelt, für Denken, Lesen, Schreiben, Rechnen und Zeiterlebnis zuständig. Dagegen besorgt die rechte das Zeichnen und die Raumorientierung. Entscheidend ist aber das Zusammenspiel der beiden Hälften. Und das hängt wesentlich von einer Verbindung der Hirnhälften ab, die es zum Beispiel bei den Beuteltieren gar nicht gibt: von dem sogenannten Balken oder *Corpus callosum*.

Der Weg der Zukunft, schreibt Emma Brunner-Traut in Anschluß an Carl Sagan, gehe »durch den Balken«, der mit den beiden Hirnhälften das analytische und das intuitive Denken verbinde. Diese Zukunft habe schon begonnen: Der entscheidende Schritt sei, ganz im Sinne der These von Jaynes, eine hirnphysiologische Veränderung vor knapp 3000 Jahren gewesen, die insbesondere die Verbindung der Großhirnhälften und ihre Spezialisierung betraf. Die *Frühformen des Erkennens* bei den alten Ägyptern, von denen Brunner-Trauts Buch handelt, gehörten zu einer Frühform der Hirnorganisation, bei der die Hirnhälften noch anders spezialisiert waren und ihre Verbindung auch anders ausgebildet war. Das Indiz ist für Emma Brunner-Traut eine Art der bildlichen Darstellung, die sie »Aspektive« nennt im Unterschied zur »*perspektivisch*-tiefenräumlichen (egozentrischen) Darstellungsweise«. Kinder und die Menschen der Frühzeit, so führt sie aus, geben bei der bildnerischen Gegenstandsgewinnung die einzelnen Binnenteile eines Gegenstandes möglichst unverkürzt wieder und bringen diese Teile nur gradweise zum Bildganzen in Beziehung. Das Bild oder der Gegenstand ist Teil um Teil, also additiv, nicht organisch-ganzheitlich, zusammengefügt. »Da das Ganze Aspekt um Aspekt gelesen ist, habe ich diese Darstellungsweise die *aspektivische* genannt, in Abhebung von der perspektivischen«, schreibt Brunner-Traut. Der aspektivischen Darstellungsweise entspricht eine »aspektivisch-aggregativ-additivistische Lebenserfassung« wie heute noch bei Kindern und wie bei allen Menschen vor der Achsenzeit (Brunner-Traut 1996, 8 und XI).

Jaynes sieht das Wesentliche der hirnphysiologischen Veränderung, die für den abendländischen Kulturumschwung verantwortlich ist, in der Auflösung des strikten Zweikammernsystems der Psyche oder, wie es im Originaltitel seines Buches heißt: im *Breakdown of the Bicameral Mind*. Die Bikameralität war seiner Ansicht nach das Produkt der Sprachevolution. Sie gehörte zu demjenigen Evolutionsstand der Lautsprache, als diese noch hauptsächlich aus Ausrufen, Zurufen und Befehlen bestand. Jaynes sieht die Hauptfunktion der Lautsprache darin, die Verhaltenskoordination von Individuen innerhalb von größeren Gruppen zu ermöglichen, also die soziale Organisation aufrechtzuerhalten. Wozu anzumerken wäre, daß Gruppenbildung wahrscheinlich eine Erbanpassung zum Schutz gegen

Räuber ist. Normale Primatengruppen haben 30 bis 40 Mitglieder. Das Höchstmaß ist festgelegt durch die Übertragungskapazität der Kommunikationskanäle und die Möglichkeit sozialer Kontrolle. Von Vorteil für die Gruppenmitglieder sind erfahrene und autoritäre Gruppenführer, sogenannte Alphamännchen oder -weibchen.

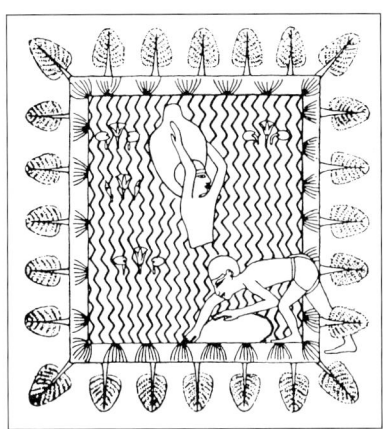

Im Unterschied zur perspektivisch tiefenräumlichen, egozentrischen Darstellungweise ist die sogenannte Aspektive die Darstellungsweise der Kinder und der Menschen der Frühzeit.

Die Sprache begann, meint Jaynes, mit Zurufen. Es folgten Imperative und Kommandos zur Spezifizierung des Handelns. Ein Ich-Bewußtsein und die Fähigkeit der Narrativierung gab es dabei noch nicht. Aber, das ist nun das Entscheidende: Gehörshalluzinationen sorgten für die dauernde Wirksamkeit der sprachlichen Kommandos. Die Kommandos der Führer, Eltern und Priester wurden unbewußt reproduziert und per Halluzination immer wieder verbal erinnert, das heißt: sich vorgesagt – und zwar, wie Jaynes meint, aus der rechten Großhirnhälfte in die linke.

Dieses Zweikammernsystem ist im Gehirn heutiger Menschen nur noch rudimentär vorhanden. Zum Beispiel kann man durch intrakranielle elektrische Reizung derjenigen rechtsseitigen Regionen, die den linken Sprachzentren gegenüberliegen, Stimm- und Klanghalluzinationen hervorrufen. Eine Art Rückkehr zur Bikameralität findet bei Schizophrenen, unter Drogeneinfluß, durch Hypnose, Massensuggestion, im religiösen Wahn und in alltäglichen Streßsituationen statt, wobei solche Stimm- und Klanghalluzinationen ausgelöst werden. Das Gehirn bedient sich dabei der Relikte der Bikameralität. Eine göttliche Stimme, anstelle der eigenen, sagt einem dann, was zu tun ist. Das selbstbewußte Individuum regrediert zum archaischen, selbstbewußtseinslosen Befehlsempfänger. Es spaltet sich gewissermaßen in eine infantil-profane und eine göttliche Hälfte. Jaynes schreibt:

»Der moderne Schizophrene ist ein Mensch auf der Suche nach jener Art Kultur. Er bewahrt in der Regel noch Anteile subjektiven Bewußtseins, und diese setzen sich gegen die primitivere Psychoorganisation zur Wehr und versuchen sich die Kontrolle zu sichern inmitten einer Psychoorganisation, in der eigentlich die Halluzinationen die Kontrolle ausüben müßten. Im Ergebnis ist der Schizophrene eine schutzlos ihrer Umwelt preisgegebene Psyche, ein Lakai der Götter in einer entgötterten Welt.« (Jaynes 1993, 527)

Auch Hypnotisierbarkeit scheint ein Atavismus, ein Überbleibsel der Zwei-Kammern-Psyche zu sein. Man führt sie meistens durch eine Aufmerksamkeitseinengung auf die Stimme des Hypnotiseurs herbei. Die Folge ist eine Persönlichkeitsdissoziation. Die Hirnaktivität in der rechten Hemisphäre wird dabei verstärkt. Der Hypnotisierte vertraut sich wie der bikamerale Mensch der göttlichen Führung an.

Auch bei Kant wird der Mensch für seine moralische Handlungsorientierung an eine innere Stimme verwiesen. Es ist jetzt, aufgeklärtermaßen, die eigene innere Stimme, nicht mehr die eines Gottes. Aber als Befehl aus einer übersinnlichen Welt soll sie doch gelten. Die reine Vernunft ersetzt die Götterstimme. Sie befiehlt formelhaft, unegoistisch zu handeln, ohne Rücksicht auf individuelle Neigungen, Bedürfnisse und Wünsche. Es könnte wohl sein, daß Kant seinen kategorischen Imperativ, vor dem er in Achtung erschauerte, als Gehörshalluzination erlebt hat.

Wie kommen diese Stimmen im eigenen Kopf zustande, gesetzt, daß es den sprechenden Gott, der uns ins Hirn hineinfunkt, nicht gibt? Gehörshalluzinationen kommen vorwiegend durch unwillkürliches Flüstern zustande, durch die sogenannte Subvokalisation. Es sind zwanghaft oder automatisch erzeugte Stimmen, die vom Betroffenen selbst wie Fremdstimmen erlebt werden. Der Außenstehende hört diese Klänge und Stimmen kaum oder gar nicht. Aber Mikrophone, ganz nahe am Mund der Betroffenen angebracht, registrieren sie. Auch leichte Unterlippenbewegungen lassen auf die Subvokalisation schließen. Die Gehörshalluzinationen bleiben meistens schon dann aus, wenn man die Betroffenen am unwillkürlichen Flüstern hindert, zum Beispiel durch einen Korken zwischen den Zähnen.

Sowohl Schizophrenie als auch Hypnotisierbarkeit sind also nach Jaynes Relikte der bikameralen Psyche der Frühzeit. Der Schizophrene ist in Medium und Gott gespalten. Unter Hypnose wird diese Spaltung suggeriert. Typisch für beides ist das Streben nach Autorisierung und die Bereitschaft zur numinosen Erregtheit. Die Stimmen der Schizophrenen sowie der in bestimmter Weise Hypnotisierten sind ja durchweg Kommandohalluzinationen. Jaynes lokalisiert sie in der rechten Hemisphäre (mit wenigen Ausnahmen für einige Linkshänder, bei denen es umgekehrt ist), und zwar in den Regionen, die den linksseitigen Sprachzentren, dem Wernicke- und Broca-Zentrum, gegenüber liegen.

Wie konnte die Evolution so etwas ausbilden? Wir müssen heute so fragen, weil wir die Evolution an die Stelle des Schöpfergottes gesetzt haben. Was sagt also die göttliche Stimme der Biologie? Was hat sie Julian Jaynes gesagt?

Der evolutive Sinn ist nach Jaynes dieser: Die Verhaltensnormierung durch die Sprachkommandos war effektiver bei halluzinierter Kommandowiederholung. Kommandohalluzinationen mußten von willkürlichen Verlautbarungen getrennt bleiben. Die rechte Hemisphäre spezialisierte sich auf die unwillkürliche Einspielung der Kommandos, die linke auf das willkürliche Sprechen. Der Grund dieser Hemisphärendifferenzierung und der noch heute vorhandenen Sprachdominanz der linken Seite war also der evolutionäre Vorteil der Aufrechterhaltung von Verhaltensweisen, die zu langwierigen Aufgaben gehören. Denn dazu brauchte man die Halluzinationen aus der rechten Seite. Das gilt besonders für die moralischen Normen, welche die direkte hormonelle Kontrolle des Sexual- und Soziallebens, wie wir sie bei Tieren finden, ersetzen müssen. Wie kam es dann aber zum Zusammenbruch der bikameralen Psyche, die doch so praktisch war?

Hören wir wieder die Stimme der Evolutionsbiologie: Die bikamerale Psyche ist eine evolutionäre Errungenschaft der Frühmenschen bis hin in die sogenannte Achsenzeit unserer Zivilisationsgeschichte, also um das 6. Jahrhundert v. u. Z. herum. Sie entspricht einem bestimmten Stand der Sprachentwicklung, gekennzeichnet durch unwillkürliche Ausrufe, intentionale Zurufe und Imperative. Mit fortschreitender Sprachentwicklung wird sie obsolet.

So kann man sich die Entwicklung dahin vorstellen: Nach der Anfangsphase der hauptsächlich durch Imperative geprägten Sprache kommt es zunächst zur Bildung von Eigennamen – erst eines Namens für die Kommandoautoritäten, dann auch für deren Repräsentanten. Der Name des Privatgottes ging dabei, wie bei unseren Taufheiligen, in die Bildung des Personennamens ein. Seitdem können Menschen an bestimmte andere denken, auch wenn diese gestorben sind. Tote bleiben Ursprung ihrer halluzinierten Rede. Sie werden bestattet, leben in Totenstädten, sprechen durch Statuen und Bilder hindurch zu den Lebenden. Denn wenn Streß Auslösefaktor für die Gehörshalluzinationen ist, dann werden Todesfälle sicher auch zur Halluzination der Stimme der Toten geführt haben.

»Vielleicht ist das der Grund, warum in so vielen prähistorischen Kulturen die Köpfe der Toten vom Rumpf getrennt oder die Beine gebrochen oder gefesselt wurden, warum man so häufig Eßwaren als Grabbeigaben findet und warum die Funde so häufig darauf hindeuten, daß ein Leichnam zweimal bestattet wurde, beim zweitenmal (nach Erlöschen seiner Stimme) in einem Kollektivgrab.« (Jaynes 1993, 177)

Man kennt Darstellungen, wo ein Trauernder sich die Haare rauft und zugleich eine Verstorbene füttert. Stand er dann nicht in halluzinativem Kontakt mit dieser?, fragt Jaynes. In assyrischen Texten werden die Toten sogar durchweg als Götter bezeichnet: Sie sprechen ja noch durch die Halluzinationen der Hinterbliebenen. Im übrigen werden Tote mit ihrem Privatidol begraben, um weiterhin die Stimme ihres Gottes zu hören.

Der tote König war der erste lebendige Gott. Man meinte, die Könige seien noch am Leben und benötigten zum Beispiel Streitwagen und Personal, weil man sie noch reden hörte. Gott ist der, dessen Stimme gehört wird oder nach dessen Stimme man sich sehnt, eine Stimme, die sagt, was man machen soll. Das Gotteshaus ist das königliche Grabhaus. Auch unsere Gotteshäuser, mit denen die Menschen ihre Siedlungen markieren – was ist ein Dorf ohne Kirche? –, präsentieren im Inneren Idole als Surrogate für die Leichen der Könige, zum Beispiel Figuren mit möglichst hypnotischen, übergroßen Augen oder in Sterbepose wie bei den Kruzifixen. Die Gotteshäuser sind bis heute Halluzinationshilfen für jedermann, um die Stimme der Götter, der Heiligen, der Toten, des lebendigen toten Gottes zu hören.

Halluzinationshilfe, das ist womöglich der Sinn der Schrift, zumindest der heiligen Schrift. Und heilige Schriften waren wohl die ersten Texte. Man halluzinierte die gesprochene Rede beim Betrachten ihrer Bild-Symbole. Die Schrift und die entstehende Schriftkultur haben allerdings auch zum Abbau der bikameralen Psyche geführt und damit zum Nachlassen der Halluzinationen. Denn man konnte die Schrift auch für die eigene profane Stimme einsetzen, nicht nur für die aus der rechten Hirnkammer, also für die unwillkürlichen Götterstimmen.

Jaynes meint, daß der Zusammenbruch der bikameralen Psyche in der wirren Epoche der Seefahrervölker und dem sogenannten dunklen Zeitalter zwischen dem historischen Troja und Homer vonstatten ging (etwa 1100 bis 600 v.u.Z.). Auch die Ausweitung des Handels und die Begegnung mit Fremden, mit denen man sich verständigen wollte, habe dazu beigetragen.

»Es wäre also möglich, daß der Einzelmensch, bevor er zu seinem eigenen inneren Selbst kam, dieses zuerst unbewußt in anderen Menschen, vor allem in Fremden, als die Ursache ihres andersartigen und bestürzenden Verhaltens voraussetzte.« (Jaynes 1993, 267)

Es kam die Zeit der Orakel. Sie sind, schreibt Jaynes, so etwas wie die »Nabelschnur«, mit der die Subjektivität dem »mütterlichen Nährboden der subjektlosen Vergangenheit« verhaftet bleibt. Die Gotteshäuser wurden mit Priestern ausgestattet, die halluzinierte Gottesworte noch hören und anderen verkünden konnten. Gottes-

Sowohl Schizophrenie als auch Hypnotisierbarkeit sind nach Jaynes Relikte der Zwei-Kammern-Psyche.

worte durch Gehörshalluzination vernehmen zu können, dazu bedurfte es nun einer besonderen Veranlagung und auch besonderer Techniken oder Drogen, die Besessenheit induzierten – wie zum Beispiel bei den Propheten des Alten Testaments oder bei den Dichtern, denen Platon einen göttlichen Wahnsinn bescheinigte. Die göttliche Organisation des Nervensystems bildete die Ausnahme. Gottesworte wurden schließlich aufgeschrieben und kanonisiert, weil selbst die Priester sie nicht mehr halluzinierten. Es entstand die subjektive Psyche mit ihrer inneren Narrativierung zeitgleich mit der epischen Dichtung, bei der Ergebnisse zurückliegender politischer Entwicklung normiert wurden.

Das Streben nach Autorisierung ist noch nicht erloschen. Die Klage um die verlorenen Götterstimmen, um den Verlust der Götter selbst oder um den Tod Gottes durchzieht die Geistesgeschichte. Die menschliche Psyche wird beherrscht von der Sehnsucht nach den verlorenen autorisierten Gefühlen, Klängen und Stimmen. Überall suchen, wittern und entdecken die Menschen vermeintliche bikamerale Autoritäten, das heißt göttliche Medien oder die Stimme der Götter selbst – so etwa in der Magie, Wahrsagerei und Astrologie, auch in der Kunst, der Musik und natürlich in der Wissenschaft. Wissenschaft entstand beim Versuch, den Willen der schweigenden Götter zu erkennen. Die primitivste Form besteht in der Aufzeichnung ungewöhnlicher oder bedeutsamer Ereignisfolgen in den sogenannten Omina oder Omentexten. Omen heißt Zeichen oder Vorzeichen. Es ergibt sich, so erklärt Jaynes, aus der Aufeinanderfolge von zwei Erscheinungen, mit deren Wiederauftreten in derselben Form zu rechnen ist: Erst erlebte man A, dann erlebte man B. Bei A mache man sich also auf B gefaßt! 30 Prozent der über 20 000 Tontafeln der Bibliothek zu Ninive (aus der Zeit um 650 v.u.Z.) gehören zu dieser Art von Literatur. Zum Beispiel diese drei Omina:

> »Wenn eine Stadt auf einer Anhöhe liegt, so bringt dies den Bewohnern dieser Stadt nichts Gutes«, »Wenn ein Fuchs auf einen öffentlichen Platz läuft, dann wird die betreffende Stadt verwüstet werden«, »Wenn ein Mann unabsichtlich auf eine Eidechse tritt und sie tötet, dann wird er über seine Gegner obsiegen.« (Jaynes 1993, 290 f.)

Pythagoras versuchte mit Hilfe der einfachen Zahlen die Welt zu verstehen, Platon mit den fünf vollkommenen geometrischen Urkörpern Tetraeder, Hexaeder (= Würfel), Oktaeder, Dodekaeder, Ikosaeder, deren Oberflächen aus regelmäßigen geometrischen Figuren (Dreieck, Quadrat, Fünfeck) bestehen. Mathematik hielt man noch jahrhundertelang für die Sprache Gottes, wie es Galilei, Pascal und Leibniz taten. Die Philosophen erwiesen sich als die Nachfolger der Propheten. Ihr mächtigster Antrieb war die Suche nach dem verborgenen Gott oder der verborgenen Wahrheit. Selbst der aufklärerische Materialismus eines DuBois-Reymond, der im Jahre 1872 allen Versuchen, das Bewußtsein physikalisch-chemisch zu verstehen (weil es das objektiv gar nicht gibt!), sein berühmtes *Ignorabimus* (= wir werden es nicht wissen) entgegenschleuderte, hatte ein religiöses Motiv: die Wahrheit und nichts als die Wahrheit. Er schrieb:

>»Wir haben uns verschworen, die Wahrheit geltend zu machen, daß im Organismus keine anderen Kräfte wirksam sind als die gemeinen physikalisch-chemischen.« (DuBois-Reymond 1918, 108)

Jaynes macht auch für seine eigene Wahrheitssuche und das heißt für sein Buch, das er mit folgenden mir sehr sympathischen Worten beendet, keine Ausnahme:

>»Absolut keine Ausnahme. Es begann mit etwas, das sich in meinen persönlichen Narrativierungen als individuelle Wahl eines Problems darstellte, das mich dann die meiste Zeit meines Lebens in Atem hielt: die Frage nach dem Wie und Was und Woher dieses ganzen unsichtbaren Reichs körperloser Erinnerungen und niemandem vorzeigbarer Träumereien, dieses inneren Universums, das mehr mein Selbst ist als alles, was mir der Spiegel zeigen kann. Aber war dieser Drang, zur Quelle des Bewußtseins vorzudringen, das, als was er sich mir darstellte? Das Konzept der Wahrheit selbst ist eine kulturell gesetzte Orientierung, gehört mit zu jener allgemeinen Sehnsucht nach einer vorzeitlichen Gewißheit. Die schiere Vorstellung von universeller Stabilität, ewigwährender Prinzipiensicherheit da draußen, nach der man die Welt durchjagen kann, wie etwa ein Ritter der Tafelrunde dem Gral hinterhergejagt sein mochte, enthüllt sich in geschichtsmorphologischer Betrachtung als unmittelbarer Ableger jener Suche nach den verlorenen Göttern, die die ersten zwei Jahrtausende nach der Zersetzung der bikameralen Psyche beherrschte. Was damals die Augurienschau zwecks Gewinnung von Handlungsorientierung in den Trümmern der archaischen Mentalität gewesen ist, ist heute die Suche nach dem Unschuldszustand der Gewißheit in den Mythologien des Faktischen.« (Jaynes 1993, 545)

Weder ist die bikamerale Psyche heute ganz verschwunden, noch sind wir vor dem gänzlichen Verschwinden des selbstbewußten Geistes sicher. Zwischen 600 bis 1100 n.u.Z. war er nämlich schon einmal wieder weg, meint Morris Berman. (Vielleicht hat man auch nur einige Jahrhunderte zuviel in die Geschichtszeit eingeführt, wie neulich ein Historiker behauptete, der dadurch Karl den Großen höchstselbst verschwinden ließ.) Berman schreibt über diese dunklen Jahrhunderte des Mittelalters:

»Aus nicht ganz klaren Gründen verlor sich in diesem Zeitraum das menschliche Selbstbewußtsein und tauchte erst im elften Jahrhundert auf mysteriöse Weise wieder auf. In der Zeit von 500 bis 1050 n. Chr. hatte das Verhalten eine Art ›mechanischen‹ oder roboterhaften Charakter.« (Zit.n. Nörretranders 1997, 457)

Wenn das nicht auch eine Zukunftsvision ist!

Waren die Gründe des Entstehens der Subjektivität womöglich, wie Jaynes und Brunner-Traut annahmen, hirnphysiologischer Art, so ist es in Zukunft vielleicht die Hirnphysiologie selbst, die für das Verschwinden des Selbstbewußtseins sorgt. Zusammen mit der Genetik bietet sie nämlich die Möglichkeit, daß der Mensch künftig zum Roboter mutiert. Er wird zum Roboter, wenn er sein Bewußtsein als physikalisches Phänomen durchschaut hat. Dann kann er es nämlich reproduzieren. Und ist das nicht der Sinn der Hirnforschung? Es könnte sein, daß die Objektivierung der psychischen Zustände als physikalische Zustände von Körper und Gehirn die Ich-Reflexion oder das Autonomiebewußtsein nicht mehr aufkommen läßt. Der seiner selbst als eines autonomen, freien Subjektes bewußte Mensch wäre verschwunden. Der Grund dafür wäre also die Erfahrung, daß Denken, Wollen, Empfinden machbar sind, durchaus machbar von einem selbst – etwa durch Einsatz geeigneter Hirnelektroden. Denn vielleicht ist das freie Subjekt nur der Glaube an dasselbe. Dieser Glaube würde dem Menschen unmöglich gemacht. Der Roboter, zu dem er dann mutiert, wäre kein biologisch verändertes Wesen, kein technisches Artefakt, sondern der Mensch ohne Ich, der sich für etwas ganz und gar Objektives halten muß. Er wäre sich selbst dann absolut äußerlich geworden, eigentlich schon tot, oder anders herum gesehen: ein untoter Toter.

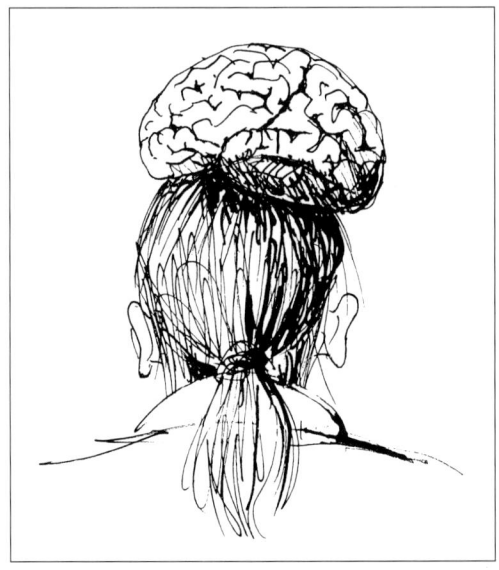

*Bewußtsein ist wie die Hut-
mode, und den meisten ist
das offenbar klar.*

MARTIN KURTHEN

Hirnforschung, verstanden als das Reproduzierbarmachen des Bewußtseins und seiner Zustände, betreibt das Verschwinden des Menschen als Irratiocid, wie wir im ersten Kapitel mit Linke angesichts
von Nietzsches letzten Menschen sagten, denn das Ich ist etwas Irra-
tionales und Weltfremdes. »Die Epoche des Ich geht ihrem Ende
entgegen«, meint Tor Nörretranders. »Das Leben macht nun mal am
meisten Spaß, wenn wir uns nicht bewußt sind.« (Nörretranders
1997, 10 und 594) Und Martin Kurthen erklärt: »Bewußtsein ist wie
die Hutmode, und den meisten ist das offenbar klar.« (Kurthen 1996,
33 f.)

2. Rechts-Links/Lechts-Rinks

Unser Gehirn, befreit von der knöchernen Schädeldecke und der *Dura mater* (der in den Spalt *Fissura longitudinalis cerebri* hineinragenden harten Hirnhaut), zeigt sich als zweigeteilt und symmetrisch wie eine Walnuß: Wir sehen die beiden Großhirnhälften, in denen sich der symmetrische Körperbau des Menschen zu wiederholen scheint. Die rechte Hemisphäre ist für die linke Körperhälfte zuständig, genauer: für ihre sensorische und motorische Peripherie vom Hals an abwärts. Die linke Hemisphäre ist für die rechte Körperhälfte verantwortlich. Warum diese Vertauschung, und warum gibt es sie nicht auch für Kopf und Hals? Würmer und Insekten haben eine solche Rechts-links-Vertauschung nicht. Da ist die rechte Seite des zentralen Nervensystems zuständig für die rechte Körperseite, und umgekehrt. Erst die Chordaten (Wirbeltiere) haben eine kontralaterale Steuerung. Muß da nicht etwas mit dem Kopf passiert sein, der von der Seitenvertauschung ausgenommen ist? Hat sich etwa der Körper unterhalb des Kopfes um 180 Grad gedreht?

Völlig symmetrisch sind die Großhirnhälften nicht: Die rechte Hemisphäre ist meistens ein wenig breiter und ragt auch weiter nach vorn vor, nicht jedoch nach hinten. Schon bei menschlichen Föten und in Andeutungen auch bei Menschenaffen ist auf der linken Hemisphäre das *Planum temporale*, eine Rindenregion innerhalb der Schläfenfurche, meistens größer als auf der Gegenseite. Das spricht für eine genetische Determinierung der linksseitigen Sprachveranlagung. Steven Pinker (1996, 355) meint, daß die linke Hemisphäre zufällig schon vor der Sprachentstehung für zeitliche Koordinierungsaufgaben besser geeignet gewesen sei als die rechte, nämlich spezialisiert auf das Erkennen und Vorstellen mehrteiliger Objekte. Damit ist die Frage nach der Bevorzugung einer Hirnhälfte für bestimmte Aufgaben aber nur verschoben.

Völlige Hirneinseitigkeit der Sprachveranlagung besteht nicht. William Marslen-Wilson und Lorraine Tyler zum Beispiel fanden bei der Untersuchung von Sprachstörungen infolge von Hirnläsionen, daß die für starke und schwache Verben zuständigen Areale auf die Hirnhälften verteilt sind. Die Fähigkeit, Verben nach einer allgemeinen Regel zu beugen, scheint links angesiedelt. Für die unregelmäßigen Verben ist mehr das rechtsseitig installierte Gedächtnis zuständig. Statt rechts/links muß es für die Hirnveranlagung der Sprache also eher (mit Ernst Jandl) lechts/rinks heißen.

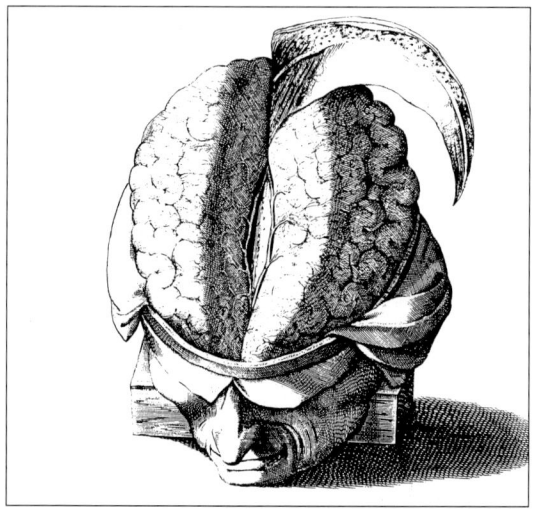

lichtung
manche meinen
lechts und rinks
kann man nicht
velwechsern.
werch ein illtum!
ERNST JANDL

Die Frage, warum und wieweit die Sprache ihre Zentren hauptsächlich in einer, eben meistens der linken Hemisphäre hat, ist nicht entschieden. Seit bestimmte Formen des Stotterns auf mangelnde Verseitigung der Sprachfunktionen zurückgeführt wurden, sagen einige, daß einseitige Zuständigkeit besser sei als doppelte Zuständigkeit. Als wäre nur das untrüglich und eindeutig, was einfach vorkommt wie Nase, Herz und Kopulationsorgan. Sie meinen also, daß für die Lautsprache der Sprachapparat nur von einer Hirnseite effektiv gesteuert werden kann. Der Stimmtrakt, der als Einheit bewegt wird, muß demnach seine Befehle aus einer Zentrale erhalten.

Eine heute von vielen bevorzugte Sprachentstehungstheorie bringt die Linksdominanz des Gehirns für Sprache mit ihrer Eigenschaft als Muttersprache, genauer: Müttersprache, zusammen und erklärt damit, wieso Frauen den Männern im Durchschnitt sprachlich überlegen sind. Sprache hat nach dieser Theorie ihren Anfang in der Mutter-Kind-Beziehung. Die Asymmetrie des Sprachhirns entspricht dabei der Asymmetrie der Figur »Mutter mit Kind«. Wie dieses?

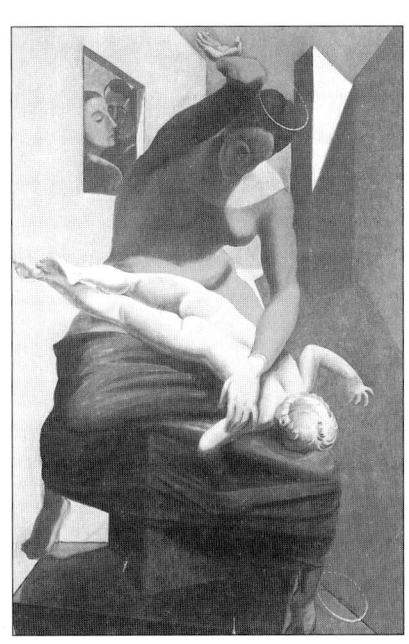

Typisch Mutter mit Kind:
Mehr Bewegungsfreiheit hat der
rechte Arm.

Die Überlegung ist folgende: Der Rückgang der Befellung machte es nötig, die Kinder zu tragen – mit dem linken Arm. Warum? Wegen der beruhigenden Wirkung der vom Kind dann besser vernehmbaren Herzschläge der Mutter. (Und nicht etwa mangels mütterlicher Intelligenz, Tierfelle oder Stoffe zu besorgen, um das Kind auf dem Rücken zu tragen und beide Hände frei zu haben.) Der rechte Arm der Mütter, für dessen Sensorik und Motorik ja die linke Hirnhemisphäre zuständig ist, war also für gestische Erklärungen frei. Diese wurde mit Lautsprache verbunden und schließlich durch sie ersetzt. Übrigens gewährte bereits die typische Fötuslage den späteren Müttern wie allen Menschen im Leib ihrer eigenen Mutter für den rechten Arm einen größeren Bewegungsspielraum.

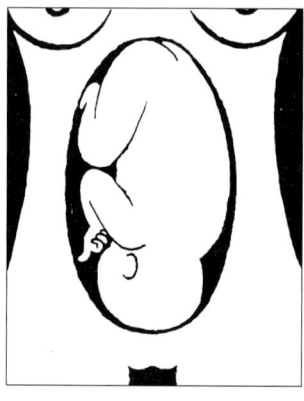

Typisch Kind in der Mutter:
Mehr Bewegungsfreiheit hat der rechte Arm.

Lautkommunikation zwischen Mutter und Kind gibt es sogar bei den schweigsamen Schimpansen. Mit der Emanzipation von der Mutter wird diese Sprache überflüssig. Vielleicht war sogar die Lautkommunikation früher als die gestische? Dann klappt diese Theorie nicht mehr. Wahrscheinlich war überhaupt die rechte Emotionsdominanz schon vor der linken Sprachdominanz entwickelt. Daher dann die Kinderverwahrung auf dem linken Arm. Oder war es doch umgekehrt: Wegen der Herztöne das emotional bedeutsame Kind links? Und wegen der Armmotorik links im Hirn dann dazu kontralateral die Emotionen rechts im Hirn? Jedenfalls sind Augenbewegungen nach links verbürgte reflexartige Folgen von Emotionen. Auch die Experimente mit den unterschiedlichen Gesichtshälften bestätigen diesen Linksdrall. Der dominante Eindruck für einen Gesichtsausdruck ist der von der linken Gesichtshälfte.

Die sprechenden Mütter waren womöglich die ersten Rechtshänder, denn links hielten sie ja die Kinder. Gesetzt also, die rechte

Hand war wichtiger als die linke. Mit ihr mußten sie agieren und dabei die Feinmotorik beanspruchen. Evolutionistisch gesagt: Die (zufälligen) Rechtshänderinnen waren die erfolgreicheren Mütter. Also sind wir heute vorwiegend Rechtshänder. Ich leider nicht. Und warum?

Die Händigkeit selbst hat vielleicht gar nichts mit dieser Sprachfunktionsverteilung zu tun, wenngleich sie auch eine Art Funktionsverteilung bildet, und zwar im Sinne einer Spezialisierung. Linkshänder haben ihre sprachdominante Hälfte lediglich öfter rechts als Rechtshänder. Auch die Händigkeit und Füßigkeit bedeutet eine gewisse Hemisphärendominanz, die aber nicht mit der an die Sprache gebundenen, wohl eher genetisch veranlagten Hemisphärendominanz zusammenfallen muß. Wesentliche Funktionen, die unsere Händigkeit ausmachen, werden nämlich vom Kleinhirn gesteuert, welches nicht lateralisiert, das heißt in Hemisphären aufgeteilt ist.

Eine Rechts-Links-Ungleichheit der Gehirnorganisation oder eine gewisse Spezialisierung der Großhirnfunktionen in den beiden Hemisphären scheinen auch bei Tieren vorzuliegen, sofern man das aus der Links- bzw. Rechts-Präferenz der Pfotenbenutzung erschließen will. Ich erwähnte schon die Arbeitsteilung im Rattenhirn. Ratten lernen vor allem mit der linken Hirnhälfte. Die Arbeitsteilung ist vielleicht überhaupt eine Ökonomisierungsstrategie, indem sie die nervale Kapazität insgesamt erhöht, und die Doppelanlage eine Sicherheitsstrategie.

Der Anteil der Linkshänder war übrigens bei den Menschen, zumindest bei solchen, welche Werkzeuge herstellten, vor ein bis zwei Millionen Jahre größer, fast 50 zu 50 (genau 56:44). Das ergaben Untersuchungen von Steinwerkzeugen, an denen erkennbar ist, ob ein Rechts- oder ein Linkshänder sie gefertigt hat: Vor 500 000 Jahren war das Verhältnis von Rechts- zu Linkshändern 63:37, vor 70 000 Jahren, als das Größenwachstum des menschlichen Gehirns schon abgeschlossen war, 70:30. Und heute beträgt es 92:8. Schon im alten Israel waren die Linkshänder eine Ausnahme, wie der Bibel (Buch

Richter 20,16) zu entnehmen ist: Von 26 000 Mann waren 700 in dieser Weise auserlesen.

Unterschiede gibt es nicht nur bezüglich der Größen, Formen und Funktionen der rechten und linken Hemisphäre, sondern auch hinsichtlich ihrer Verbindung durch das *Corpus callosum* und die vorderen und hinteren Kommissurenbahnen. Das *Corpus callosum*, jener Balken, durch den nach Carl Sagan der Weg der Zukunft gehen soll, ist bei Männern und Frauen unterschiedlich ausgeprägt: Die Zahl der Nervenfasern ist bei Frauen größer als bei Männern. Das könnte eine ausgeprägtere Funktionsaufteilung oder Funktionstrennung bei Männern bedeuten, aber auch ein besseres Zusammenspiel bei Frauen. Aber hier sind die Forscher/innen uneinig.

Das Gehirn der Tiere und Menschen weist noch andere geschlechtsspezifische Unterschiede auf. Fötale Hormone bewirken schon sehr früh eine unterschiedliche Entwicklung des männlichen und weiblichen Gehirns. Sexualhormone sorgen z.b. dafür, daß bei Männern die Funktionsbereiche für räumliche Orientierung stärker ausgebildet werden als bei Frauen. Vielleicht trägt aber auch die Funktion zur Struktur bei, so daß die Männer, weil sie sich mehr bewegen mußten als die Frauen, jene Hormone bekamen. Das Verhältnis von Frau und Mann wird wohl kaum durch eine Rivalität von Rechts- und Links-Dominanz geprägt, wobei man gern die Hirnhälften auf das chinesische *Yin* und *Yang* (oder auf Nacht und Tag, Fühlen und Denken, Raum und Zeit usw.) bezieht. Eher kennzeichnen nichtrivalisierende Hirnhälfen die Frauen und rivalisierende Hirnhälften die Männer.

Als Weltbildapparat sollen die rechte und linke Hemisphäre funktional gänzlich verschieden sein. Vilajanur Ramachandran glaubt, daß die linke Hemisphäre aus der Vielzahl von Sinnesreizen, die ins Gehirn gelangen, ein konsistentes Modell der Wirklichkeit konstruiert und dieses so lange gegen die von der rechten Hälfte ermittelten Abweichungen verteidigt, bis das Modell schließlich durch ein neues ersetzt wird. Nach Michael Gazzaniga soll die isolierte linke Hemisphäre denselben IQ aufweisen wie das Gehirn unter Einsatz beider Großhirnhemisphären. Der IQ dürfte dann kaum etwas mit dem Humor zu tun haben, denn der, so hat man auch festgestellt, sei Sache der rechten Hemisphäre.

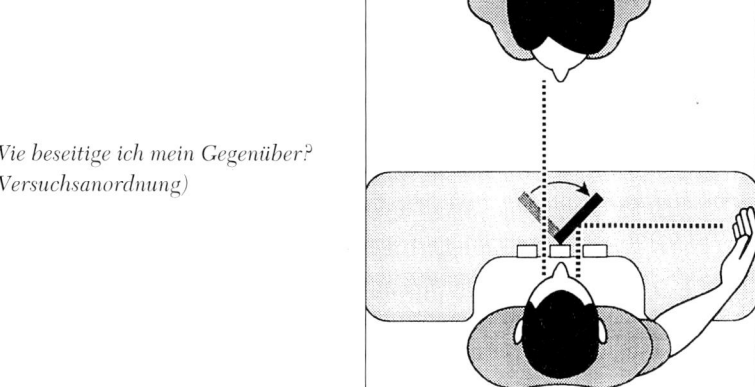

Wie beseitige ich mein Gegenüber?
(Versuchsanordnung)

Eine Rivalisierung ganz anderer Art, bei der sich nämlich beide Hirnhälften völlig einig sind, ist die sogenannte binokulare Rivalität, die nur insofern in dieses Rechts-Links-Kapitel gehört, als es sich dabei um das rechte und das linke Auge handelt und weil sie das Frappanteste und Lustigste ist, was mir in der Hirnforschungsliteratur vorgekommen ist: *the Cheshire cat effect.* Der Effekt beruht auf einem Mechanismus, der dafür sorgt, daß bei verschiedenem visuellen Input der beiden Augen der Seheindruck demjenigen Input entspricht, der als der wichtigere angesehen wird. So wird zum Beispiel das Bewegte vor dem Ruhenden bevorzugt (wie im Extrem beim Frosch, der mit beiden Augen nur Bewegtes wahrnimmt), selbst wenn es sich bei dem Ruhenden um eine ziemlich aufregende Frau handelt.

Bei dem von Sally Duensing und Bob Miller entwickelten Experiment fixiert man mit einem Auge ein Objekt, zum Beispiel ein Gesicht, real oder als Bild. Vor das andere Auge hält man einen abgewinkelten Spiegel. Wenn dort dann etwa die eigene Hand erscheint, kann sie durch ihre Bewegung das Bild des anderen Auges wegwischen.

»Die Bewegung der Hand ist derart visuell auffällig, daß sie in gewissem Sinn die Aufmerksamkeit des Hirns gefangen nimmt. Und ohne Aufmerksamkeit wird das Gesicht nicht gesehen. Wenn der Betrachter seine Augen bewegt, kommt das Gesicht zurück. In manchen Fällen verschwindet nur ein Teil des Gesichts. Manchmal bleibt zum Beispiel ein Auge (oder beide) zurück. Wenn der Betrachter sich auf das Lächeln im Gesicht der Person konzentriert, mag es vorkommen, daß das Gesicht verschwindet und nur das Lächeln zurückbleibt. Dies hat man als den Cheshirekatzen-Effekt bezeichnet, nach der Cheshirekatze aus Alice im Wunderland. Sie können das mit einem einfachen Taschenspiegel ausprobieren. Das Experiment funktioniert am besten, wenn sich hinter der betrachteten Person und der Hand des Betrachters ein einheitlicher weißer Hintergrund befindet.« (Crick 1997, 371)

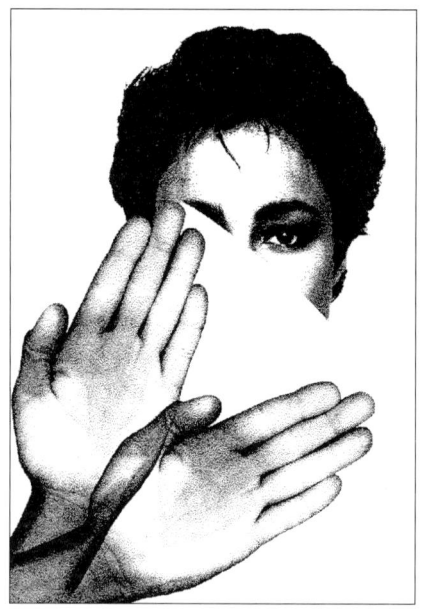

Bewegtes löscht Ruhendes.

3. Split-brain

Die Durchtrennung der Verbindungen (Kommissuren) zwischen den Hirnhälften, die sogenannte Kommissurotomie oder Split-brain-Operation, wird manchmal zur Behandlung der Epilepsie durchgeführt. Damit soll die Ausbreitung der epileptischen Erregungen von einer Hirnhälfte zur anderen unterbunden werden. Man kann nämlich auch ohne intakte Kommissuren, also mit durchtrenntem *Corpus callosum* (*callosus* = dickhäutig) und auch ohne andere Kommissurenbahnen (*Commissura anterior* und *posterior*), wobei natürlich subkortikale Verbindungen erhalten bleiben, einigermaßen normal leben. Es gibt einen ganzen Zweig von Säugetieren, die Beuteltiere oder Marsupialier, die gar kein *Corpus callosum* haben. Sie gelangten nach Australien vor dessen Abtrennung von Asien und entwickelten sich dort eine Million Jahre lang vollkommen unabhängig von den anderen Säugern mit Plazenta, den Placentaliern, zu denen auch wir gehören.

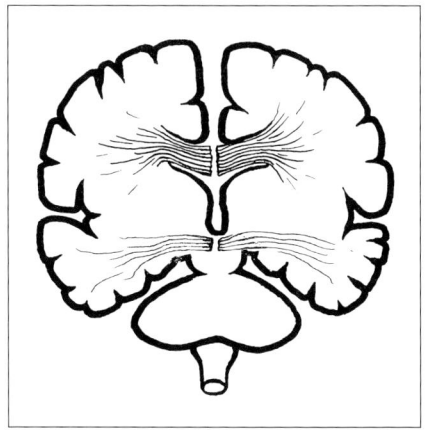

In welcher Hirnhälfte steckt der selbstbewußte Geist?

Bei Menschen mit durchtrenntem *Corpus callosum* und manchmal auch noch durchtrennter *Commissura anterior* oder *posterior*, den Split-brain-Patienten, verliert eine Hirnhälfte die Verbindung zur

Sprache. Durch geeignete Experimente läßt sich eine merkwürdige
Trennung von bewußten und unbewußten Erfahrungen feststellen,
so als wäre bei diesen Menschen der selbstbewußte Geist allein noch
in der sprachdominanten linken Hirnhäfte verblieben. Immerhin
gibt es, wie Bruno Preilowski (1985) herausfand, auch allein mit der
rechten Hemisphäre eine Reaktion aufs eigene Gesicht, was für ein
gewisses Selbstbewußtsein in dieser Hirnhälfte spricht. John Eccles
ist da radikaler. Für ihn gibt es den selbstbewußten Geist ausschließlich in der dominanten linken Großhirnhälfte. Er schreibt über die
Split-brain-Patienten:

»Die außergewöhnliche Entdeckung bei den Untersuchungen dieser
Personen ist die Einzigartigkeit und Ausschließlichkeit der dominanten Hemisphäre hinsichtlich bewußter Erfahrung. Die Freunde und
Verwandten bemerken, daß der Ausdruck der Untersuchungsperson
in Sprache und in Erinnerungen durch die Operation nicht wesentlich gestört ist. Die Einheit des Selbstbewußtseins oder die geistige
Einheit, die der Patient vor der Operation erlebte, ist erhalten, doch
um den Preis des Nichtbewußtseins all der Geschehnisse in der nicht-
dominanten rechten Hemisphäre. Trotz dieser Unfähigkeit der rechten Hemisphäre, der selbstbewußten Person bewußte Erfahrungen
zu übermitteln, kann sie bemerkenswert geschickte und zweckhafte
Bewegungen speziell bei räumlichen und bildlichen Tests ausführen.
Da sie jedoch fast ohne jegliche sprachliche Fähigkeit ist, ist es unmöglich, mit ihr auf der symbolischen Stufe zu kommunizieren, die
erforderlich ist, um zu entdecken, ob sie eigene bewußte Erfahrungen
besitzt.« (Popper/Eccles 1982, 383)

Die Untersuchung, auf die sich Eccles bezieht, wurde von Roger
Sperry und seinen Mitarbeitern angestellt. Sie machten sich bei
ihren Experimenten mit Kommissurotomierten die Tatsache zunutze, daß die linken Gesichtsfeldhälften der beiden Augen zum
Sehzentrum der rechten Hemisphäre projiziert werden und die
rechten entsprechend auf die linke. Bei der Kommisurendurchtren-
nung ist nämlich das *Chiasma opticum* (die Überkreuzung der beiden Sehnervenstränge) nicht betroffen.

Da es sich bei den Versuchspersonen durchweg um Epileptiker handelte, bei denen man die Kommissurendurchtrennung aus therapeutischen Gründen vorgenommen hatte, könnte man die Untersuchungsergebnisse hinsichtlich der Funktionsverteilung im Gehirn oder bezüglich der Hemisphärendominanz als für nicht verallgemeinerbar ansehen. Hirnforscher winken da ab: Daß unsere Erfahrungen auf die sprachdominante linke Hemisphäre angewiesen sind,

Die beiden Gesichtsfeldhälften werden über Kreuz auf die Hirnhälften projiziert: Die rechte Hirnhälfte ist für die linke Sehfeldhälfte zuständig, die linke Hirnhälfte für die rechte Sehfeldhälfte.

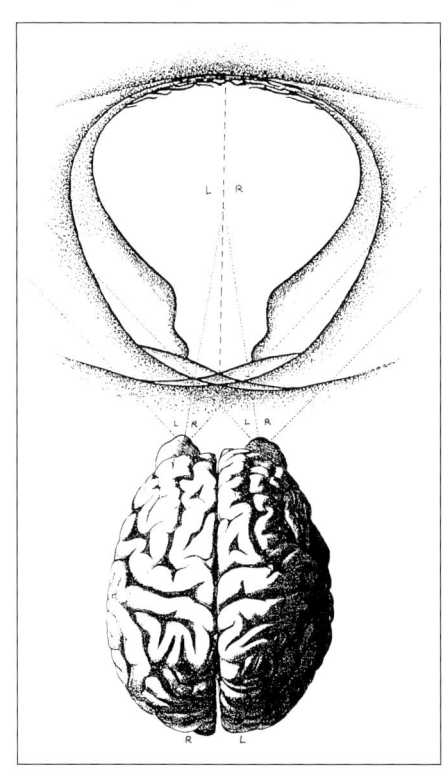

um bewußt zu werden, ist nicht nur bei den Epileptikern der Fall und auch nicht eine Folge der Kommissurotomie. Denn auch andere Tests, wie zum Beispiel das Prüfen der unwillkürlichen Augenbewegung nach links bei Emotionen durch sprachliche Mitteilungen, die an nicht kommissurotomierten Epileptikern sowie an Nichtepileptikern (oder nicht ehemals Epileptikern) durchgeführt wurden, bestätigen die Hirnfunktions-Asymmetrie. Sie ist also nicht erst durch die Krankheit oder die Kommissurotomie erzeugt.

Roger Sperry untersuchte bei Split-brain-Patienten Antworten aus der rechten Hirnhemisphäre auf optische Inputs aus der linken Gesichtsfeldhälfte. Damit die Augenbewegung die optischen Eindrücke nicht auf die andere Gesichtsfeldhälfte ablenken konnte, wurden die Eindrücke nur ganz kurz präsentiert, etwa eine Zehntelsekunde lang. Bekamen die Patienten auf der linken Gesichtsfeldseite einen Gegenstand, zum Beispiel eine Schraube, zu sehen, konnten sie nicht sagen, was sie gesehen hatten. Denn ihr Sprachzentrum befand sich, wie vorher durch Tests festgestellt wurde, links. Die rechte Hemisphäre war sprachlos. Aber offenbar wußten sie es unbewußt doch, ohne es sagen zu können. Denn sie konnten mit der linken Hand, die bei diesem Experiment ihren Blicken entzogen war, aus einer präsentierten Ansammlung von Gegenständen durch Berührung den gesehenen Gegenstand identifizieren und herausgreifen, wenn man ihnen sagte, sie mögen ertasten, was sie gesehen hatten. Zeigte man ihnen auf der linken Gesichtsfeldseite ein geschriebenes Wort, konnten sie ebenfalls den entsprechenden Gegenstand herausgreifen, ohne aber sagen zu können, was es war, ohne also das Wort aussprechen zu können. Ein rudimentäres Sprachverständnis hatte offensichtlich auch die rechte Hemisphäre, in die der Input projiziert worden war.

Ein anderes Experiment mit Split-brain-Patienten bestand darin, daß man kurz ein aus den Gesichtshälften zweier Personen (ein Kind ohne Brille, ein Erwachsener mit Brille) zusammengesetztes Bild (Chimäre) so präsentierte, daß die beiden Hälften des Gesichts auf die beiden Hälften der Sehfelder der Patientenaugen gerieten. Fragte man die Person, was sie gesehen hatte, so sagte sie: »ein Kind«, wenn dessen Gesichtshälfte die rechte auf dem Bild war. Sollte sie zeigen (nicht sagen), was sie gesehen hat, so zeigte sie auf das ihr neben anderen Bildern vorgelegte Bild des Brillenträgers, weil dessen Gesichtshälfte auf die sprachlose rechte Hemisphäre projiziert worden war. Die beiden Antworten auf die verbale und auf die nonverbale Frage nach dem Gesehenen sind beide vernünftig. Aber der Patient wußte selbst nicht, daß sie verschieden waren.

Popper-Eccles-Chimäre:
Lächelt sie oder ärgert sie sich?

In dem besonderen Split-brain-Fall eines 16jährigen Jungen, dessen zwei Hirnhälften (durch eine Läsion in der linken und Kompensation des Funktionsausfalls durch die rechte Hemisphäre) sprachfähig waren (links verbal, rechts durch Schreiben mit Buchstabenklötzchen), erhielt man auf die Frage nach dem Berufswunsch verschiedene Antworten je nach dem, welche Hirnseite man befragte (nach einseitig im Gesichtsfeld dargebotener sprachlicher Aufforderung).»Technischer Zeichner« sagte er mit der linken Hirnhälfte,»Rennfahrer« mit der rechten.

Bei diesem Patienten stieß Michael Gazzaniga auf das Phänomen unbewußter Rationalisierung. Gemeint ist folgendes: Gazzaniga präsentierte diesem Jungen die üblichen zusammengesetzten Bilder, die im rechten und linken Gesichtsfeld verschiedene Dinge zeigten. Gleichzeitig gab man ihm Karten, auf denen andere Dinge abgebildet waren. Er sollte die Karten auswählen, die in einem thematischen Zusammenhang mit dem Gesehenen standen. Links im Gesichtsfeld sah er mit der rechten Hemisphäre eine Schneelandschaft. Rechts sah er mit der linken Hirnhälfte eine Hühnerklaue. Die vom rechten Hirn versorgte linke Hand zeigte auf eine Schaufel. Die von der linken Hirnhälfte gesteuerte rechte Hand zeigte auf einen Hühnerkopf. Nun wurde er verbal aufgefordert, zu sagen, warum er auf die Schaufel gezeigt habe. Da seine verbale linke Hirnseite (infolge der Durchtrennung des *Corpus callosum*) nicht wissen konnte, was auf der rechten Hirnseite gesehen wurde (also die Schneelandschaft), unternahm er eine unbewußte Rationalisierung oder Notlüge, indem er sagte:»Die Hühnerklaue gehört zum Huhn, und man braucht die Schaufel zum Ausmisten des Hühnerstalls.« Gazzaniga meint dazu:

> »Das kognitive System der linken Gehirnhälfte benötigte eine Theorie und lieferte auch sogleich eine, die sie unter Berücksichtigung der Information, über die sie ... verfügte, geben konnte.« (Zit. n. Nörretranders 1997, 404)

Der Patient hatte seinen Handlungen eine Rationalität verliehen, die»in Wahrheit« nicht gegeben war. Die Wahrheit aber kannten die anderen, Gazzaniga und Co. Könnte es auch so mit denjenigen Rationalisierungen sein, die diese selbst machen, wenn sie sagen, was sie gemacht haben und warum? Schützt sie ihr *Corpus callosum* vor der notwendigen Lüge?»Wahrheit und Lüge im außermoralischen Sinne« würde man zunächst (mit Nietzsche) sagen. Aber nimmt das Phänomen unbewußter Rationalisierung uns nicht allen Mut zu Wahrheit und Lüge im moralischen Sinne, nämlich dazu, mit gutem Gewissen»ich« zu sagen, das heißt sich oder seine Seele»für etwas« zu halten?

Kant hatte sich von der durchgängigen Determiniertheit aller in Raum und Zeit stattfindenden Ereignisse, wozu auch die menschlichen Handlungen gehören, überzeugt. In der objektiven Welt gibt es keinen Platz für subjektive Ursachen, das heißt für mich als Ursache objektiver Wirkungen. Dennoch meinte er, daß die Wirkungen der übersinnlichen Ursache, die ich bin, in der Sinnenwelt erscheinen können. Das bedeutet, daß gewisse Geschehnisse auf mich als übersinnliche Ursache zurückzuführen sind und dennoch zugleich auf äußere Ursachen. Er dachte sich, man könne jedes »etwas«, und als solches sah er dabei auch das Ich (den Willen oder die Seele) an, von zwei Seiten sehen: als natürliches und als übersinnliches, oder anders gesagt: als objektive Erscheinung und dann noch als »Ding an sich selbst«. Deshalb kann ich an meine Freiheit glauben, an die Freiheit im Sinne autonomer Verursachung von objektiven Erscheinungen (was eine Handlung sein kann oder eine sprachliche Verlautbarung). Ich kann an mich glauben, obwohl meine Handlungen und Verlautbarungen vollständig aus äußeren Ursachen zu erklären sind und meiner Verursachung nicht bedürfen, um zu sein (Kant 1787, XXVII).

Dieser Glaube ist, wie Nietzsche sagt, ein »Pathos der Wahrheit«, eine Emphase, die schön und erhaben sein mag. Bereits bei Nietzsche wird sie vom Mut der Verzweiflung angetrieben. Angesichts des Phänomens unbewußter Rationalisierung könnte ihr vollends die Luft ausgehen. Nicht, daß dieses Phänomen ein Gegenbeweis wäre zu Kants These der zwei Welten, der Welt der »Dinge an sich selbst« (oder der Seelen) und der Erscheinungswelt. Aber warum sollte man noch seine Seele »für etwas« halten?

Vielleicht sind wir alle in gewisser Weise Split-brain-Patienten, indem wir ständig auf Verhaltensweisen nichtbewußten Ursprungs reagieren. Die Untersuchungen Benjamin Libets an normalen Probanden ohne Split-brain (die in Kapitel 4 vorgestellt werden) zeigen, daß unser Bewußtsein eines freien Willens eine solche Rationalisierung sein könnte. Das, von dem ich meine, ich hätte es gewollt und getan, hätte dann »in Wahrheit oder Wirklichkeit« mein Körper getan. Wir pflegen unsere Handlungen nachträglich mit irreführenden Rationalisierungen zu erklären, meinen Hirnforscher wie Libet und

Gazzaniga. Zum Beispiel nannten Versuchspersonen, die Itzhak Fried in Los Angeles durch intrakranielle elektrische Reizung ihres sogenannten Lachzentrums zum Lachen brachte, immer wieder andere und durchaus plausible Gründe dafür, warum sie gelacht hatten. Sie glaubten trotz ihres Wissens um die Elektroden in ihrem Gehirn, mit ihrem Lachen stets auf aktuelle Eindrücke und Vorstellungen reagiert zu haben, die sie komisch fanden, zum Beispiel die Vorstellung, daß man Lachanfälle mit erfundenen Geschichten nachträglich begründet.

Oder ist das zum Weinen?

4. Hemisphärenmusik

Wenn ich Musik höre, von ihr gerührt werde oder belästigt, kann ich dabei meine Hirnaktivitäten, zu der dann auch die der Bildbeobachtung gehört, auf dem PET-Bildschirm beobachten, simultan oder als Aufzeichnung. Mit ziemlicher Sicherheit ist dabei zu erkennen, ob ich ein Japaner bin oder ein Europäer. Musik ist, zumindest was ihre emotionale Seite betrifft, eben nicht gleich Musik, sagt das Gehirn, das die Musik mal mehr, mal weniger als Gefühlssache aufnimmt. Oder anders herum: Gehirn ist nicht gleich Gehirn, sagt der Musikhörer. Deshalb nun: Gehirn im Kulturvergleich. Vielleicht kommen wir so dem Rätsel der Hemisphärendifferenz noch etwas näher.

Der japanische Forscher Tadanobu Tsunoda hat in seinem Buch *Das Gehirn der Japaner. Die Gehirnfunktionen und die Kulturen in Orient und Okzident* eine hirnphysiologische Begründung für die Besonderheiten der japanischen Kultur versucht. Er studierte die unterschiedlichen Hirnleistungen in den Großhirnhemisphären zunächst an Split-brain-Patienten, bediente sich dann aber eines neuen, akustischen Verfahrens für die Untersuchung nicht gespaltener Gehirne, wobei er eine Region identifizieren konnte, in der die Umschaltung zwischen beiden Hemisphären erfolgt.

Übrigens haben, so berichtet der Bonner Hirnforscher Detlef Linke, ein bis vier Prozent der Normalbevölkerung eine Zyste in dieser Umschaltregion, dem sogenannten Septum. Das ist eine »Struktur« unterhalb des *Corpus callosum*. »Leichte psychopathologische Auffälligkeiten können damit zusammenhängen«, schreibt er. Das Septum ist nämlich wichtig für die Verarbeitung von Emotionen und spielt beim Orgasmus eine ganz entscheidende Rolle.

»Es ist diejenige Struktur, über welche Sinneseinflüsse ohne Kontrolle des Thalamus, eines Doppelgebildes im Zwischenhirn, in das Großhirn und damit in die höheren Formen des Bewußtseins eindringen können. ... Friedrich Hölderlin wies eine solche Zyste auf, und es gibt begründete Theorien, daß sie ihn beim Zusammenspiel der Hirnhälften störte und zu einem bewußten Rückzug aus der kommunikativen Sprache in die eines esoterischen Jargons veranlaßte. Nach diesem Konzept konnten die poetische rechte Hirnhälfte und die kommunikativ orientierte linke Hirnhälfte wegen der in der Mitte liegenden Störimpulse nicht mehr so recht miteinander auskommen, und Hölderlin mußte sich entscheiden, kontaktgestörter Dichter oder poesieloser Kommunikator zu werden.« (Linke 1996, 51 f.)

Das Septum ist auch die Stelle, an der 1987 zum ersten Mal von einer Olmützer Gruppe einem Menschen fremdes fötales Hirngewebe implantiert wurde, um seine Schizophrenie zu therapieren.

Zurück zu Tadanobu Tsunoda. Er untersuchte japanische und nicht-japanische Probanden, das heißt solche, die mit der japanischen Sprache aufgewachsen waren, und solche, die andere Sprachen, insbesondere europäische, als Muttersprache erlernt hatten. Viel von der unterschiedlichen Gehirnaktivität beim Sprechen, Schreiben und Lesen bei diesen Leuten erwies sich als kulturspezifisch. Die Unterschiede beim Musikhören auch. Denn natürlich hat Musik, welcher Art auch immer, etwas mit Sprache, welcher Art auch immer, zu tun. Aber was genau?

Die japanische Sprache hat einige Besonderheiten. Zunächst, was uns beim Hören sofort auffällt, ist es die ganz eigene Art, Vokale zu verwenden. Ein wohlformulierter japanischer Satz kann zum Beispiel nur aus Vokalen bestehen. Tsunoda gibt dieses Beispiel:»*Ue o ui, oi o ói, ai o ou aieeo*«, was man so übersetzen kann:»Sich über den Hunger sorgend und sein Alter verschleiernd, sucht er nach Liebe, ein liebeshungriger Mann.« (Klivington 1992, 54) Ein von Atuhiro Sibatani geprägtes Wortspiel, welches übersetzt lautet »Der König versteckt manchmal sein Gefolge«, besteht nur aus einem einzigen Vokal, und zwar so:»*Oooo oooo o o oooo*« (Mecacci 1986, 50).

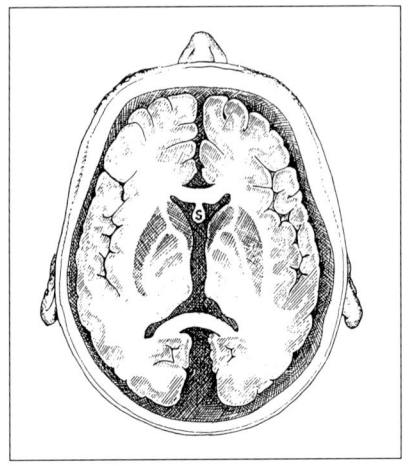

Die erste Hirngewebe-Implantation
wurde 1987 hier (S) vorgenommen.

Da die Vokale im Japanischen eine so wichtige Rolle in der Sprache spielen, müssen sie auch von der sprachdominanten Hirnhälfte, also der linken – von den Ausnahmen bei Linkshändern sehen wir jetzt ab –, analysiert werden. Für Europäer haben die Vokale eher eine emotionale Bedeutung. Sie sind Laute des Erstaunens wie »Ah!« oder »Oh!« Oder sie sind Wortmalereien wie »Uu!« für das Heulen des Windes. Sie werden dann von der rechten Hirnhälfte analysiert. Die linke Hälfte ist bei Europäern, anders als bei den Japanern, nur auf Konsonanten spezialisiert. Natürlich haben Laute wie *a*, *o* oder *u* auch für Japaner eine emotionale Bedeutung, aber wegen ihrer vorwiegend sprachlichen Bedeutung werden sie links analysiert.

Bei Japanern ist die linke Hemisphäre nicht nur für die Analyse der menschlichen Laute zuständig, sondern auch für die der Natur, also für die Geräusche von Wind, Wellen und Regen oder für das Plätschern eines Baches. In die Zuständigkeit der linken Hemisphäre fallen insgesamt die Vokale und die Konsonanten der Sprache, die menschliche Stimme, zudem Summen, Lachen, Weinen, Stöhnen, Schnarchen, dann die Tierlaute von Hunden, Katzen, Vögeln, schließlich Insektengesänge wie die von Grillen und eben auch die Laute der traditionellen japanischen Musikinstrumente. Die rechte nonverbale Hemisphäre analysiert die mechanischen Geräusche, reine Töne, auch den Knall und weißes Rauschen, ist zudem zuständig für Frequenzbänder und Frequenzmodulation, für Zähneknirschen und für westliche Musikinstrumente. Ganz anders ist es bei Nichtjapanern, stellte Tsunoda fest: links Konsonanten der Sprache und Rechnen; rechts Vokale der Sprache, menschliche Stimme, Summen, Lachen, Weinen, Stöhnen, Schnarchen, Tierlaute, Insektengeräusche, mechanische Geräusche, westliche Musikinstrumente und auch traditionelle japanische Musikinstrumente. Wie kommt dieser gravierende Unterschied zustande?

Entscheidend ist die Prägung durch die japanische bzw. nichtjapanische Sprache, meint Tsunoda. In Japan lernen die Kinder oft schon sprechen, bevor sie laufen können. Verbale Kommunikation hat in der Erziehung den Vorrang. Das Kind lernt dabei auch, allen Lauten der natürlichen und der menschlichen Umwelt verbale Kategorien zuzuordnen. Das aktiviert seine linke Hemisphäre. Hinzu kommt die Schrift. Sie bringt beim Lesen und Schreiben eine stärkere Beteiligung beider Hemisphären mit sich, stärker als es bei unserer durchweg alphabetischen Schrift der Fall ist. Die Schriftsprache wird also im Japanischen nicht einseitig links bearbeitet.

Die Japaner, so führt Luciano Mecacci (1986, 49 ff.) aus, hatten bis zum 5. Jahrhundert n.u.Z. keine eigene Schrift, vielmehr benutzten sie die der Chinesen. Die chinesische Schrift besteht aus Piktogrammen, die sich sowohl in ihrer bildlichen Form wie in ihrer Bedeutung im Laufe der Zeit geändert haben. Heute unterscheidet man an jedem Zeichen ein phonetisches Element und einen Begriffsdeuter, der einen Hinweis auf die Begriffsgruppe gibt. Dabei gibt es vier verschiedene Töne, so daß je nach Intonierung ein Zeichen vier verschiedene Dinge bezeichnen kann. Die wenigen bekannten Untersuchungen über die Zuständigkeit der Hirnareale für die chinesische Sprache, für Sprechen, Lesen und Schrift, haben, abweichend vom Japanischen, eine Dominanz der linken Hemisphäre ergeben.

Die Organisation der sprachlichen Prozesse im Gehirn der Japaner ist nicht linksdominant. Die japanische Schrift besteht nämlich inzwischen aus zwei Gruppen von Zeichen: den von den Chinesen übernommenen ideographischen Kanji-Zeichen und den hinzugekommenen alphabetischen Kana-Zeichen. Das Kanji-System besteht aus 50 000 Zeichen mit verschiedenen Schrifttypen (wie Druckschrift und Schreibschrift bei uns), verschiedenen Aussprachen und verschiedenen Bedeutungen. Zum Zeitunglesen braucht man ungefähr 3 000 Zeichen. Die Kanji-Zeichen zu beherrschen, signalisiert Zugehörigkeit zur gehobenen sozialen Schicht. Zudem war Kanji bislang nur die Schrift der Männer. Die Frauen benutzten die Kana-Zeichen. Merkwürdigerweise ist für die Analyse der Kanji-Zeichen, die bei den Chinesen die gesamte Sprache ausmachen und links bearbeitet werden, die rechte Hemisphäre zuständig. Das liegt womöglich daran, daß die Japaner noch dieses zweite System, das Kana-System, in ihrer Sprache haben, was die linke Seite beansprucht.

Das Kana-System besteht aus dem Hira-kana und dem Kata-kana. In letzterem haben Kanji-Zeichen die Rolle von Buchstaben, so daß zum Beispiel auch fremde Eigennamen oder wissenschaftliche Fachtermini geschrieben werden können. In Telegrammen oder Kinderbüchern wird es bevorzugt, ohne daß auf die anderen Systeme, Kanji und Hira-kana, ganz verzichtet werden könnte. Das Hira-kana ist ebenfalls eine Art Alphabet zur Bezeichnung der Partikel und Flexionsformen der Verben sowie für die Adjektive und Pronomen.

In ihrer gesprochenen Form aktiviert die japanische Sprache, wie bei den Chinesen und Europäern, die linke Hemisphäre. Dies ist durchaus Folge der genetischen Prägung des größeren *Planum temporale* auf der linken Seite. In ihrer geschriebenen Form ist, wie gesagt, für die Kanji-Zeichen die rechte Hemisphäre bestimmend. Der Japaner muß ein Kanji, das ja eine Art Bild ist, mit der rechten Hälfte sehen und dann links aussprechen. Alphabetische Zeichen brauchen nicht als Bilder auf ihre Bestandteile hin analysiert zu werden. Für sie ist die linke Hemisphäre zuständig. Die Zusammenarbeit bzw. das Wechselspiel der beiden Hemisphären ist, so wie es aussieht, verwirrend, und es funktioniert auch entsprechend: mit großem Hirnarbeitsaufwand.

Eine Hirnhälfte ist jeweils für eine der beiden Zeichensorten der japanischen Schrift zuständig. Die linke für Kanji, die rechte für Kana.

§18 カントの理性批判の方法の問題

カントの先験的な認識では，客観的認識の可能性の条件が認 この条件は，純粋悟性概念および直観形式であると認識され. 客観的な認識（経験）の条件として働くのである。いうならば が経験認識内で，形而上学的な認識を形づくるのである。 は，したがって，形而上学的な諸認識に固有な源泉として 純粋な理性にあっては，純粋悟性概念は，アプリオリ **kana** わち，空間と時間という単なる直観の形式に，かか われは，すべての事実的な経験的認識のうちでま な認識を，つまり経験には基づきえない認識の部 うな先験的な認識が成立したのである。それゆ ヒュームの問題設定に続くのである。——純 **kanji** の反省において，そのうえ事実的な認識を

Tsunoda berichtet, daß für den Japaner das Wort allgemein nicht mit Ordnung assoziiert wird, wie häufig in der europäischen Kultur. Das griechische Wort »Logos« ist dafür ein Indiz. Es bedeutet Logik, Vernunft und Sprache (*legein* = lesen). Der Logos stellt im Johannesevangelium die göttliche Ordnung als Wort dar: »Im Anfang war das Wort«, heißt es. Sprache bedeutet bei den Japanern eher Chaos als Ordnung. Deshalb bedienen sie sich, wo immer es geht, auch weitgehend der nonverbalen Kommunikation, der Gesten, der Verbeugungen, des Lächelns, meint Tsunoda. Im Zen haben sie eine philosophische Konzeption entwickelt, die in der Einübung nonverbaler Kommunikation besteht.

Der Vokalreichtum der japanischen Sprache bringt es mit sich, daß die Zuständigkeit für Vokale wie auch die für Naturlaute und emotionale Ausrufe von der verbalen, genetisch bedingt dominanten linken Hirnhälfte (von jenen Rechtsausnahmen bei Linkshändern abgesehen) übernommen wird. Der Umgang mit der Schrift erfordert zudem eine stärkere Einbeziehung der rechten Hemisphäre – anders als bei anderen Sprachen und Schriften. Wie kommt es aber nun zur unterschiedlichen Verarbeitung der Musik bei Japanern und anderen Musikhörern? Die Strukturähnlichkeit der japanischen Sprachlaute mit den Geräuschen von Wind, Regen, Wellen, die früh mit verbaler Bedeutung belegt werden, ist dafür verantwortlich. Diese Laute werden ja in der linken Hemisphäre aufgenommen. Sprache gehört dabei zu den nicht-harmonischen Lauten. Die eigentliche, zugrundeliegende Unterscheidung der Hemisphären scheint nämlich die von nicht-harmonischen und harmonischen Lauten zu sein! Gilt die genetische Veranlagung der linken Hemisphärendominanz womöglich den nicht-harmonischen Geräuschen?

Tatsächlich ist das Ohr in der Ontogenese das am frühesten ausgebildete Organ, das erste funktionsfähige Sinnesorgan des Fötus. Das Ohr ist vielleicht sogar das wichtigste Organ der Menschwerdung. Tsunoda schreibt:

»Die beobachtete automatische Zuweisung der Informationsverarbeitung an eine der Hemisphären wird hauptsächlich durch den Hirnstamm, der unterhalb des Cortex liegt, gewährleistet. Er teilt das Gehirn sozusagen in eine harmonische (rechte) und eine nicht-harmonische (linke) Hälfte ein. ...

Für die meisten Nichtjapaner (mit Ausnahme der Polynesier) beschränken sich die von der linken Hemisphäre (der Sprachhemisphäre) wahrgenommenen Klänge auf Silben mit Konsonanten. Vokale hingegen, also die Geräusche unserer Umwelt sowie Sprachlaute, die Gefühle ausdrücken (›Ah!‹, ›Oh!‹), werden von der rechten Hemisphäre wahrgenommen. Allgemeiner gesagt, nehmen Nicht-japaner, die sehr viel mehr Konsonanten in ihrer Sprache verwenden, Emotionen mit der rechten Hemisphäre wahr, Japaner hingegen, die in ihrer Sprache viele Vokale verwenden, mit der linken Hemisphäre. In gleicher Weise scheint die Hirndominanz für sexuelle Funktionen, die ja außerordentlich gefühlsbeladen sind, bei Japanern in der linken, bei Menschen aus dem Westen in der rechten Hirnhälfte zu liegen.« (Zit.n. Klivington 1992,54)

Diese bestimmte, die Gefühlsverarbeitung betreffende Hemisphärenspezialisierung über die grundsätzliche Dominanz der verbalen Hemisphäre hinaus ist ein kulturelles Produkt, nämlich davon bestimmt, wie in der gesprochenen Sprache Gefühle ausgedrückt werden. Auszugehen ist davon, daß die verbale Hemisphäre für die Analyse nicht-harmonischer Klänge zuständig ist, oder umgekehrt: daß Sprache in die Hemisphäre nicht-harmonischer Laute gehört, also auf die linke Seite. Dieser Vorgabe folgt die Bearbeitung der Emotionen, die mit den Vokalen verbunden sind. Wegen der sprachlichen Bedeutung der Emotionsvokale erfolgt dann bei den Japanern die Emotionsverarbeitung überhaupt auf der verbalen,»nicht-harmonischen« Seite, bei den anderen auf der nonverbalen »harmonischen« Seite. Und nun die Musik! Als harmonisch gelten die Klänge westlicher Musikinstrumente, als nicht-harmonisch die Klänge japanischer Instrumente. Die Bearbeitung der westlichen Musikklänge obliegt also einmal, bei den Europäern, der emotionalen Seite und bei den Japanern der nicht-emotionalen Seite. Nicht-emotionale Harmonie, was ist das wohl?

Daß die Emotionen bei den Japanern vorwiegend auf der linken Seite verarbeitet werden, liegt also daran, daß die emotionsbeladenen Vokale in der Sprache einen so breiten Platz einnehmen. Die Emotionsverarbeitung befindet sich nun da, wo auch die als nicht-harmonisch empfundenen Klänge der japanischen Musik bearbeitet werden. Folgte die Musik der Sprache oder diese der Musik?

Die Klänge westlicher Musik sind bei den Japanern wie bei uns der rechten Sphäre zugewiesen. So kommt es in der westlichen Musik zu dem besonderen Problem des gleichzeitigen Sprechens und seiner Vertonung. Denn beim Gesang geht es vorwiegend um ergreifende Gefühle, beim Sprechen hingegen um Gedankenklärung und Mitteilung. Für uns ist deshalb das Singen hauptsächlich eine Sache der rechten Hemisphäre, das Sprechen eine der linken. Menschen, die links eine Gehirnläsion erlitten haben und kaum mehr sprechen können, können aber vielfach noch singen. Jaynes schlägt dazu folgenden Versuch vor: Man denke sich zwei Themen aus, über die man zwei, drei Minuten lang frei sprechen möchte, und trage dann Thema eins laut sprechend vor, anschließend Thema zwei als Gesangsrede.

»Warum verfällt der Gesangstext in Phrasen und Allgemeinplätze? Oder warum flacht die Melodieführung zu einem Rezitativschema ab? ... Die Antwort liegt in der Tatsache beschlossen, daß ihr Thema sich ›im‹ Wernicke-Zentrum in der linken Hemisphäre befindet, ihr Gesang hingegen ›im‹ rechtshemisphärischen Gegenstück zum Wernicke-Zentrum. ... Der durchgehaltene Versuch, ein festgelegtes Thema im improvisierten Gesang abzuhandeln, erzeugt ein Gefühl, als ob wir zwischen den Hirnhälften hin und her hüpften.« (Jaynes 1993, 445)

Von Nietzsche stammt der Satz: »Ohne Musik wäre das Leben ein Irrtum.« Welche Musik? Vielleicht ist die Musik der Emotionen ein Irrtum, ein Effekt derjenigen Sprache, die den Emotionen nur auf der anderen Hirnseite Raum gibt. Oder ist das Leben nur mit der japanischen Musik ein Irrtum, weil sie die nicht-harmonische, verbale Seite anspricht?

Tsunodas Forschungen gingen noch weiter. Er gelangte, als er die Hemisphärendominanz für reine Sinustöne im unteren Hörbereich zwischen 20 und 200 Hertz untersuchte, von der Hemisphärenmusik zur Sphärenmusik. Die menschliche Stimme kommt meist nicht unter 100 Hertz. Für den Bereich unter 100 Hertz ergab sich eine Überlegenheit des rechten Ohres, für die Frequenzen ab 100 dominierte das linke Ohr. Ein »Seitenwechsel bei der Hemisphärendominanz, deren Ursache wir nicht kennen, wurde bei Frequenzen beobachtet, die exakten Vielfachen von 40 und 60 Hertz entsprechen«, schreibt Tsunoda. Und nun wird es vollends phantastisch und esoterisch: Auch an Geburtstagen soll ein Wechsel für diejenige Frequenz stattgefunden haben, deren Frequenzzahl genau die der Jahre war. Tsunoda vermutet Verbindungen zwischen kosmischen Aktivitäten und dem Mikrokosmos des Gehirns. »Der prähistorische Mensch ... konnte diesen inneren Kosmos möglicherweise wahrnehmen«, meint er (zit. n. Klivington 1992, 55). So daß, was das Leben zum Irrtum macht, der fehlende akustische Anschluß an den Kosmos sein könnte. Alles ist Klang! Na ja.

Allerdings können manche Menschen Klänge sehen, genauso wie Zahlen, Konsonanten, Gerüche, Geschmacksrichtungen oder Emotionen. Und sie können umgekehrt Gesehenes mit Klängen verbinden. Es sind Synästhetiker (*syn-aisthesis* heißt soviel wie Zusammen-Wahrnehmen). Sie vermischen die Sinne, schmelzen sie zusammen. Insbesondere verbinden sie Sinneseindrücke mit Gefühlen, so wie man in Wut rot sieht. Infolgedessen bleiben die Wahrnehmungen der Synästhetiker selbst nicht gleich und sind auch nicht ganz mit den Wahrnehmungen anderer vergleichbar. Eine Herausforderung für die Neurologen: Wie, wenn sie selbst keine objektiven Wahrnehmungen hätten, weder gleichbleibende bei sich noch gleiche bei ihren Kollegen? Das darf nicht, das kann nicht sein. Die systematisch-experimentelle Wahrnehmung der Naturwissenschaftler muß objektiv und intersubjektiv sein. Die Neurologen können uns denn auch beruhigen: Beim synästhetisch Wahrnehmenden verhindert das limbische System die Bewußtseinsspaltung. Es garantiert für die emotionale Einheit der Person auch bei widersprüchlichen kognitiven Inhalten (weshalb auch die Split-brain-Patienten nicht gespaltene Personen sind). Und was die intersubjektive Welt betrifft, so hat man dafür die Sprache. Die mehr oder weniger solipsistischen Eindrücke bleiben da marginal.

»Alle Sinne sind am Ende ein Sinn«, meinte vor 200 Jahren Novalis. Sie waren es womöglich auch am Anfang. Vielleicht sind die Synästhetiker kognitive Fossilien: Manches spricht dafür, daß der prähistorische Mensch durchweg Synästhetiker war. Heute sind es ungefähr zehn Personen unter einer Million anderer. Sechs von sieben Synästhetikern sind Frauen. Daß die Synästhetiker Vorboten einer Zukunft totaler Sinnlichkeit oder eines Totalsinnes seien, meint Hinderk Emrich. Denn ihre Häufigkeit nähme zu. Er schreibt:

»Synästhetische Phänomene könnten eine Nebenwirkung des sich umstrukturierenden Hirns sein, das der technischen Evolution hinterherhinkt.« (*Die Zeit* 38, 1997, 50)

Anpassung des Menschen an seine Produkte, nannte Günther Anders das in seinem Buch *Die Antiquiertheit des Menschen. Die Seele im Zeitalter der zweiten industriellen Revolution.* Es sieht so aus, als löse sich das menschliche Selbstbewußtsein in einem Totalbewußtsein auf, als sei das Selbstbewußtsein ein bald verschwundenes Epiphänomen aufgrund bisheriger Beschränktheit der Wahrnehmung, also der bisherigen Undurchsichtigkeit von Natur und Psyche. Der Allwissende und Allfühlende braucht kein Ich, das sich fragend umschaut und in sich hineinhorcht, um zu erkennen, was es denn tun soll und sei es nur dies: die Zukunft abzuwarten.

Kapitel 4: Gehirnparadox

1. Gehirninformation

»Mein Gehirn ist ein informationsverarbeitendes System«, erklärt Karl Küpfmüller (1962) in seinem Beitrag *Informationsverarbeitung im Menschen.* Der Informationsfluß im Menschen geht, wie er ausführt, von den Sinnen über das Gehirn (und das Bewußtsein) zum Bewegungsapparat. Von den Millionen Bits, die pro Sekunde ans Gehirn gesendet werden, verarbeitet das Bewußtsein nur einen kleinen Teil. Auf 10 bis 20 Bit pro Sekunde bemißt sich unser bewußtes Erleben. Ist das Bewußtsein denn ein Teil des Gehirns oder doch ein Teil der Gehirnarbeit? Es scheint so. Informationseingabe und -ausgabe erfolgen in einer »Einheitssprache«, der Sprache der bioelektrischen Ereignisse oder Nervenpotentiale, in der das Spezifische der sensorischen Reize verloren geht, schreibt Gerhard Roth.

»Man kann leicht einsehen, daß diese Übersetzung in die neuronale ›Einheitssprache‹ etwas für die Funktion von Nervensystemen Unabdingbares ist, denn wie könnten sonst im Dienste der sensorischen Verhaltenssteuerung Auge und Muskeln, aber auch Auge und Ohr, Gedächtnis und Geruch miteinander kommunizieren, das heißt Instanzen, die äußerst unterschiedlich gebaut sind und ebenso unterschiedlich funktionieren. Die ›neuronale Einheitssprache‹ ist die Grundlage der Integrationsleistung von Nervensystem und Gehirn.« (Roth 1992, 232)

So sieht es der Neurologe, der jenes Spezifische ja immer schon wiedergewonnen hat. Wie könnte er sonst von der bunten Welt da draußen und der eintönigen Welt da drinnen reden? Mit seiner spezifizierenden Sinneswahrnehmung vergleicht er dasjenige, was an die

Sinne rührt, mit demjenigen, das ans Gehirn weiterleitet wird. Es gibt dafür ein fest angelegtes Nervensystem im einem ebenso fest organisierten und gebauten Körper – erkennt der Wissenschaftler. Und es gibt ein fest gebautes Gehirn, nämliche bestimmte Verarbeitungsbereiche für eingehende Nerveninformationen. Durch diese Topologie ist festgelegt, was in bestimmten Hirnregionen elektrische

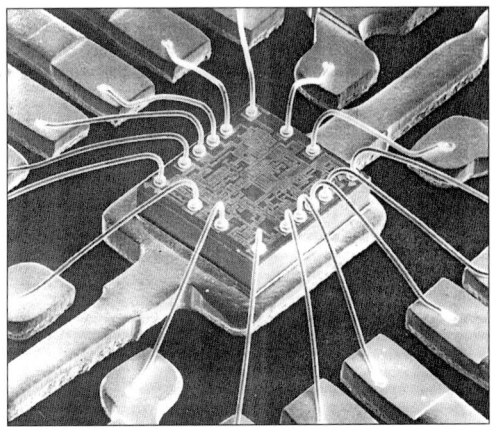

Auf zehn bis zwanzig Bit pro Sekunde bemißt sich unser bewußtes Erleben.

Potentialdifferenzen der Nerven bedeuten. Die Bedeutungen kennt der Wissenschaftler durch sein Gehirn und seine Nervenbahnen. Er nimmt also an, daß die Input-Impulse ihre Sinnestypik im Gehirn durch ihren spezifischen Verarbeitungsort zurückerhalten haben. Er kann schließlich auch in seinem eigenen Gehirn einen peripheren Reiz durch direkte Stimulierung simulieren, zum Beispiel im Sehzentrum einen visuellen Eindruck erzeugen, ohne einen visuellen Input über die Augennerven bekommen zu haben. Er kann es, indem er simulierte Eindrücke von nicht simulierten (oder intrakraniell erzeugte von peripher erzeugten) unterscheidet – durch nicht simulierte Eindrücke, an die er glaubt, kurz: weil er sich seiner Umwelt sicher ist. Allerdings macht er diese Reflexion nicht. Mit der Übersicht des unsichtbaren Zuschauers, welcher die ärmliche Welt elektrischer Nervenimpulse längst verlassen hat, stellt er fest, was das Gehirn, das von der Welt selbst nichts wissen kann, tut. Roth schreibt:

>»Das Gehirn arbeitet also nach einem rigorosen topologischen Prinzip, ebenso wie ein Ingenieur vor einem Kontrollpult urteilt: Wenn die Lampe in der Reihe und der Spalte aufleuchtet, dann bedeutet das einen Schaden genau in der und der Maschine.« (Roth 1992, 234)

Die sinnliche Welt ist demnach ein Konstrukt des Gehirns nach dessen eigenen topologischen Kriterien auf der Basis eines angeborenen Nervennetzes und auch aufgrund später (durch Mutationsselektion, das heißt lernend oder durch Gebrauch) erworbener Nervenverschaltungen. Diese Basis garantiert die Passung von konstruiertem Weltbild (Roth sagt: Wirklichkeit) und Realität. Denn Realität, das ist die materielle Welt mitsamt den Lebewesen darin. Realität, das ist die Evolution, die solche Organismen oder Überlebensmaschinen, wie wir es sind, hervorgebracht hat. Sie hat eben auch ein kognitiv geschlossenes Gehirn mit seiner neuronalen Einheitssprache produziert, das keinen informativen Zugang zur Umwelt einschließlich des eigenen Körpers hat. Das ist »kein Versehen der Evolution«, meint Roth, sondern »die unbedingte Voraussetzung für die kognitiven Leistungen, die der Mensch vollbringt«.

>»Kurz gesagt: bewußte Wahrnehmung, geplantes Handeln und erfolgreiche Bewältigung sehr komplexer Umwelten (auch sozialer Umwelten) sind nur durch ein semantisch selbstreferentielles und selbstexplikatives System möglich, wie es das menschliche Gehirn ist.« (Roth 1992, 246)

Zur Weltoffenheit des Menschen ist die Geschlossenheit seines Gehirns notwendig. Aber keine Angst! Die Welt ist durch die Topologie des Gehirns und seine realitätserprobten Verdrahtungen längst drin im Gehirn. Welch ein Glück, daß es die Evolution gibt! Sie hat eine prästabilierte Harmonie von Weltkonstrukt (Wirklichkeit) und Realität besorgt, die sich darin zeigt, daß wir leben, daß wir trotz oder auch wegen unserer Kognitionen überleben – als Gattung versteht sich. Ich bin ja selbst nur ein vorübergehendes Einzelexemplar. Mein Geist aber ist Übersicht über alles, auch mich selbst, sagt sich der Naturwissenschaftler, zumindest denkt er »unbewußt« so.

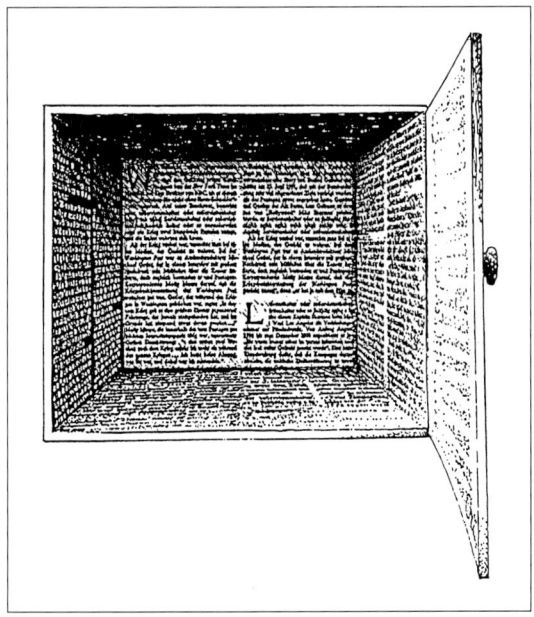

Die Welt ist durch die Topologie des Gehirns und seine realitätserprobten Verdrahtungen längst drin im Gehirn.

Das Gehirn ist objektiv oder physikalisch sowenig geschlossen wie ein elektrischer Transformator oder ein Motor. Allerdings: Der Wissenschaftler selbst ist ein geschlossenes System – nicht als Lebewesen oder Gehirn, sondern als Geist, als Bewußtsein, als semantisch-selbstreferentielles System. Denn er hat es in seinem Geist nur mit diesem selbst zu tun: nur mit Bedeutungen, mit Vorstellungen, Empfindungen oder Kognitionen. Die Wahrnehmungswelt ist Bewußtseinskorrelat, sie ist nur als Bewußtsein oder Empfindung da.

Mit der Idee der »neuronalen Einheitssprache«, in welche die spezifischen Sinneseindrücke übersetzt werden und mit der das Gehirn umgeht, wird suggeriert, daß die Geschlossenheit des Bewußtseins, das es nur mit seinen eigenen Zuständen zu tun hat, etwas Objektives ist. Mit der funktionalen Geschlossenheit des Nervensystems kann sich dann unser Bewußtsein identifizieren. Es sagt sich: An sich bin ich ein informationsverarbeitendes System.

Mit Informationen oder Bit hat es eine Maschine zu tun. Nicht der Geist oder das Bewußtsein. Der Wissenschaftler mag sich für eine Maschine halten. Aber er kann das nur als denkendes, vorstellendes, empfindendes Geistwesen. Und daher irrt er sich, wenn er meint, damit *sich selbst* erfaßt zu haben. Nichts ist schließlich unterschiedlicher als Information und das, womit es das Bewußtsein zu tun hat: Bedeutung. Bedeutung ist eher das Gegenteil von Information: »Exformation« (Nörretranders 1997, 148 und 173). Bit-Informationen, mit denen mein Gehirn und mein elektronisches Schreibgerät umgeht, sind ein Maß für Unordnung oder Entropie.

Bewußtsein hat eigentlich gar nichts mit Bits zu tun, sondern immer nur mit Bedeutung. Wie ist der Bedeutung informationstheoretisch beizukommen? Informationstheoretisch gesehen sucht das Gehirn bei seiner Bewußtseinserzeugung das Gegenteil von Information, nämlich Ordnung oder Neg-Entropie. Bewußtsein scheint nämlich im Gehirn mit dem Aussortieren von Information beschäftigt, mit Exformation. Wieviel Bedeutung oder Exformation eine Nachricht enthält, kann nicht ihrem Informationsgehalt entnommen werden. Der Zusammenhang gibt darüber Auskunft. Zum Beispiel enthält ein Tonband, vorwärts und rückwärts abgespielt, dieselbe Information, aber nicht dieselbe Bedeutung. Man kann während des Abhörens die Durchblutung im Gehirn beobachten. Läuft es vorwärts, werden Hör-, Sprach- und andere wichtige Zentren aktiviert, läuft es rückwärts, wird das gesamte Hirn aktiviert (solange man darauf aufmerkt). Es ist ja auch viel schwieriger, beim Rücklauf etwas zu verstehen. Beim Vorwärtslaufen werden nur die Bits erfaßt, die in der Sprache codiert sind, beim Rückwärtslauf ist das gesamte Tonbild relevant – gesetzt, man kennt die Sprache oder zumindest etwas von ihr. Anderenfalls ist es egal, ob man vorwärts oder rückwärts hört. Beidemal versteht man nichts. Beim Vorwärtsabspielen des Bandes mit bekannter Sprache gibt es weniger Überraschungen, weniger Entropie oder Unordnung, das heißt weniger Information. In umgekehrter Richtung ist die Information maximal. Der größte Informationswert ergibt sich, wenn jedes Ereignis überraschend ist, also beim Chaos, der vollständigen Unordnung.

Der alltägliche Begriff der Information entspricht dem der Bedeutung, deckt sich also nicht mit dem oben dargestellten Informationsbegriff, den Shannon und Weaver kreierten, als es um die Berechnung von Telefonkapazitäten ging. Dem alltäglichen Informationsbegriff kommt man heute schon wesentlich näher, indem man den Computer als symbol- und strukturverarbeitende Maschine versteht. Dieser Begriff bezieht sich auf aussortierte Information. Es geht um die Frage,

>»ob es einen Makrozustand gibt, der es zuläßt, daß wir von einer Menge Mikrozuständen absehen können. Ist das der Fall, verstehen wir, was wir aufnehmen, und brauchen nicht so viel Hirnaktivität aufzubieten, um es zu verarbeiten.« (Nørretranders 1997, 183)

Längst kennt man die verschiedenen Aktivitätsmuster etwa für Kopfrechnen, regelmäßige Verben, starke Verben, Abzählverse, Vorstellung eines Spazierganges usw. Aber das sind womöglich nur Negativ-Bilder. Mit den Stoffwechselaktivitäten, die an verstärkter Blutzufuhr (das heißt Sauerstoff und Glukose) zu erkennen sind, stellen sich die Hirnzellen vielleicht nur auf die nächste Aufgabe ein und beseitigen den Abfall der früheren Arbeit.

>»Die Aktivierung des Stoffwechsels scheint deshalb nicht direkt mit der funktionellen Aktivität verbunden zu sein, sondern eher mit der Erholung von den Konsequenzen dieser Aktivität.« (Bothe/Engel 1993, 27)

Der erhöhte Stoffwechsel, so könnte es sein, bewirkt Vergessen, Löschung von Information. Der Beobachtung unserer eigenen Gehirnbilder können wir dann zumindest indirekt entnehmen, daß es für den größten Teil der Informationsverarbeitung kein Bewußtsein gibt, nämlich keine identifizierbaren Parallelereignisse im Bewußtsein zu den auf Aktivitätsveränderungen schließen lassenden Stoffwechselveränderungen im Gehirn. All die Bewegungen, Gesten und die Mimik, die wir bei sprachlicher Kommunikation einsetzen, führen wir weitgehend ohne bewußte Überlegung aus. Im Bewußtsein sind wir beim Nachdenken oder Gewahrwerden auf das Verfolgen einer Linie eingeschränkt. Was nebenher läuft an Eindrücken, Wahrnehmungen, Empfindungen, Wünschen, Erinnerungen, können wir nicht mit gleicher Schärfe fokussieren und verfolgen. Bewußtsein verläuft linear. Parallel nur um den Preis von Unschärfe, Diffusität, letztlich Bewußtlosigkeit. Mein Computer arbeitet übrigens ähnlich – linear, sukzessiv, wenn auch viel schneller.

Mein Gehirn, von außen durch bildgebende Verfahren betrachtet, arbeitet anscheinend nicht so wie der (seriell prozessierende) Computer. Im Gehirn dominiert Parallelverarbeitung. Gerade das, was Bewußtsein entstehen lassen soll, funktioniert objektiv anders, als das Bewußtsein subjektiv sich erlebt. Komischerweise müssen wir zu dieser Feststellung kommen, indem wir unser lineares Denken einsetzen, also ein Denken, das ein Problem in endlich vielen Teilschritten löst oder das sich in der Linie dieser Buchstaben- und Wortfolgen ausdrückt, die ich hier sukzessiv-linear erzeuge. Ein solches Denken konstruiert Kausallinien, um ein Ereignis zu verstehen. Es begreift und berechnet ein Ereignis als Wirkung vorlaufender Ereignisse. Die Theorien des Nichtlinearen und Nicht-Berechenbaren werden mit unserem linearen Denken und seinem Berechenbarkeitspostulat aufgestellt.

Ein Beispiel für die Berechnung des Unberechenbaren gibt die Chaostheorie, insbesondere die Theorie nichtlinearer, dynamischer Systeme, wie sie in unserem Gehirn vorzukommen scheinen.

»Die biologische Informationsverarbeitung im menschlichen Gehirn funktioniert nämlich gerade nicht so wie das menschliche Erkenntnisvermögen. Dabei ist die Arbeit der biologischen Informationsverarbeitung, die wir als neuronales Erkenntnisvermögen bezeichnen, weitaus komplexer und wirkungsvoller als die des wissenschaftlichen Erkenntnisvermögens.« (Bothe/Engel 1993, 27)

Bothe und Engel schreiben das doch wohl mit ihrem linear arbeitenden wissenschaftlichen Erkenntnisvermögen. Linear denkend erkennen sie: Ihr Gehirn selbst arbeitet parallel; es denkt nicht so, wie sie selbst denken. Denken sie also doch nicht mit ihrem Gehirn? Sie schreiben:

»Der biologischen Art und Weise der Informationsverarbeitung im menschlichen Gehirn kann man mit der Theorie nichtlinearer, dynamischer System näherkommen.« (Ebd.)

Näherkommen, aber wohl nie mit ihr koinzidieren, obwohl man sich diese Theorie doch ausdenkt. Wieso können wir denken, wie wir nicht denken können?

Nehmen wir als Beispiel für ein »anderes« Denken, das unser real-gehirnliches Denken abbilden soll, die Theorie der Attraktoren. Attraktoren sind Inseln der Ordnung, der negativen Entropie, der Redundanz. Mentale Attraktoren oder Bedeutungsattraktoren werden bei Kindern zum Beispiel durch Märchen trainiert. Es seien Begriffe, die Erzählungen an sich ziehen, meint Nörretranders.

»Das Kind lernt Grundabläufe kennen, es erlernt die Bedeutung von Held und Schurke, Helfer und Gefangener, von Nebenperson und Hauptperson, von tatkräftig und weise, von Spannung und Auflösung.« (Nörretranders 1997, 217)

Attraktoren findet man als Muster von Gehirnströmen, zumindest bei Kaninchen, berichten Bothe und Engel. Zunächst zeigen die Gehirnströme bei Konfrontation mit verschiedenen Geruchsstoffen ein völlig ungeordnetes, chaotisches Verhalten. Dann stellen sich Regelmäßigkeiten ein, Ordnungsbezirke. Man kam ihnen mit Hilfe der Theorie nichtlinearer Systeme auf die Spur. Sie macht solche Intermittenzen berechenbar. Wie geht das?

Berechenbarer Übergang von Ordnung in Chaos und Chaos in Ordnung

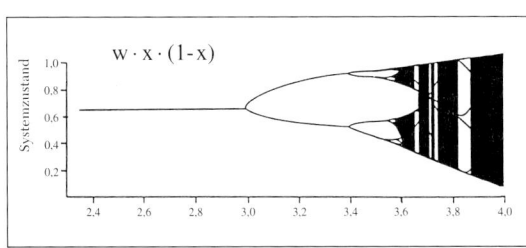

Am einfachsten, aber das ist schon kompliziert genug, läßt sich der berechenbare Übergang von Ordnung in Chaos und Chaos in Ordnung für die sogenannte Verhulstsche Wachstumsgleichung einsehen. Ihr entspricht ein nichtlineares System des Wachstums eines Bestandes an Individuen bei begrenztem Raum und begrenzten Nahrungsreserven. Die Verhulstsche Gleichung ist ein dreiteiliger mathematischer Ausdruck. Die drei Teile sind der Wachstumsfaktor w, die (Ausgangs-)Bevölkerungszahl x und der Ausdruck $(1-x)$, der die Bevölkerung in ihrem Wachstum begrenzt, also insgesamt $w \cdot x \cdot (1-x)$. Bei der Bevölkerungsberechnung spielen Rückkopplung, Iteration und Selbstähnlichkeit die entscheidende Rolle. Geht man von einer anfänglichen jährlichen Verdopplung des Bestandes aus, so sieht man, das sich gemäß der Begrenzung von Raum und Nahrung auch das Wachstum begrenzt. Nach einigen Jahren pendelt sich die Populationszahl auf den Wert 0,66 ein, wenn man zur Vereinfachung die vom System tolerierte maximal mögliche Populationszahl auf den Wert 1 festlegt. Das System bewegt sich auf den Attraktor 0,66 zu. Bei dem Wachstumsfaktor 3 gibt es aber zwei Attraktoren, einen Wert über 0,66 und einen darunter. In welchem Zustand sich das System auf Dauer und zu einem bestimmten Zeitpunkt befinden wird, läßt sich nicht mehr genau voraussagen. Es pendelt zwischen den beiden Zuständen. Ab der Rate 3,45 gibt es vier, dann bald unendlich viele mögliche Attraktoren zwischen zwei Extremen. Aber nun das Erstaunliche: Immer wieder gibt es Wachstumsraten, bei denen nur einige Attraktoren auftreten.

»Zwischen Bereichen unendlicher Vielfalt der Systemzustände tauchen immer wieder weiße Streifen, sogenannte Intermittenzen, auf. Dies sind Bezirke, in denen innerhalb des chaotischen Zustandes im System eine Ordnung auftritt: Sogenannte Inseln der Ordnung im Chaos, die mittels der Theorie nichtlinearer Systeme berechenbar werden.« (Bothe/Engel 1993, 62)

So kann man auch aus der unendlichen Vielfalt der elektrischen Gehirnströme voraussagbare und berechenbare Muster herausfiltern. Und nun schauen wir erstaunt auf die Aktivitätsbildchen unseres Gehirns. Sehen nach, was wir denken, zum Beispiel vorausberechnen, welche Intermittenzen beim Vorausberechnen entstehen. Denken wir am Ende diese Muster selbst, denn sie sind doch das, was wir wirklich denken? Noch gibt es nur eine grobe zeitliche Auflösung. Aber sie ließe sich wohl bis zur Synchronizität beweglicher Bildchen verfeinern: Gehirnkino. Was käme dabei heraus? Würden unsere Gedanken nicht zu jenen farbigen Hirnbildern selbst? Und wären diese dann nicht in uns wie die Gedanken? Hätten wir dann nicht Außenwelt und Innenwelt fusioniert?

Man hat auf diese Weise, also vor dem Hirnbildschirm, Schopenhauers Gehirnparadox zu lösen versucht. Nach Schopenhauer, wie schon nach Kant, ist die Objektwelt ja unsere Erscheinungswelt, ein Produkt unseres Erkenntnisapparates. Den Apparat findet Schopenhauer materialisiert im Gehirn. Aber dann ist das Gehirn, welches die Vorstellungswelt produziert, doch auch nur eine Vorstellung. Es gehört zur Welt, die es vorstellt. Das ist das sogenannte Hirnparadox.

Ein Hirnbildschirmbetrachter bringt womöglich die beiden Seiten der Welt zusammen, indem er innere und äußere Wahrnehmung fusioniert. Er setzt sich vor einen Bildschirm, der ihm simultan die

Bilder seiner Hirnaktivität vorführt, die genau darin besteht, diese Bilder zu denken, sie wahrzunehmen. Hier die Vision Benno Schlesingers als Hirnbildbetrachter:

>»Die Vorgänge, die sich auf der höchsten funktionellen Schicht des Gehirns abspielen, sind, wie schon erwähnt, nichts anderes als ein besonderer Aspekt der physikalisch-chemischen Realität. ... So könnte eine Versuchsperson, die während eines Gedankenexperiments ihre eigene Gehirntätigkeit mit Hilfe einer Vorrichtung von bisher ungeahnter Vergrößerungskraft durch ihre durchsichtig gemachte Schädeldecke beobachtet, den jeweiligen Entsprechungen zwischen ihren eigenen Gedanken und den optisch wahrgenommenen materiellenergetischen Vorgängen folgen. Mehr noch: Sollte der strukturelle Gleichklang der beiden Erscheinungsreihen ihrer Fusion gleichkommen, würde die Versuchsperson die nunmehr vereinheitlichten Vorgänge als ihre eigenen Bewußtseinsvorgänge erleben.
>
>Wenn diese Überlegungen Gültigkeit haben, würden sie das Schopenhauersche Hirnparadoxon in einem neuen Licht erscheinen lassen, daß heißt die scheinbar widersinnige Annahme rechtfertigen, daß das Gehirn ein Produkt der Vorstellung, und die Vorstellung ein Produkt des Gehirns sei. Es wäre nämlich ebenso richtig, daß das Gehirn ein Produkt der Vorstellung sei – *esse est percipi* –, wie es andererseits richtig wäre, daß die Vorstellung ein Produkt des Gehirns ist, denn ohne die Existenz des Gehirns könnte eine Beobachtung (Vorstellung) nie und nimmer stattfinden.« (Schlesinger 1978, 184 f.)

Gerhard Roth hat sich angesichts des Schopenhauerschen Gehirnparadoxons damit beholfen, daß er die Welt, in der es das Gehirn als Weltbildapparat gibt, die reale Welt nannte, und die Welt, welche unser Gehirn sich einbildet, die wirkliche Welt. Natürlich mußte die Realität an sich dann unerkennbar bleiben – bis auf den Fakt, daß das Gehirn zur Realität an sich gehört und in ihr alles schön evolutionistisch zugeht. Eigentlich gehört das aber zur hirnproduzierten Wirklichkeit. Sie ist der Gegenstand der Wissenschaft, insbesondere der Hirnforschung: Sie erforscht Hirnprodukte, die Wirklichkeit. Denn:

»Die Wirklichkeit wird in der Realität durch das reale Gehirn hervorgebracht.« (Roth 1997, 325)

Was heißt »in der Realität« anderes als in der Evolution und dem ihr
gemäßen Leben der Organismen? An diese Realität wird aber bloß
geglaubt. Was das Gehirn an Realität erfährt, ist allenfalls es selbst
als semantisch-selbstreferentielles System – im Sinne von Descartes'
»Ich denke, also bin ich (solange ich denke)«. Die Annahme einer
Realität, in der das Gehirn als Vorstellungen produzierendes Ding
vorkommt, impliziert die Vorstellung vom eigenen Nichtsein des
Vorstellungssystems. Denn die Realität soll sein, auch ohne daß sie
vorgestellt wird, also auch ohne mich. In der Realitätsvorstellung
nehme ich den eigenen Ich-Tod vorweg, das heißt die Nichtrealität
des vorstellenden Subjektes. Das Gehirnparadox ist also das Todes-
paradox. Mit Roths Unterscheidung von Vorstellungswelt und Realität, in der es vorstellende Gehirne gibt, ist es nicht zu lösen.

Typisch für das Übersehen des eigenen Nichts bei Wissenschaftlern aller Art, insbesondere bei Hirnforschern, ist Roths Verwechs-
lung von Bewußtseinsveränderung mit Bewußtseinsentstehung. Er
meint, während der intrakraniellen Selbststimulierung dem »Wunder der Entstehung des Geistes« beiwohnen zu können, indem er bei
materieller Selbststimulierung seines Hirns Bewußtseinsverände-
rungen beobachtet:

»Wir erkennen die Auflösung dieses Problems, wenn wir uns noch
einmal das Selbstversuch-Beispiel vergegenwärtigen. Ich liege mit
geöffnetem Schädel und freigelegtem Gehirn im Operationssaal
und verfolge alles, was mit mir geschieht, über einen Fernsehmoni-
tor oder einen Spiegel. Ich bewege mithilfe einer geeigneten Vor-
richtung die Reizelektrode über meine Cortexoberfläche, senke sie
hinein und stimuliere den einen oder anderen Ort meiner Großhirnrinde. Entsprechend habe ich unterschiedliche Arten von Halluzinationen. Ich kann hiermit das Entstehen des Geistes aus der
Materie an mir selbst nachweisen ...«

Vielleicht hat aber Roth doch etwas bemerkt, denn er fährt fort:

»... allerdings wird mir der Vorgang dabei erlebnismäßig nicht im geringsten klarer. Warum nicht?«

Weil es kein probeweises Aussetzen des Ich, kein Aussteigen gibt, so daß der Entstehung meiner selbst zugeschaut werden könnte, würde ich sagen. Roth aber rettet sich in den Glauben an eine nicht erkennbare Realität »an sich«. Geist entsteht real, aber er kann es nicht beobachten, behauptet er. Also kann er doch nicht, wie erst behauptet, das Entstehen des Geistes nachweisen. Er schreibt weiter:

»Das Gehirn, welches mir zugänglich ist (das wirkliche Gehirn), bringt gar keinen Geist hervor, und dasjenige Gehirn, welches mitsamt der Wirklichkeit Geist hervorbringt (nämlich das reale Gehirn – so muß ich plausiblerweise annehmen), ist mir unzugänglich.« (Roth 1997, 331 f.)

Ich meine nicht, daß Bewußtsein oder Geist etwas sein müsse, was nur entweder an- oder abgeschaltet ist. Viele Schattierungen sind möglich für meine Kognitionen, durch die ich weiß oder spüre, daß ich bin. Ich meine aber, daß das Sein (oder das »Wie es ist zu sein«) unmöglich erklärbar ist, weil man es nicht auf Distanz bringen kann. Man kann seiner Entstehung eben nicht zuschauen. Wer zuschaut, ist bereits.

2. Gehirnzeit

Wie, wenn ich immer später wäre, als ich zu sein scheine?

Benjamin Libet hat Experimente mit dem Gehirn und dem es bewohnenden Bewußtsein gemacht, die diese Erwägung nahelegen. Er stellte eine zeitliche Versetzung (0,3 bis 0,5 s) fest zwischen Gehirnaktivitäten und den ihnen anscheinend korrelierenden Erlebnissen. Demnach kann das Bewußtsein durch Rückdatierung von Erlebnissen vor sich selbst verbergen, daß es selbst später ist als das, von dem es Bewußtsein ist. Das heißt: Es erfährt jetzt gar nicht, was es jetzt zu erfahren vermeint.

Libet machte seine Experimente am offenen Gehirn – im Einverständnis mit den Betroffenen, die sowieso hirnchirurgisch behandelt werden mußten. Er verglich periphere und intrakranielle Stimulierung, zum Beispiel Hautberührung an der Hand und Stimulierung der Hirnregion, in der solche Berührungsreize verarbeitet werden. Der Stimulus bestand aus wiederholten kurzen elektrischen Impulsen. Wurde die Hirnrinde direkt kürzer als eine halbe Sekunde lang den Reizimpulsen ausgesetzt, spürte der Patient nichts. Er spürte jedoch etwas, wenn die Reizimpulse sich länger als eine halbe Sekunde wiederholten. Bei der peripheren Reizung, der Hautreizung an der Hand zum Beispiel, ist das anders. Sie muß nicht länger als eine halbe Sekunde dauern, damit wir etwas spüren. Da aber erst nach einer halben Sekunde das Erlebnis der intrakraniellen Hirnrindenstimulierung eintritt, kann man annehmen, daß das Bewußtsein überhaupt nicht in der Echtzeit bleibt, daß es vielmehr immer die Empfindung eine halbe Sekunde rückdatiert.

Beidemal wird ja die Hirnrinde gereizt, sowohl bei der Hautreizung über die zum Hirn gehenden Nervenbahnen als auch bei der direkten Hirnrindenreizung, die nur für den Betroffenen auch als eine Hautreizung empfunden wird. Die doch recht ungewöhnliche direkte Hirnstimulierung hat eben keine eigene Bewußtseinsweise. Also wird sie wie bei der peripheren Reizung, welche Zeit brauchte, um im Gehirn anzukommen, um eben diese Zeit zurückversetzt, obwohl tatsächlich das Bewußtsein später kommt als der Moment, in dem der Reiz stattfindet. Demnach werden wir uns eines Hautreizes erst später bewußt, als wir ihn subjektiv erleben, so daß wir aufspringen, ohne bereits Bewußtsein davon zu haben. Hautreize treten erst nach einer Aufbauphase von 0,5 Sekunden ins Bewußtsein. Aber man merkt davon nichts. Der anfängliche Impuls, der Primärimpuls, dient als Zeitmarke, bis zu der die Erfahrung zurückdatiert wird. Hautreize werden also früher wahrgenommen als Cortexreize, bei denen die Zeitmarke, der Primärimpuls, fehlt. Reizt man zu gleicher Zeit die Haut und den Cortex an einer nicht für diesen Hautreiz zuständigen Stelle, ergibt sich diese Verschiebung. Reizt man aber dieselbe Hautstelle und das Gehirn in einer bestimmten Schicht des Hypothalamus (dort werden starke Anfangsimpulse erzeugt), dann empfinden die Patienten die beiden Stimulationen an Haut und Thalamus gleichzeitig – also ohne Rückdatierung der Hautreizung im Ausgang von den 0,5 Sekunden dauernden Aufbauphase des Reizpotentials, das für die bewußte Wahrnehmung im Gehirn nötig ist. Fazit nach Nörretranders:

»Das bewußte Erleben wird genauso in die Vergangenheit zurückprojiziert, wie die Stimulation der Hirnrinde in den Körper projiziert wird. Was man erlebt, ist also insofern Trug, denn man erlebt es, als ob man es erlebt habe, bevor man es erlebt.« (Nörretranders 1997, 342)

Das Gefühl freien Willens scheint grundsätzlich nur eine Zugabe zu gewissen Körper- bzw. Gehirnvorgängen zu sein, so daß nicht eigentlich ich es bin, der entscheidet, sondern mein Körper oder – nach Nörretranders – das sogenannte Selbst.

Um herauszufinden, wann zum Beispiel eine Person sich bewußt wird, daß sie sich bewegen will, bat Libet 1983 seine Versuchspersonen, eine schnell laufende Uhr im Blick zu behalten und sich den Zeitpunkt zu merken, an dem sie sich des Entschlusses, eine Hand zu bewegen, zum ersten Mal bewußt werden. Gleichzeitig überwachte er die Hirnströme, um das Bereitschaftspotential zu messen. Das Bereitschaftspotential ist eine Art Vorwarnung in den Hirnströmen, wenn die Nervenzellen beginnen, aktiv zu werden, um eine einfache Handlung wie die Handbewegung in Gang zu bringen. Libet stellte fest: Bereits 0,3 Sekunden vor einem bewußten Entschluß beginnen die Nervenzellen für die Handbewegung aktiv zu werden. Offenbar beschließt das Gehirn, die Handlung zu beginnen, noch bevor ein subjektives Bewußtsein von einem Entschluß da ist.

Das Bewußtsein in dem Moment, in dem ich meine, frei zu handeln, wäre demnach eine Täuschung. Es setzt erst mit ungefähr einer halben Sekunde Verspätung ein, nachdem das Gehirn bereits aktiv geworden ist. Es gibt allenfalls noch die Vetomöglichkeit, weil es – nach Libets Experimenten – noch ungefähr 0,2 Sekunden dauert, bis die vom Gehirn programmierte, von mir vermeintlich beschlossene Handlung ausgeführt werden kann. Meine Verantwortlichkeit für Entschlüsse bestünde nur noch darin, sie nicht ›frei‹ verhindert zu haben. Meine Freiheit bestünde nur noch im Nichtstun oder als Nichttun.

Der freie Wille als Begleitvorstellung einer Körperbewegung scheint eine Illusion, aber nicht in der Weise, daß ich ein unwillkürliches Zittern nicht von einem willentlich durchgeführten unterscheiden könnte. Lediglich so, daß mein willkürliches Zittern auch die Zustimmung gewisser Hirnkerne erhalten hat und in gewisser Weise von ihnen beschlossen wurde. Wenn der präfrontale Cortex eine Muskelbewegung beschließt, geht die »Information« zunächst an das motorische Areal, welches die Bewegung vorstellt, dann an den motorischen Cortex, dann zur Pyramidenbahn und zum Muskel. Dabei gibt es noch eine etwas Zeit raubende Schlaufe: Auch die Basal- und Thalamuskerne, die mit dem Kleinhirn in Verbindung stehen, sind eingeschaltet und müssen dem Vorhaben des motorischen Cortex zustimmen, das heißt die Hemmung aufheben (was zum Beispiel bei der Parkinson-Krankheit mangels Dopamin nicht richtig funktioniert).

Also ist eigentlich nicht der freie Wille eine Illusion, sondern eine Illusion ist, daß man ihn dann einsetzt, wenn man meint, ihn bewußt einzusetzen: jetzt oder jetzt. Wenn etwas im Bewußtsein des freien Entschlusses geschieht, ist es immer schon ein wenig früher beschlossen und auch kurz vor der Ausführung nicht verhindert worden.

Libet gibt dieser merkwürdigen Gehirneinrichtung einer dem bewußten Entschluß unbewußt vorlaufenden Hirnaktivität einen guten Sinn. Der Geist verschaffe sich hier eine Art Filter gegen unwichtige Informationen, meint er. Die Verzögerungstaktik könnte auch dazu da sein, anderen Hirnprozessen zu erlauben, »die Natur einer Erfahrung zu verändern, bevor sie ins Bewußtsein dringt«. Libet meint:

»Es gibt unbewußte Zensoren im Hirn, die versuchen, das Wahrgenommene in Übereinstimmung zu bringen mit dem, was wir gelernt haben.« (Zit.n. Schnabel/Sentker 1997, 175)

»Libets Modell ist stalinistisch«, wendet Daniel Dennett (1994, 209) ein, der Libet vorwirft, einen Homunculus oder gar eine Art Diktator im Gehirn zu unterstellen, der jene Datierungen vornehme, anstatt es bei verschiedenen gleichzeitigen Konzepten oder parallelen Zeitreihen zu belassen, denn mehr würden die Experimente gar nicht zeigen. Auch Detlef Linke meint:

»Zeitliche Verzögerungen können auch vom Nervensystem koordiniert werden und bedürfen nicht erst eines zusätzlichen Homunculus, daß dieses gelänge.« (Linke/Kurthen 1988, 6 f)

Im Gehirn gibt es keinen Taktgeber. Auch der Alpha-Grundrhythmus taugt dafür nicht. Die Zeitverschiebung und scheinbare Rückdatierung kommt aus der Linearität unseres Denkens. Im Gehirn dagegen gibt es Parallelverarbeitung. Das merken wir, wenn wir in unserem Bewußtsein die Aufmerksamkeit nicht fokussieren bzw. sie streuen, zum Beispiel wenn wir uns während des Schreibens an einen vergessenen Namen erinnern oder wenn wir gleichzeitig Auto fahren und Musik hören. Informationen werden ständig gleichzeitig in der rechten und in der linken Hemisphäre verarbeitet, um später in den gleichen Prozessor überführt zu werden, obwohl sich zeitliche Verschiebungen ergeben. So muß zum Beispiel bei der zentralen Innervation der Stimmlippen die Innervation der linken Stimmlippe länger dauern, weil hier mit derselben Leitgeschwindigkeit wegen des Aortenbogens ein viel längerer Weg zurückgelegt werden muß als bei der rechten Stimmlippe. Dennoch kommt der Impuls nicht später an. Das Nervensystem hat die unterschiedliche Laufzeit in seinem innervatorischen Programm berücksichtigt.

Mit der Parallelverarbeitung von Informationen im Nervensystem kann Linke Zeitumkehrungen oder Zeitschlaufen wie die Libetschen Rückdatierungsphänomene erklären. Eine Zeitumkehrung für eine

einsinnig lineare (unilineare) subjektive Zeit muß dazu nicht angenommen werden. Linke verweist auf die allbekannten Weckträume,
zum Beispiel den Traum eines Mannes, daß ihn jemand mit der Pi-
stole bedrohe. Nach eine Weile löst sich ein Schuß. Er wird wach. Im
selben Moment *wird* er wach, weil er die schußähnliche Fehlzün-
dung eines Mopeds auf der Straße hört. Linke schreibt:

>»Bei der rein phänomenologischen Betrachtung muß man – bei Zu-
grundelegung einer unilinearen Zeit – den Eindruck gewinnen, daß
die Zeit bei t_1 (reales Geräusch, s. Abb. 1) aus ihrer Achse heraus-
springt, eine Schleife macht, während welcher eine auf t_1 zulaufende
Geschichte entwickelt wird, um dann an derselben Stelle, bei t_1 wieder fortzufahren. Die Paradoxie kann nur aufgelöst werden, wenn
man Parallelverarbeitung von Informationen berücksichtigt, wie sie
durch Verteilung von zwei Arbeitsgängen auf beide Hemisphären geschehen kann (s. Abb. 2), wobei das Bewußtsein sich jeweils nur um
einen von beiden kümmert, dies allerdings durchaus zeitlich alternie-
rend.« (Ebd., 8)

Dann gibt es zwei Zeitreihen: rechts t_r mit den Zeitpunkten $t_{r,1}$ und
$t_{r,2}$ und links t_1 mit entsprechend $t_{1,1}$ und $t_{1,2}$ zur selben objektiven
Zeit (s. Abb. 3).

>»Die zum Zeitpunkt $t_{r,1}$ ausgelöste Traumgeschichte spielt sich in der
rechten Hemisphäre ab, sie wird in die linke Hemisphäre zum Zeitpunkt $t_{1,2}$ hinüber gegeben und dem Zeitpunkt $t_{1,1}$ zugeordnet, der für
das Bewußtsein mit $t_{1,2}$ zusammenfällt, da es sich während dieser Zeit
in der linken Hemisphäre aufhielt.« (Ebd., 10)

Es gibt demnach keinen Grund, meint Linke, Prozesse zeitlicher
Koordination einem zusätzlichen Homunculus oder selbstbewußten
Geist zu zuschreiben, wie Libet und auch Eccles es tun, um die Frei-
heit zu retten.

>»Dies ist ein löbliches Unterfangen, schlägt aber in sein Gegenteil
um, wenn die Idee der Freiheit dabei der Lächerlichkeit preisge-
geben wird, wenn Freiheit einen objektiven Ort in einem objektiven
Modell bekommt und der Aufrechterhaltung der Funktionen eines

ansonsten maschinenhaft gedachten Organismus dient, wenn sie, die zu gewissen Zeiten als Göttin apostrophiert wurde, für die zeitliche Einordnung eines jeden Fingerkitzels und der Ingangsetzung einer jeden Rührung des kleinen Fingers herbeizitiert wird. … Haben wir so sehr verlernt, unsere subjektive Freiheit zu denken, daß wir sie nun in der objektiven Welt technologischer Modelle unterbringen müssen? … Freiheit, die aber nicht als Zufall verstanden wird, sondern als strenge Bindung an Gesetzlichkeit, ist mit dem Aufbau gelernter kybernetischer Regelsysteme durchaus verträglich.« (Ebd.)

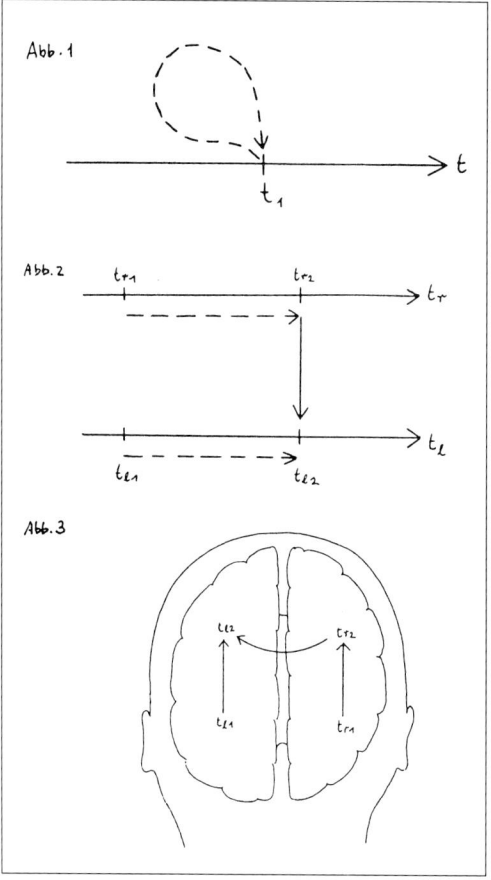

Parallelverarbeitung von Informationen erklärt Zeitschlaufen und Libets Rückdatierungsphänomene

Aber ist die Freiheit beim Willkürentschluß zu dieser oder jener Handbewegung (etwa beim Strecken des Arms zum sogenannten Hitlergruß) lächerlich, dagegen erhaben diejenige Freiheit, welche sich in politischen Entscheidungen manifestiert? Aus den halbsekündigen Marionetten des Gehirns, die wir alle sind, könnten auch Dauermarionetten werden, wenn zum Beispiel ferngesteuerte intrakranielle Hirnreizungen bestimmte Bewegungen auslösen, und sei es nur das Heben des Arms als Bekundung einer politischen Entscheidung. Der Betreffende, ob er nun den Eingriff bemerkt oder nicht, wird immer sagen, daß er sich selbst entschlossen habe, den Arm zu bewegen.

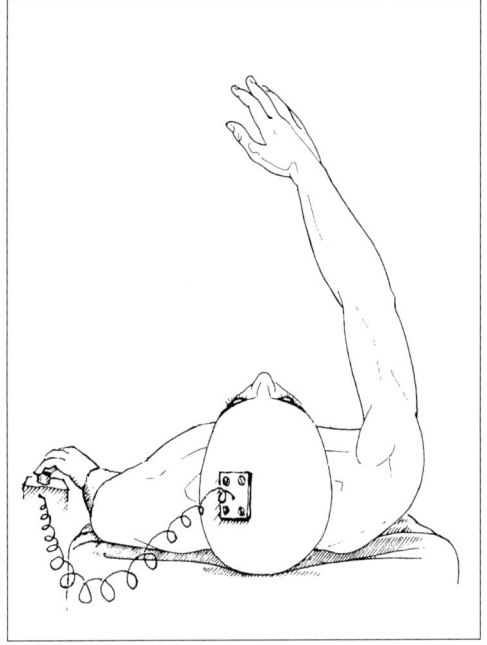

Freiheit, die aber nicht als
Zufall verstanden wird,
sondern als strenge Bindung
an Gesetzlichkeit, ist
mit dem Aufbau gelernter
kybernetischer Regelsysteme
durchaus verträglich.
DETLEF B. LINKE

3. Der Traum

Wir haben Geist, nämlich Gedanken, Empfindungen, Wünsche und Ängste auch im Schlaf. Jedenfalls ist es für die Menschen ganz selbstverständlich, von ihren Erlebnissen während des Schlafs zu reden. Sie hätten geträumt, sagen sie. Muß man glauben, daß man tatsächlich im Traum Erlebnisse hatte? Oder kann man es wissen? Denn eigentlich gibt es doch immer nur Erinnerungen und ihnen entsprechend Berichte von Erlebnissen, die man während des Schlafs gehabt zu haben glaubt. Wie soll man beweisen, daß man schläft und träumt? Manche Leute können immerhin schlafen und dabei wissen, daß sie träumen. Man kann es ihnen zumindest glauben, daß sie luzid träumen. Thomas Metzinger (1993, 198) berichtet von Versuchen mit Luzid-Träumern, die durch ein vorher verabredetes Signal während des Schlafes anzeigen, daß jetzt ein luzider Traum beginnt, das heißt ein Traum mit dem klaren Bewußtsein davon, daß es ein Traum ist. Wie es ist zu träumen, das wissen diese Leute also im Traum selbst. Aber mitteilen können sie es nicht, ohne aufzuwachen.

Womöglich hinein in einen anderen, einen Meta-Traum, in dem wir uns befinden, denen sie es erzählen? Vielleicht sollte man, um das Phänomen Traum zu ergründen, sich schlafen legen und träumen? Und philosophieren? Metzinger fragt sich:

>»Bis zum heutigen Zeitpunkt war alle Philosophie Philosophie im Wachzustand. Könnte es eine Zustandsspezifität der Philosophie im Sinne einer besonderen Klasse von Problemen geben, die nur innerhalb eines bestimmten Bewußtseinszustandes gesehen und gelöst werden könnte?« (Metzinger 1993, 198)

Und was ist mit den Naturwissenschaftlern? Wie, wenn sie auch schlafen und träumen sollten beim Forschen? Träumt Metzinger etwa? Bleiben wir beim Philosophieren! Gemeint sind (im Zitat) die Bewußtseinszustände der geträumten, halluzinierten und multiplen Selbste. Bildeten sie denn nicht die geeignete Problemklasse, die in eben diesen Zuständen behandelt werden könnte? Nehmen wir nur das Problem des geträumten, bloß vorgestellten Selbst. Vor ihm rettete sich Gottlob Frege durch einen Fehlschluß vom Vorstellen oder Denken auf ein Ich, das denkt. In welchem Bewußtseinszustand er

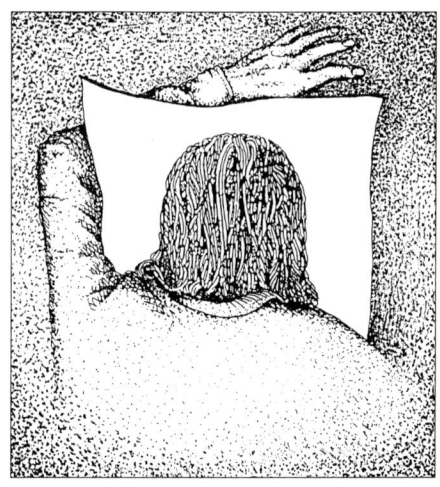

Wir wissen, daß wir träumen, daß die Welt unsere Vorstellung ist, und können nicht erwachen.

war, als er darüber schrieb und als er die nicht nur geträumte Wirklichkeit erfuhr, weiß man nicht, genauso wenig wie ich jetzt wissen kann, ob ich – von wem auch immer – geträumt bin, oder ob es mich an sich gibt. Schon Lichtenberg hatte gegen Descartes' *cogito ergo sum* zu bedenken gegeben, daß man vom Denken nicht auf ein Ich-denke schließen kann:

> »Es denkt, sollte man sagen, so wie man sagt: es blitzt. Zu sagen cogito, ist schon zuviel, sobald man es durch Ich denke übersetzt.« (Lichtenberg 1953, I 99)

Allerdings kann ich zwar sagen:»Es blitzt nicht«, wenn kein Blitzen ist, aber nicht:»Es denkt nicht«, wenn kein Denken ist. Frege meint, es sei undenkbar, daß das Ich, das er als Täter der Vorstellungen bei sich selbst feststellte, eine sich selbst enthaltende Vorstellung sei, genauer: daß das Ich sich als sich selbst als sich selbst als sich selbst undsoweiter enthaltende Vorstellung enthält, also unendlich in sich geschachtelt ist. Es muß als Vorstellendes an sich etwas sein, nicht bloße Vorstellung, weil diese enthalten ist in dem Vorstellenden. Frege schreibt in seiner logischen Untersuchung *Der Gedanke*:

»Kann es einen Schmerz geben ohne jemanden, der ihn hat? Das Empfundenwerden gehört notwendig zum Schmerze, und zum Empfundenwerden gehört wieder jemand, der empfindet. Dann aber gibt es etwas, was nicht meine Vorstellung ist und doch Gegenstand meiner Betrachtung, meines Denkens sein kann, und ich bin von der Art. Oder kann ich Teil des Inhalts meines Bewußtseins sein, während ein anderer Teil vielleicht eine Mondvorstellung ist? Findet das etwa statt, wenn ich urteile, daß ich den Mond betrachte? Dann hätte dieser Teil ein Bewußtsein, und ein Teil des Inhalts dieses Bewußtseins wäre wiederum ich. U.s.f. Daß ich so ins Unendliche in mir geschachtelt wäre, ist doch wohl undenkbar; denn dann gebe es ja nicht nur ein ich, sondern unendlich viele. Ich bin nicht meine eigene Vorstellung, und wenn ich etwa von mir behaupte, zum Beispiel daß ich augenblicklich keinen Schmerz empfinde, so betrifft mein Urteil etwas, was nicht Inhalt meines Bewußtseins, nicht meine Vorstellung ist, nämlich mich selbst. Also ist das, wovon ich etwas aussage, nicht notwendig meine Vorstellung. Aber, wendet man vielleicht ein, wenn ich denke, daß ich augenblicklich keine Schmerzen habe, entspricht denn dann nicht doch dem Worte ›ich‹ etwas im Inhalte meines Bewußtseins? Und ist das nicht eine Vorstellung? Das mag sein. Mit der Vorstellung des Wortes ›ich‹ mag in meinem Bewußtsein eine gewisse Vorstellung verbunden sein. Dann aber ist sie eine Vorstellung neben anderen Vorstellungen, und ich bin ihr Träger wie der Träger der anderen Vorstellungen. Ich habe eine Vorstellung von mir, aber ich bin nicht diese Vorstellung. Es ist scharf zu unterscheiden zwischen dem, was Inhalt meines Bewußtseins, meine Vorstellung ist, und dem, was Gegenstand meines Denkens ist. Also ist der Satz falsch, daß nur das Gegenstand meiner Betrachtung, meines Denkens sein kann, was zum Inhalte meines Bewußtseins gehört.«(Frege 1966, 47)

Was nichts anderes heißt als: Ich bin nicht die Vorstellung, die ich von mir habe. Alles kann bloße Vorstellung sein, nur ich nicht! Basta.

Lange vor Frege hatte sich Fichte in den das Ich träumenden Traum des Ich verfangen. In seiner Schrift *Die Bestimmung des Menschen* aus dem Jahre 1800 heißt es:

>»Ich kann sonach wohl sagen: es wird gedacht ..., keineswegs aber: ich empfinde, schaue an, denke. Nur das erstere ist Faktum, das zweite ist hinzuerdichtet. ... Es gibt überall kein Dauerndes, weder außer mir, noch in mir, sondern nur einen unaufhörlichen Wechsel. Ich weiß überall von keinem Sein, und auch nicht von meinem eigenen. Es ist kein Sein. – Ich selbst weiß überhaupt nicht, und bin nicht. Bilder sind: sie sind das Einzige, was da ist, und sie wissen von sich, nach Weise der Bilder: – Bilder, die vorüberschweben, ohne daß etwas sei, dem sie vorüberschweben; die durch Bilder von Bildern zusammenhängen, Bilder, ohne etwas in ihnen Abgebildetes, ohne Bedeutung und Zweck. Ich selbst bin eins dieser Bilder; ja, ich bin selbst dies nicht, sondern nur ein verworrenes Bild von Bildern. – Alle Realität verwandelt sich in einen wunderbaren Traum, ohne ein Leben, von welchem geträumt wird, und ohne einen Geist, dem da träumt; in einem Traum, der in einem Traume von sich selbst zusammenhängt. Das Anschauen ist der Traum; das Denken – die Quelle alles Seins und aller Realität, die ich mir einbilde, meines Seins, meiner Kraft, meiner Zwecke, – ist der Traum von jenem Traume.« (Fichte 1834, II 245)

Fichte rettete sich oder sein Ich, auf das er doch zuvor das Gebäude seiner *Wissenschaftslehre* errichtet hatte, durch seinen *Glauben* an die Realität. Er gehorchte damit einer »inneren Stimme« (wie schon Kant seinem kategorischen Imperativ), die ihn aufforderte, sein Leben als Handlungsbedürfnis ernst zu nehmen. Denn dieses setzt die Realität der sinnlichen Welt voraus.

>»Von jenem Bedürfnisse des Handelns geht das Bewußtsein der wirklichen Welt aus, nicht umgekehrt vom Bewußtsein der Welt das Bewußtsein des Handelns; ... die praktische Vernunft ist die Wurzel aller Vernunft.« (Fichte 1834, II 267 f.)

Natürlich ist im alltäglichen Begriff »Träumen« bereits der Unterschied zum Traum, die Negation, gedacht: das Nichtträumen. Beides, Traum und waches Wahrnehmungsbewußtsein, sind im alltäglichen Verstande Bewußtseinszustände in der Zeit. Für den Philosophen ist Traum aber das Beispiel und die Veranschaulichung für etwas, dessen Unterschied oder Gegensatz nicht erfahrbar und nicht erkennbar ist: die Welt, wie sie ohne mein Bewußtsein ist. Also für einen Toten. Traum steht dann, wie eben bei Fichte, für die Welt als Vorstellung. Zur Realität findet Fichte durch den Willen zur Tat. Wenn ich nun sage:»Der kann ja auch geträumt sein«, dann benutze ich wieder den Alltagsbegriff des Traumes im Unterschied zur Erfahrung einer wirklichen Welt. Die kann aber der philosophisch Träumende nicht voraussetzen.

In gewissem Sinne, nämlich in dem der eben dargelegten transzendentalphilosophischen Weltskepsis und der Zurückverlegung der Welt ins Ich, war die Philosophie auch Philosophie im Traumzustand. Im Zustand des Lebens, das ein Traum ist! Ein luzider Traum allerdings – doch ohne ein zu Lebzeiten mögliches Aufwachen. Wir wissen, daß wir träumen, das heißt: daß die Welt unsere Vorstellung ist, nur unsere Vorstellung. Aber wir können nicht anders, als so zu träumen. Wir können nicht erwachen. Erst nach dem Tode, meinte Kant, sehen wir, was an sich ist:

>»Wir sind uns itzt durch die Vernunft schon als in einem intelligiblen Reich befindlich bewußt, nach dem Tode werden wir das anschauen und erkennen und dann sind wir in einer ganz anderen Welt, die aber nur der Form nach verändert ist, wo wir nämlich die Dinge erkennen, wie sie an sich selbst sind.« (Kant 1983, XXIX 919 f.)

Descartes (1950,143) berief sich auf den als existent bewiesenen vollkommenen und darum auch nicht bösartigen Gott. Der würde nicht zulassen, daß unsere Vorstellungen (= *cogitationes*), sofern wir sie uns ganz klar und deutlich gemacht haben, nicht auf Realität beziehen.

Husserl(1950, 65) rettete sich vor dem mentalen Sturz in die Irrealität in die selbstgenügsame Innerlichkeit. Das transzendentale

(= die Bedingungen der Erfahrung bildende) Ich hat absolutes Sein. Das genügt. Reales Sein ist dafür nicht nötig. Die Welt ist als Bewußtseinsphänomen zu betrachten und zu analysieren, ohne die Voraussetzung, daß sie an sich ist. Husserl klammert die Welt gleichsam ein oder setzt sie in Anführungszeichen. Die Seinsthesis, die Seinssetzung, legt er auf Eis. Das nennt er *Epoché*, Anhalten. Real ist dabei nur das Raum und Zeit enthobene einzige Ich, das der Welt, die sich für es wie auf einer Bühne abspielt, zusieht wie einem Traumgeschehen. Das ist der vorweggenommene Tod. Man gehört selbst nicht mehr mit zur Welt. Alles ist Traum, mein Traum.

Warum ist nicht alles nur ein Traum? Meine Antwort: Weil ich noch nicht tot bin. Genauer: Weil und solange ich mich nicht für gestorben halte. Ich weiß, daß ich lebe, sofern ich das Nichts fürchte. Also: Weil wir wissen, nicht tot zu sein und zu leben, glauben wir an die Realität, die das mögliche Zu-Tode-Kommen ist. Denn: Stell dir vor, du wärest tot, die Welt völlig getilgt! War dann nicht alles nur ein Traum, umgeben vom Nichts, nun selbst zurückgefallen ins Nichts? Wird nicht alles einmal nichts sein, wie der Traum? Das Leben, ich – nichts.

So kann man mit Pierre Fédida im Vergessen unserer Träume die »Drohung einer absoluten Vernichtung« erkennen, das Urbild und Vorzeichen des reinen Verschwindens und des Todes. Clément Rosset schreibt darüber:

> »Tatsächlich ist der verlorene Traum für immer verloren, für mich wie für jeden anderen: denn die einzige Person, die seine Realität bezeugen könnte, der Träumende selbst, erweist sich als unfähig, etwas über ihn auszusagen. Und doch weiß er genau, und dieses Wissen ist eine Qual, daß der fragliche Traum mit Sicherheit geträumt wurde. Der vergessene Traum, Modell einer zerbrechlichen und flüchtigen Existenz, erinnert uns mit Nachdruck an den zerbrechlichen und flüchtigen Charakter alles Existierenden.« (Rosset 1997, 38)

An die Realität glaubt der gesunde Menschenverstand ganz unbesehen. Den Schwindel des paradoxen Todesgedankens vermeidet er.

Für die Realisten ist der Traum ein mehr oder weniger schnell vor-
übergehender Ausnahmezustand des Gehirns: der Gehirnzustand
des untätigen und willenlosen Schläfers. Was Fichte vor dem völli-
gen Realitätsverlust rettet, das Handeln, gilt ja auch objektiv als ein
Kriterium für den Wachzustand oder den Nicht-Traumzustand.

»Träumende sind keine Handelnde. Das menschliche Gehirn ist nämlich, wenn es sich in dem für die Erzeugung des Realitätsmodells
›Traum‹ notwendigen Zustand befindet, nicht in der Lage, motorischen Output zu erzeugen.« (Metzinger 1993, 147)

Allerdings gibt es das Sprechen im Schlaf, das Schlafwandeln und
die rätselhafte Nachtangst (*Pavor nocturnus*) bei Kindern in den
Phasen des nonREM-Schlafs, außerdem die tiefschlaftypischen Ra-
pid-Eye-Movements (in der danach benannten REM-Phase). Die
Output-Blockade ist also nicht umfassend. Sie reicht nicht als neuro-
logisches Kriterium für den Traum oder Schlafzustand. Auch eine
Input-Blockade und eine interne Signalerzeugung sind Anzeichen
für den Traum. Aber daß jemand träumt bzw. geträumt hat, muß
man sich von diesem selbst sagen lassen – nach dem Wecken. Das
gilt auch fürs Träumen in den REM-Phasen, die allgemein als un-
trügliches Indiz fürs Träumen genommen werden. Ganz sicher kann
man nicht sein, daß nicht erst der Weckvorgang den Traum erzeugte,
und auch nicht, ob nicht erst durch die Erzählaufforderung oder das
vermeintliche Sich-Erinnern der Traum durch die Nacherzäh-
lungsgeschichte hindurch erzeugt wird. Man weiß ja (siehe Linkes
Analyse im vorigen Abschnitt), wie häufig das Weckgeräusch End-
punkt einer längeren Traumgeschichte ist.

Ich kann nicht ganz sicher sein, jetzt nicht zu träumen. Um zu erfahren, daß ich jetzt nicht träume, müßte ich nicht geweckt werden
können – von anderen. Ich kann auch nicht direkt in meinem Gehirn
nachschauen, ob ich träume. Was ich sehe, kann ich träumen. Aber
die Wissenschaftler im angeblichen Wachzustand können sich meine
Hirntätigkeit ansehen. Wie können sie sehen, daß ich träume?

Das EEG ist dazu nicht in jedem Fall geeignet, weil das Hirnstrombild im Wachzustand sehr dem im REM-Zustand ähnelt, der deshalb auch paradoxer Schlaf heißt. Geeigneter ist die Überprüfung des Gehirnstoffwechsels, also des Sauerstoff- und Glukoseverbrauchs. Man kann dann zum Beispiel nachschauen, ob der *Locus coeruleus* in meinem Hirn aktiv ist oder nicht, genauer, ob dieser gewisse Riesenzellen, die für den REM-Schlaf verantwortlich sind, hemmt oder nicht. Wenn nicht, schlafe ich. Andere REM-Traum-Kriterien sind Erektion und Scheidenbefeuchtung. Pöppel seufzt dazu:

»Wenn man abends ins Bett geht, dann ahnt man nicht, welche tiefgreifenden Veränderungen in einem vorgehen werden, die sich jeglicher Kontrolle entziehen – die also außerhalb der Grenzen unseres Bewußtseins liegen.« (Pöppel 1988, 111)

Der 90-Minuten-Rhythmus sexueller Erregung im Schlaf könnte der biologische Beweis sein für Freuds Meinung, daß Träume durchweg sexuellen Inhalt haben. Allerdings führte Freud den sexuellen Trauminhalt auf die wach-tägliche Sexualverdrängung zurück, die im Traum gelockert oder aufgehoben würde, und auf die verdrängten infantilen Sexualwünsche.

Warum träumen wir überhaupt? Nur wegen der Lockerung der Sexualzensur wohl kaum. 50 verschiedene Funktionen hat man in der wissenschaftlichen Traum-Literatur schon aufgeführt, die als biologischer Zweck des Träumens in Frage kommen. Aber wahrscheinlicher ist, daß Träumen an sich zwecklos ist: »eine automatische Folgeerscheinung, eine Spandrille« (= ein Bogenzwickel), wie Flanagan (in: Metzinger 1995, 511) schreibt. Wieso?

Alle bisher untersuchten Säugetiere mit Ausnahme des Eier legenden Ameisenigels haben REM-Schlafphasen. Dagegen ruhen sich Fische und Amphibien nur aus, ohne zu schlafen, das heißt ohne jene Input- und Output-Blockaden. Wechselwarme Tiere (oder Kaltblüter, das sind alle Tiere außer Vögeln und Säugetieren) scheinen durchweg nicht zu träumen, jedenfalls haben sie keinen REM-Schlaf.

Vielleicht brauchen ihre Gehirne die Traumtätigkeit nicht. Ihre Hirnzellen vermehren sich nämlich immer wieder, so zum Beispiel noch beim 60jährigen Karpfen. Dabei gehen automatisch Nervenverbindungen zugrunde, was auch Vergessen bedeutet. Vielleicht ist also der Traum ein Ersatz für die Neurogenese und dann fürs automatische Vergessen. Aber was sollten Föten und Küken vergessen, wenn sie träumen?

Der vergessene Traum,
Modell einer zerbrechlichen
und flüchtigen Existenz,
erinnert uns mit Nachdruck
an den zerbrechlichen und
flüchtigen Charakter alles
Existierenden.
CLÉMENT ROSSET

Bei Reptilien gibt es nonREM-Schlaf und auch ein wenig REM-Schlaf. Bei den Tieren mit REM-Schlaf ist dieser, wie beim Menschen, in den frühesten Entwicklungsstadien am deutlichsten ausgeprägt. Neugeborene Menschenkinder verbringen die Hälfte ihres Schlafes im REM-Zustand, mit drei Monaten sind es noch 33, beim Erreichen der Pubertät nur noch 25 Prozent. Der REM-Schlaf könnte selektiert worden sein, weil er Erholung ermöglicht. Während des Schlafes wird zum Beispiel der Hormonspiegel neu eingestellt. Der Testosteronspiegel, der im Wachzustand absinkt, erholt sich im Schlaf. Das Wachstumshormon tut seine Wirkung im Schlaf. Es stimuliert dann die Proteinsynthese im ganzen Körper. Der REM-Schlafzustand dient auch dem Aufbau und der Verstärkung von Gehirnverschaltungen, der Speicherwartung, Datenkompression, Datenabfallbeseitigung und Gedächtniskonsolidierung, schreibt Flanagan. Aber Schlaf ist nicht gleich Träumen, so wie das Physische nicht das Psychische ist. Nimmt man Träumen als ein objektives Geschehen, als etwas im Hirn eines bestimmten Organismus Geschehendes, könnte man es als eine bloße Nebenerscheinung des Schlafes ansehen, die sich zum Beispiel bei der Ablagerung von Informationen ins Langzeitgedächtnis ergibt.

Ultraschalluntersuchungen ergaben, daß REM-Phasen vor der Geburt auftreten und zwar mit höherem Anteil an der Schlafzeit des Föten im Vergleich mit Säuglingen. Natürlich kann man den Fötus nicht wecken und um einen Traumbericht bitten. Man nimmt eben an, daß auch bei ihm zumindest die REM-Schlafphasen von Träumen begleitet sind wie bei solchen Menschen, die man wecken und nach ihrer Traumerinnerung befragen kann. Instantaner Nachweis ist nie möglich. Das pränatale Träumen könnte so etwas wie ein Probelaufen des Gehirns sein. Es läuft dann so, als ob es Informationen von außen verarbeite. Alle Schaltkreise werden ausprobiert und die Nervenbahnen werden überprüft. Es fehlen nur die Sinnesinformationen, insbesondere die von den Augen kommenden, denn Tast- und Geschmackserfahrungen können schon gemacht werden. Pöppels Vermutung: In den REM-Phasen wird das Gehirn des Ungeborenen gewissermaßen ausprobiert und eingefahren, insbesondere das visuelle System, dem die Informationen noch fehlen. Nach der Geburt können visuelle Erfahrungen in die Als-ob-Situation hineingeraten und dann als Traum erinnert werden. Vielleicht laufen also beim Erwachsenen, anders als beim Ungeborenen, die Träume im wesentlichen zufällig und ohne tiefere Bedeutung ab. Sie wären ein aus der Fötalzeit übriggebliebener und funktionslos gewordener Mechanismus, der nach der Geburt nicht schädlich genug war, um wieder wegselektiert werden zu müssen.

Was aus dem Bereich des wachen Erlebens in den Träumen abgebildet wird, scheint weitgehend dem Zufall überlassen. Während des Traumes sind dem Bewußtsein keine solchen Grenzen gesetzt, wie sie im Wachzustand die äußere Wahrnehmung bietet.

»Fehlt die Rückmeldung von außen, gerät das Gehirn in einen chaotischen Funktionszustand. ... Das nicht Verstandene wird als geheimnisvoll erlebt und ruft Traumdeuter auf den Plan – auch wenn es vielleicht gar nichts zu deuten gibt.« (Pöppel 1988, 114)

Dem Traumforscher Hobson zufolge sind Träume induzierte Halluzinationen. Aber wozu finden sie statt?

»Die in den aktivierten Cortexarealen enthaltenen Gedächtnisinhalte, die normalerweise durch Wahrnehmungen erregt werden, werden nun ›wahllos‹ hervorgeholt und ins Bewußtsein gebracht. Diese zumindest partielle Zufälligkeit äußert sich in der bekannten Bizarrheit der Träume. Diese Bizarrheit betrifft erstens die Inkongruenz des Inhalts: Dinge und Erlebnisse passen irgendwie nicht oder nicht richtig zusammen. Ich weiß, daß es sich um meine Schwester handelt, aber es ist nicht ihr Gesicht und ihre Stimme; ich weiß, ich bin in meiner Wohnung, aber die sieht gar nicht wie meine Wohnung aus. Zweitens ist die Diskontinuität des Geschehens auffällig: Es passieren abrupte Ortswechsel oder Transformationen; zuerst bin ich bei mir zu Hause, dann ist mein Aufenthaltsort plötzlich der Bahnhof; ein Seil verwandelt sich in eine Schlange. Und drittens herrscht eine kognitive Unschärfe vor: Ich kann etwas nicht richtig erkennen oder verstehen; alles ist wie durch einen Schleier, eine Person spricht in einer mir unbekannten Sprache.« (Roth 1997, 245)

Total chaotisch sind die Träume nicht. Hobson stellte vielmehr fest, daß es gewisse Regeln für Verwandlungen gibt. Tiere verwandeln sich zum Beispiel wieder in Tiere (also nicht in Seile). Auch wenn das Traumgeschehen keinem roten Faden folgt, sind die Sprünge zwischen den aktivierten Inhalten häufig nicht sehr groß, vielleicht, weil im Gedächtnis inhaltlich zusammenhängende Ereignisse benachbart abgelegt sind. So ähnlich ist es auch bei der freien Assoziation, mit der Freud die Traumgeschichten glaubte deuten zu können. Das wäre eine Art Weiterträumen oder Träumen über Träume im Beisein und im Kontakt mit dem Traumdeuter bzw. Psychoanalytiker.

Jedenfalls ist der Traum als REM-Geistestätigkeit »näher an der Psychose als irgendwelche anderen Typen von mentalen Zuständen«, meint Flanagan (in: Metzinger 1995, 514). Als Beispiel nimmt er Freuds eigenen Traum von »Irmas Injektion«, den Freud in seiner *Traumdeutung* aufgeschrieben und mit einem »Vorbericht« und einer »Analyse« versehen hat (Freud 1977, II 126).

Dies ist die Vorgeschichte: Nachdem Sigmund Freud seiner Patientin Irma vorgeschlagen hatte, die Therapie abzubrechen, wurde er von einem befreundeten Arzt wegen seines therapeutischen Mißerfolges getadelt. Am Abend vor dem Traum schrieb Freud einen Brief an einen zweiten Freund, um sich zu rechtfertigen. Nun der Traum, an den sich Freud am anderen Morgen erinnert: Freud trifft seine Patientin Irma auf einer großen Feier und sagt ihr, sie sei an ihren Schmerzen selbst schuld. Dann untersucht er sie in Anwesenheit der besagten zwei Freunde und stellt eine Infektion fest. Seine Erklärung dafür ist, daß sie von einer schmutzigen Injektionsnadel her stammt, die jener befreundete Arzt, welcher ihn getadelt hatte, bei seiner Patientin benutzt hatte.

Flanagan meint, daß dieser Traum nicht schwer zu interpretieren sei und daß man dazu keineswegs unbewußte Wünsche voraussetzen müßte, sondern nur dies:

> »Ein Leben, eine sich entwickelnde Geschichte, ein Selbstverständnis, eine ganz normale Unsicherheit, ob man seine Arbeit gut macht, und verschiedene Abwehrstrategien.« (In: Metzinger 1995, 515)

Natürlich können solche Träume großen Einfluß auf das Leben haben, wenn man zum Beispiel nach dem Aufwachen dazu gebracht wird, über etwas in bestimmter Weise nachzudenken. Aber anzunehmen, daß aus ihnen eine Wahrheit über uns selbst zu gewinnen wäre, die uns ohne sie verschlossen bliebe, ist abwegig. Normal ist es, Träume alsbald zu vergessen und ihnen auch keine besondere (mnemotechnische) Aufmerksamkeit zu schenken. Zu großes Interesse für seine Träume macht den Neurotiker aus, bei dessen psychotherapeutischer Behandlung dann die Traumdeutung selbstverständlich eine Rolle spielen wird.

Freud demonstriert gerade am Beispiel des Irma-Traumes gegen seine Absicht, daß für die Erklärung und Deutung der Träume die Annahme eines von infantilen Sexualwünschen erfüllten Unbewußten, das sich im Traum indirekt zu erkennen gäbe, überflüssig ist. Der Irma-Traum des Stifters der Psychoanalyse gilt in der Psychoanalyse bis heute als der Mustertraum schlechthin für Freuds Wunscherfüllungstheorie, die besagt, daß es infantile sexuelle Wünsche seien, die sich der Träume bedienten, um zur Erfüllung zu gelangen. Sie würden sich allerdings andere Wünsche zum Vehikel nehmen, um sich zu artikulieren. Für den Traum von Irmas Spritze sind dieses die aggressiven Wünsche, deren sich der Träumer Freud ja auch bewußt war. Freud will aber unbewußte Wünsche als Traumgründe annehmen und aus dem Traum heraus kenntlich bzw. sich bewußt machen. Er schreibt:

>»Ich stelle mir vor, daß der bewußte Wunsch nur dann zum Traumerreger wird, wenn es ihm gelingt, einen gleichlautenden unbewußten Wunsch zu wecken, durch den er sich verstärkt.«

Und er behauptet:

>»Der Wunsch, welcher sich im Traume darstellt, muß ein infantiler sein.« (Freud 1977, II 527 f.)

Freud meint, daß alle Träume (und nicht nur einige, wie es damals längst Gemeinplatz der Psychologie war) Wunscherfüllungen sind, und zwar für infantile Wünsche. Später hat Freud eine Ausnahme zugelassen: Träume bei Kriegsneurosen. Aber zumindest die absurden Träume sowie die häufigen Alp- und Prüfungsträume hätte er noch als Ausnahmen ansehen müssen.

Für seine Traumtheorie war der Irma-Traum bzw. dessen Interpretation das Heureka-Ereignis. Wieso eigentlich? Nie hat Freud diesen Traum auf einen infantilen Sexualwunsch hin interpretiert.

Die Interpretation hätte unter Einsatz der dafür von Freud vorge-
schriebenen Methode der freien Assoziation erfolgen müssen, möglicherweise ergänzt durch die zweite Methode der Traumsymbolik.
Allein schon die freie Assoziation im Zusammenhang mit Worten
und Bildern aus dem Traumbericht bringt nach Freuds Meinung immer einen verdrängten infantilen Sexualwunsch ans Licht. Freud hat
in der Analyse seines Traumes aber nur bereits bewußte aggressive
Wünsche aufgedeckt – und zwar keineswegs durch freie Assoziation.
Und es waren auch keine unbewußten infantilen Wünsche.
Erst viele Jahre später hat Erik Erikson etwas damit assoziiert:
nämlich mit Irmas Injektionsspritze etwas Phallisch-Urinales. Freud
selbst hat zwar viel über die Spritze im Irma-Traum geschrieben
(Freud 1977, II 137), aber nichts assoziiert, auch nicht das, was Erik-
son assoziierte.
Der Mustertraum der Psychoanalyse gibt keinen Grund für
Freuds Wunscherfüllungstheorie. Das heißt nicht, daß sie falsch ist.
Es könnte immerhin sein, daß archaische, unbewußte Sehnsüchte
für die Träume eine Rolle spielen. Aber ob es dann sexuelle, und das
heißt bei Freud: ödipale sind? Föten dürften dann nicht träumen.
Wahrscheinlich tun sie es aber doch.
Freuds These hat auch eine hirnphysiologische Seite. Freud nahm
an, daß die Neuronen des Hirns, das auch bei ihm fürs Träumen notwendig ist, passiv auf die Energie der Triebe angewiesen seien. Das
psychische System sei den physischen Trieben ausgeliefert. Durch
die Neuronen wird seiner Meinung nach die Triebenergie geleitet
und gesammelt, abgelenkt oder verdrängt. Hemmende Neuronen,
die Signale aufheben können, kannte er noch nicht. Einzig durch
motorische Entladung konnte Energie aufgelöst werden. Neuere
Untersuchungen zeigen, daß Neuronen ihre eigenen Energiequellen
für den Stoffwechsel besitzen. Auslöser für Träume sind pontine
(das heißt zum Gehirnteil *Pons Varolii* gehörende) Generator-Neu-
ronen. Auch die biologische Uhr für die Träume (mit ihrer gleich-
förmigen Periodizität, ihrer konstanten Dauer, ihrer räumlichen und

zeitlichen Verzerrung wie Verdichtung und Beschleunigung) und der halluzinatorische, realitätsvortäuschende Charakter haben physiologische Ursachen, meinen Hobson und McCarley. Keineswegs seien Vorstellungen oder Wünsche Traumauslöser, weder aktuelle noch archaische. Es könnte aber sein, so kritisiert zum Beispiel Vogel jene Forscher, daß die pontine Aktivierung des Vorderhirns gerade doch das neurale Gegenstück zu auftauchenden archaischen, unbewußten Sehnsüchten bildet.

Mit den neuronalen Gegenstücken zu psychischen Ereignissen ist es eine heikle Sache. Die Suche danach scheint einem Dogma zu folgen, dem Dogma, daß alles Psychische ein Gegenstück im Physischen habe. Hat man dann erst einmal einen physischen Marker für Traumgeschehen, zum Beispiel das Rapid-Eye-Movement oder die Aktivität bestimmter Hirnstammgebiete, gefunden, dann schließt man von solchen Kennzeichen auf den Traum von Föten oder Tieren, die davon aber nicht berichten können.

Wolfgang Leuschner spricht hier von einer »Neuromythologie«. Er lehnt das Seelenmodell ab, daß dieser Manie der Verortung des Psychischen in der Hirnphysiologie zugrunde liegt.

»Das Zentralnervensystem ist nicht die biologische Mutter der Seele und schon gar nicht identisch mit dem psychischen Apparat. Seelisches entsteht aus einem umfassenderen somato-psychisch-sozialen Komplex und konstituiert sich um Reize und Unlusterfahrungen aus dem Körper und um Wahrnehmungserfahrungen aus der Außenwelt. Seelisches verfügt über und bezieht sich fortwährend auf Wissen, das auch in Außengedächtnissen, das heißt im menschlichen Körper, in menschlichen Beziehungsstrukturen, Sprache, kollektiven Mythen und Gebräuchen, Architektur usw. enthalten ist und abrufbereit vorliegt. Seelisches handelt mit Bedeutungen, und diese werden sozial erzeugt, ohne dieses Außen gäbe es keins.« (Leuschner 1997, 1109)

4. Das Unbewußte

Beim Thema Gehirn und Geist kollidieren Natur- und Geisteswissenschaft. Oder fusionieren sie? Die Psychoanalyse ist ein Beispiel für beides: für Fusion und Kollision. Die einen, darunter Freud selbst, verstehen sie mehr als eine Naturwissenschaft. Die anderen, darunter Habermas, sehen in ihr eher eine Geisteswissenschaft. Bei den einen ist die Basis das Gehirn, bei den anderen ist es der Geist. In der Weise, wie Gehirn und Geist dasselbe sind, müßten Naturwissenschaft und Geisteswissenschaft es wohl auch sein. Beide sind Geistestätigkeiten, beide sind Gehirntätigkeiten. Dennoch ist da der entscheidende Unterschied: Daß Gehirntätigkeiten wissenschaftliche Gedanken sind, kann ich nur annehmen, weil die Gedanken sich selbst kennen und einige von ihnen zugleich solche von Gehirntätigkeiten sind. Die Bedeutungen gehören zum Geist. Er ist es, der *sich* als Gehirnphänomen begreifen will. Das Gehirn kann nicht umgekehrt *sich* als Geistphänomen verstehen.

Das Gehirn ist mein naturwissenschaftliches Objekt. Will ich verstehen, wie mit ihm der Geist, also mein Ich, zusammenhängt, muß ich auch den Geist und das Ich zum naturwissenschaftlichen Objekt erklären. Will ich umgekehrt meinen Geist als verbunden mit dem Gehirn erkennen, wird das Gehirn zur Vorstellung des Geistes. Tatsächlich schwankt man hin und her: sieht die Sache mal von innen, mal von außen, denn ich bin mir selbst innerlich wie äußerlich vorhanden – sofern ich bei Sinnen bin und denken kann. Und dies nicht nur durch die Sprache, die eine Verbindung der Geister suggeriert, sondern schon im Eindruck, daß andere Körper wie ich irgendwie bei sich selbst sind, also Geist haben. Der wesentliche Eindruck ist, daß sie leben oder daß sie gelebt haben könnten *wie ich*.

Das Gehirn ist ein Körperteil, ein Organ. Es gehört oder gehörte zu einem Wesen, wie ich es bin, zu etwas, das mir diesen Eindruck des Selbstseins gibt und das womöglich sogar spricht. Untersuche ich es daraufhin, wie dieser Geisteindruck von der Beschaffenheit

und Veränderung seines Gehirns abhängt, so ist das nie reine Naturwissenschaft, das heißt nicht eine solche, bei der ich mich als Geist
aus dem Objekt heraushalte. Ich muß die Äußerungen des anderen
Hirnwesens als Ausdruck von Psyche verstehen, von etwas, was ich
ausschließlich von mir selbst kenne. Nur diese Äußerungen, nicht
was sie bedeuten, kann ich mit den physiologischen Prozessen vergleichen und parallelisieren. Freud sah das offenbar anders:

> »Die Psychoanalyse ist ein Stück der Seelenkunde, der Psychologie.
> … Die Psychologie ist auch eine Naturwissenschaft. Was sollte sie
> denn sonst sein? … Geist und Seele sind in genau der nämlichen
> Weise Objekte wissenschaftlicher Forschung.« (Freud 1968, XVII
> 142 und 1978, I 587)

In genau derselben Weise? Freud übersieht die introspektive Kenntnis von sich, die ich in meinen Gegenstand hineinprojiziere. Er geht
so weit, »die vorgeblichen somatischen Begleitvorgänge für das
eigentlich Psychische« zu erklären. Das ist die »zweite fundamentale
Annahme« der Psychoanalyse (Freud 1972, 18 f.). Die erste ist die
»Lokalisation«:

> »Wir nehmen an, daß das Seelenleben die Funktion eines Apparates
> ist, dem wir räumliche Ausdehnung und Zusammensetzung aus meh-
> reren Stücken zuschreiben, den wir uns also ähnlich vorstellen wie
> ein Fernrohr, ein Mikroskop u.dgl.« (Freud 1972, 9)

Das Psychische ist Funktion des Physischen und verläuft parallel
zum ihm. Auch Psychoanalyse ist psychisches Geschehen, sie benutzt den psychischen Apparat. Aber zugleich ist dieser psychische
Apparat ihr Gegenstand. Bei anderen Leuten, versteht sich. Dort
vergleicht der Psychoanalytiker die physischen Geschehnisse (des
Gehirns) mit den (ihm mitgeteilten oder auf Grund von Ausdrucks-
bezeugungen beim anderen unterstellten) Bewußtseinsakten. Dabei
stößt er auf seinen eigentlichen Gegenstand: das Unbewußte.
    Das Unbewußte, das sind physische Gehirnereignisse, die keine
Entsprechung (Parallelerscheinung) im Bewußtsein des Betroffenen

haben. Das Unbewußte ist eine »Provinz« des psychischen Apparates (also des Gehirns), dessen Funktionen keine Bewußtseinsakte sind. Diese Funktionen muß es aber geben: psychische Funktionen. Eben solche, die unbewußt bleiben.

Freud geht von der Annahme eines strengen Parallelismus aus, wobei ihm Physisches wie Psychisches gleichermaßen vorhanden oder objektivierbar scheinen. Daß Physisches nur im Medium des Psychischen (durch Wahrnehmungserlebnisse) und Psychisches beim anderen nur als Projektion oder Selbsteinfühlung vorhanden ist, diese erkenntnistheoretische Komplikation berücksichtigt er nicht. Er postuliert das Unbewußte als Lücke in der Reihe der psychischen Erscheinungen parallel zur lückenlosen Reihe des Physischen. Er schreibt im *Abriß der Psychoanalyse* (1938):

> »Diese bewußten Vorgänge bilden aber nach allgemeiner Übereinstimmung keine lückenlosen, in sich abgeschlossenen Reihen, so daß nichts anderes übrig bliebe, als physische oder somatische Begleitvorgänge des Psychischen anzunehmen, denen man eine größere Vollständigkeit als den psychischen Reihen zugestehen muß, da einige von ihnen bewußte Parallelvorgänge haben, andere aber nicht. Es liegt dann natürlich nahe, in der Psychologie den Akzent auf diese somatischen Vorgänge zu legen, in ihnen das eigentlich Psychische anzuerkennen und für die bewußten Vorgänge eine andere Würdigung zu suchen. Dagegen sträuben sich nun die meisten Philosophen sowie viele andere und erklären ein unbewußt Psychisches für einen Widersinn. Gerade das ist es, was die Psychoanalyse tun muß.« (Freud 1972, 18)

Die Annahme des Unbewußten folgt dem Dogma des psycho-physischen Parallelismus. Sie ist die Eintrittskarte für das Gebäude der Psychoanalyse, das »Schibboleth der Psychoanalyse«, wie Freud mit Bezug auf die Bibel (Buch *Richter* 12, 5 f.) in der Abhandlung *Das Ich und das Es* von 1923 schreibt. Um in ihr therapeutisch zu agieren und auch weiter zu spekulieren, braucht man noch eine weitere Bescheinigung. Man muß eine bestimmte Annahme über die Ursache dafür akzeptiert haben, daß einige psychische Akte oder Vorstellungen bewußt sind, andere aber nicht. Die Annahme lautet: Die Ursache ist »eine gewisse Kraft«, genannt »Verdrängung«. Sie sorgt für unbewußte Vorstellungen, also dafür, daß es das Unbewußte gibt.

»An dieser Stelle setzt die Psychoanalyse ein und behauptet, daß solche Vorstellungen nicht bewußt sein können, weil eine gewisse Kraft sich dem widersetzt, daß sie sonst bewußt werden könnten und daß man dann sehen würde, wie wenig sie sich von anderen anerkannten psychischen Elementen unterscheiden. Diese Theorie wird dadurch unwiderleglich, daß sich in der psychoanalytischen Technik Mittel gefunden haben, mit deren Hilfe man die widerstrebende Kraft aufheben und die betreffenden Vorstellungen bewußt machen kann.« (Freud 1972, III 284)

Freud meint nämlich, daß die Verdrängungskraft im Schlaf und in der Hypnose gelockert und in der freien Assoziation überlistet werden kann, so daß sonst unbewußte Vorstellungen ins Bewußtsein gelangen.

Es gibt dabei auch einen Widerstand gegen die Psychoanalyse selbst, meint Freud, und zwar ganz abgesehen von der logischen Paradoxie eines »bewußten Unbewußten«, auf das das Unbewußte zu seiner Aufdeckung doch angewiesen ist. Die Psychoanalyse mutet uns nämlich zu, in uns selbst einen uns unbekannten Mitbewohner anzunehmen, der uns ständig beeinflußt, ohne daß wir es merken. Im Verhältnis zu einem anderen Menschen sind wir es ja gewohnt, beim anderen ein Bewußtsein anzunehmen, obwohl wir keine unmittelbare Erkenntnis von seinen Seelenzuständen haben können. Wir schließen auf fremdes Bewußtsein »*per analogiam* auf Grund der wahrnehmbaren Äußerungen und Handlungen dieses anderen«, die ähnlich den meinen sind. Bei uns selbst sind wir kaum bereit, ein uns selbst spaltendes *alter ego* anzunehmen. Aber zwingen uns Verhaltensweisen bei uns selbst, deren Sinn wir nicht kennen, also Zwangshandlungen, Ticks und Obsessionen nicht dazu? Begegnen wir dann in uns selbst nicht einem Fremden, aus dessen Verhalten wir auf ein uns unbekanntes Ich schließen?

>»Die Psychoanalyse fordert nun nichts anderes, als daß dieses Schlußverfahren auch gegen die eigene Person gewendet werde, wozu eine konstitutionelle Neigung allerdings nicht besteht.« (Ebd., 128)

Diese Zumutung ist noch ärger als die oben genannte logische. Sie betrifft uns existentiell. Sie fordert ein »unbewußtes Bewußtsein«, wenn man, wie Freud es auch macht, die Fremdexistenz in der eigenen nicht doch etwas abschwächt:

>»Somit werden wir Grund haben, den gegen die eigene Person gewendeten Schluß dahin abzuändern, er beweise uns nicht ein zweites Bewußtsein in uns, sondern die Existenz von psychischen Akten, welche des Bewußtseins entbehren.« (Ebd., 129)

Sehen wir uns hingegen von außen – wie einen anderen –, entfällt diese Anerkennungsproblematik. Dann haben wir ja die beiden vermeintlich gleichermaßen objektiven Reihen vor uns: die der Gehirnvorgänge und die der bewußten psychischen Ereignisse, ziemlich lückenlos die eine, viel lückenhafter die andere. Das Unbewußte ist hier das im Bewußtsein nicht repräsentierte Physische. Wollen wir das Unbewußte nicht mehr nur im Psychischen aufsuchen, und zwar so, wie es sich bei Widerstandslockerung bemerkbar macht, sondern direkt im Gehirn, müssen wir ins Gehirn hineinschauen.

Natürlich hat Freud das getan, er hat es versucht. Aber er gesteht mangels fortgeschrittener Hirnforschung ein, hier vom Unbewußten noch viel weniger sehen zu können als beim Blick auf die Psyche von Psyche zu Psyche.

>»Es ist von Seiten seiner Beziehung zum Bewußten, mit dem es so viel gemeinsam hat, leicht zu beschreiben und in seinen Entwicklungen zu verfolgen; von der Seite des physischen Prozesses her ihm näher zu kommen, erscheint hingegen jetzt noch völlig ausgeschlossen. Es muß also Objekt der Psychologie bleiben.« (Freud 1968, VIII 406)

Erkennt man heute, nach hundert Jahren, mehr? Wo stecken denn die Gründe für die Bewußtseinsausfälle, für das psychisch Unbewußte? Im Großhirn, Kleinhirn, Zwischenhirn, Hirnstamm? In der mangelnden Verbindung der Hirne? Gibt es hier auch *ego* und *alter ego*?

Die verschiedenen Gehirnkomplexe haben sich im wesentlichen nacheinander entwickelt: Erst bildete sich aus dem noch bei Würmern vorhandenem Strickleiternervensystem der Hirnstamm oder das Stammhirn. Da es dem vollständigen Gehirn des Reptils ähnelt, nannte man es auch Reptiliengehirn. Dann entstand das Mittelhirn und schließlich das Großhirn mit dem Cortex, der Rindenschicht. Wie bei der Verbindung zwischen den Großhirnhälften gibt es auch Experimente mit den anderen Verbindungen der Gehirnteile untereinander. Trennt man zum Beispiel das Mittelhirn vom vorderen Cortex (diese Durchtrennung frontothalamischer Faserverbindungen nennt man Leukotomie oder Lobotomie = Hirnlappentrennung), kommt es manchmal zur Enthemmung oder mit Freud: einer Schwächung des Über-Ich, etwa Erlösung von schweren Schuldgefühlen. Ich und Über-Ich hätten also mehr mit dem Cortex zu tun als mit dem emotionalen Mittelhirn. Soll man dann dort Freuds Es ansiedeln, oder doch lieber im Stammhirn?

Vielleicht geht die Lokalisierung leichter bei MacLeans drei Evolutionsebenen fürs Gehirn. Da gibt es 1. das alte bzw. frühe Reptiliengehirn, also das Stammhirn. Dann 2. das zusätzliche Gehirn der Paläosäuger, das Mittelhirn. Und 3. das der Neosäuger, also das Großhirn oder Cortex. Paul MacLean ordnete die drei Ebenen den drei Dimensionen der Zeit zu: Vergangenheit, Gegenwart und Zukunft und nannte die drei Gehirnstufen»Graven Image« (Götzenbild),»Lethe« (Vergessenheit) und»Guru«. Gordon R. Taylor erläutert Paul MacLean:

>»Die erste bezieht sich auf die Vergangenheit, die zweite auf die Gegenwart und die letzte auf die Zukunft. Er denkt dabei jedoch mehr an evolutionäre als an strukturelle Aspekte. Das erste ist das Reptiliengehirn, das via Instinkt, der akkumulierten Weisheit der Vergangenheit, arbeitet; dann kommt das einfache Säugergehirn, das auf

gegenwärtige Situationen reagiert; und schließlich das menschliche Gehirn, das weit im voraus plant.« (Taylor 1982, 54)

MacLean und dann Koestler beklagen die mangelnde vertikale Verbindung der drei Gehirne, insbesondere die ungenügende Kontrolle und Koordinierung von Gefühl und Trieb durch den Cortex. So wie bei den Beuteltieren die horizontale Verbindung, das *Corpus callosum*, fehlt, so würde beim Menschen – im Sinne einer analogen Fehlentwicklung – die vertikale Verbindung, wenn nicht fehlen, so doch nur sehr unzureichend sein.

»Die Evolution hat ein paar Schrauben zwischen Neocortex und dem Hypothalamus locker gelassen. Für diese endemische Unzulänglichkeit im Nervensystem des Menschen prägte MacLean den Namen Schizophysiologie. Er definierte sie als eine Dichotomie in der Funktionsweise des phylogenetisch älteren und des neueren Cortex, die der Grund für den Kontrast zwischen emotionalem und verstandesmäßigem Verhalten sein könnte.« (Koestler 1981, 20)

MacLeans Modell ist falsch, meint Gerhard Roth:

»1. Alle wesentlichen Teile des Wirbeltiergehirns sind in der Evolution gleichzeitig entstanden. ... Allerdings haben die verschiedenen Hirnteile, so auch die Hirnrinde, in verschiedenen Wirbeltiergruppen ein sehr unterschiedliches anatomisches Schicksal erfahren. ... 2. Neuere neuroanatomische und physiologische Untersuchungen zeigen, daß Hirnstamm, limbisches System und Neocortex anatomisch und funktional aufs engste miteinander verbunden sind.« (Roth 1997, 197)

Freud unterschied seine drei Instanzen ebenfalls wie MacLean durchs Alter, allerdings nicht nur stammes-, sondern auch individualgeschichtlich. Das Es ist das Gehirn, soweit es genetisch definiert ist. Ich und Über-Ich betreffen spezifische Vernetzungen und Funktionsmöglichkeiten, die erst individualgeschichtlich geprägt werden. Freud schreibt:

»Die älteste dieser psychischen Provinzen oder Instanzen nennen wir das Es; sein Inhalt ist alles, was ererbt, bei Geburt mitgebracht, konstitutionell festgelegt ist, vor allem also die aus der Körperorganisation stammenden Triebe, die hier einen ersten und in seiner Formen bekannten psychischen Ausdruck finden. Unter dem Einfluß der umgebenden realen Außenwelt hat ein Teil des Es eine besondere Entwicklung erfahren. Ursprünglich als Rindenschicht mit den Organen der Reizaufnahme und den Einrichtungen zum Reizschutz ausgestattet, hat sich eine besondere Organisation hergestellt, die von nun an zwischen Es und Außenwelt vermittelt. Diesem Bezirk unseres Seelenlebens lassen wir den Namen des Ichs. ...

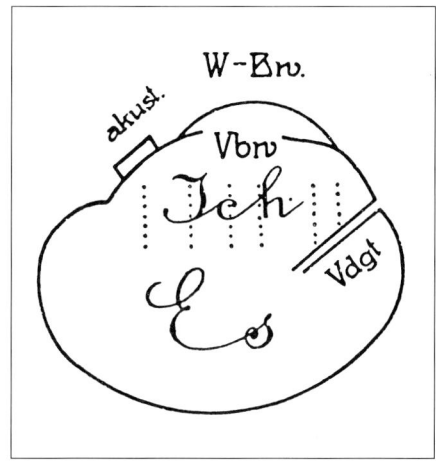

Wie sehr Freud die Hirnanatomie für die Vorstellung seines seelischen Apparates berücksichtigt hat, zeigt in seiner eigenen Zeichnung die dem Wenicke-Zentrum entsprechende Hörkappe.

Als Niederschlag der langen Kindheitsperiode, während der der werdende Mensch in Abhängigkeit von seinen Eltern lebt, bildet sich in seinem Ich eine besondere Instanz heraus, in der sich dieser elterliche Einfluß fortsetzt. Sie hat den Namen des *Über-Ichs* erhalten. Insoweit dieses Über-Ich sich vom Ich sondert und sich ihm entgegenstellt, ist es eine dritte Macht, der das Ich Rechnung tragen muß.« (Freud 1972, 9 f.)

Freuds Ich umhüllt das Es so wie der Cortex, die etwa drei Millimeter dicke Rindenschicht, das Gehirn.

»Das Ich ist vor allem ein körperliches, es ist nicht nur ein Ober-
flächenwesen, sondern selbst die Projektion einer Oberfläche. Wenn
man eine anatomische Analogie für dasselbe sucht, kann man es am
ehesten mit dem ›Gehirnmännchen‹ der Anatomen identifizieren.«
(Freud 1978, III 294)

Wie sehr Freud die Hirnanatomie für die Vorstellung seines seelischen Apparates berücksichtigt hat, zeigt die in seiner eigenen Zeichnung schräg aufsitzende Hörkappe: einseitig links entsprechend dem
akustischen Wernicke-Zentrum. Aber eine genauere Lokalisation
seelischer Vorgänge war ihm nicht möglich. Alle Versuche dazu schienen ihm gescheitert.

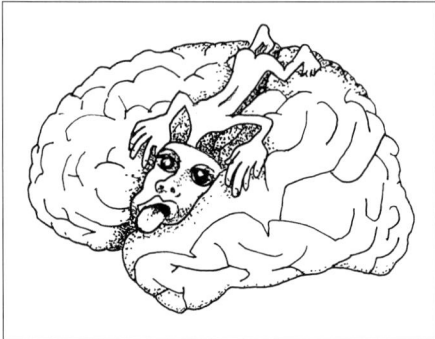

*Das Ich ist selbst die Projektion
einer Oberfläche. Man kann es
am ehesten mit dem Gehirnmännchen der Anatomen identifizieren.*
SIGMUND FREUD

Freuds psychischer Apparat ist, wie schon gesagt, ein Gerät zur Kana-
lisierung und Verarbeitung psychischer Energie auf der physiologischen Basis neuronaler Netze. Energiefluß in Netzwerken ist eine
zentrale Vorstellung Freuds. Die psychische Energie läßt sich um-
leiten (verschieben), wodurch die Verknüpfungen von Bedeutungen
mit Energiegehalt (Besetzungen) geändert werden können. Fließt
die Energie rückwärts, liegt Regression vor, so Spitzer (1997, 5). Erst
1937 wurden im motorischen Cortex sensorische Hemmzellen gefunden, die es wohl auch im sensorischen Cortex gibt. Das Unbewußte könnte man deshalb als ein Produkt von Hemmungen ansehen:
Bestimmtes Material wird daran gehindert, ins Bewußtsein zu gelangen. Auch Aufmerksamkeit könnte so verstanden werden, als Hem-

mungsprozeß, bei dem uninteressantes Material abgeblendet und nur das interessante direkt verarbeitet wird.

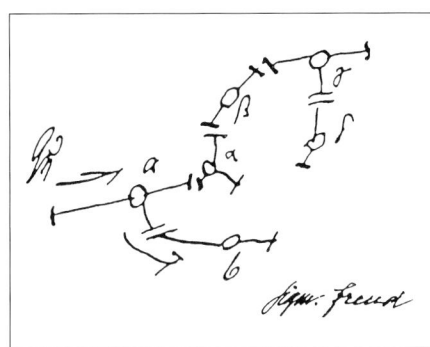

Energiefluß in Netzwerken:
die zentrale Vorstellung Freuds
für den psychischen Apparat

Noch eine andere hirnphysiologische Erklärung des Unbewußten ist heute in Ansätzen möglich, und zwar mittels Jerry Fodors Konzept unabhängiger funktionaler Einheiten im Gehirn, den sogenannten Modulen. Klivington meint:

>»Das gerade vom Bewußtsein ›besetzte‹ Modul steht vielleicht manchmal für eine Peinlichkeit gerade, die eigentlich in die Zuständigkeit einer anderen unabhängigen Funktion fällt.« (Klivington 1992, 200)

Bewußtsein ist demnach kein einheitlich seriell geordnetes System mit sich Schritt für Schritt entwickelnden Prozessen, wie es den Anschein hat, wenn und weil ein Gedanke auf den anderen folgt und sich von diesem absetzt. Unser Denken muß, wie im vorigen Kapitel besprochen, vielmehr als Resultat parallel verlaufender Prozesse angesehen werden, die in getrennten Modulen stattfinden. So sind gleichzeitig mehrere Module mit der Verarbeitung visueller Informationen beschäftigt. Eines befaßt sich mit Bewegungen, das andere mit Farberkennung, wieder andere mit Ecken, Helligkeitswerten undsoweiter. Das einheitliche Bewußtsein scheint dabei auf ein Modul auf der linken Seite zurückzugehen, den sogenannten Interpretierer.

Da haben wir ihn also wieder, den Homunculus, das Hirn im Hirn oder das Bewußtsein im Bewußtsein. Klivington meint:

>»Verschiedene Zustände des Gehirns, die von unterschiedlichen funktionellen Einheiten – den Modulen – gesteuert werden, erlauben eine unabhängige Auslösung von offenkundigem (bewußtem) und verdecktem (unbewußtem) Verhalten. Dem Menschen erscheinen diese Aktionen nicht als zufällig erzeugte Vorgänge. Ein spezieller Interpretierer überblickt alle Handlungen und Gedanken, welche die zahlreichen Module hervorbringen, und erzeugt Vermutungen, warum wir tun, was wir tun. Diese Hypothesen wiederum werden zu unseren Überzeugungen, zu unserer persönlichen Sicht der Welt.« (Klivington 1992, 204)

Noch sitzt der Geist im Gehirn, zwar in eine Ecke gedrängt, aber in einem Supervisionsmodul. Er hält sich im Unbewußten versteckt.

5. Das Gehirn im Tank

Fenster der Seele sagt man zu den Augen, als könne man durch sie in die Seele des Anderen blicken oder als blickte die Seele aus ihnen heraus. Eigentlich ist die Seele fensterlos, meinte Leibniz (1956, 29) in seiner *Monadologie*, der Lehre von den einfachen Substanzen, den Monaden. Denn Körper samt Augen und Ohren wie alle Dinge in Raum und Zeit seien nur Projektionen der Seele. Sie bleibt unter sich: einsam, einzig – ich. Alles ist in mir: Wahrnehmungen, Imaginationen, Halluzinationen, Empfindungen, Stimmungen, Gedanken, Erinnerungen; alles meine Figuren: *cogito, ergo sum*.

Meine! Nicht deine? Gibt es denn nicht auch andere Monaden, wenn es die eine gibt, die ich bin? Nein, nicht so, wie es mich gibt. Wo anders sollten die sein als in der Welt, die meine ist? Welt ist ich. Außer mir ist nur noch Nichts. Rätselhaft bleibt allerdings, wieso ich weiß, daß ich eine fensterlose Einheit bin, wieso ich ein Jenseits, ein Außer-mir, denken kann, also mich als *eine* Monade, als Fall von Monade, ansehe. Steckt in mir nicht doch noch der andere Blick, nicht nur der von innen auf die Kugelinnenwand der Monade, sondern auch der Blick von außen auf eine Welt mit Lebewesen darin, der göttliche Blick? Dann stellt sich die Sache so dar: Weltbildapparat bin ich, sind andere auch. Wir alle können unsere Weltkonstruktion nicht mit dem Original vergleichen: Wir müssen es für das Reale halten. Zugleich weiß aber ich und jeder anderer in göttlicher Perspektive, daß es die Welt gibt und daß wir mittels unseres Weltbildapparates uns darin orientieren, das heißt leben.

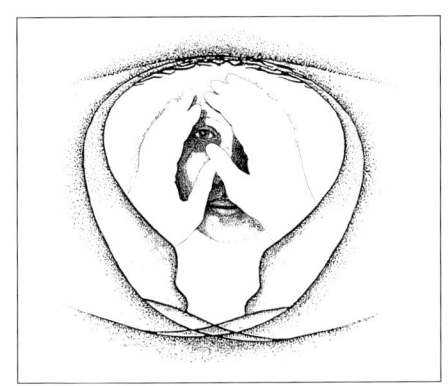

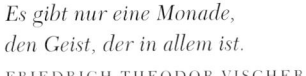

Es gibt nur eine Monade,
den Geist, der in allem ist.
FRIEDRICH THEODOR VISCHER

Woher der göttliche Blick? Es ist der Blick in mir auf mich selbst. Er benutzt die Position des Anderen, blickt auf mich aus dessen Perspektive. Gott ist insofern der universalisierte Andere. In diesem Blick bin ich ein Objekt unter anderen, das auch nicht sein könnte. Dieser göttliche Blick immunisiert meine Welt gegen mein mögliches Nichtsein. Meine Welt ist die Realität, die ich zwar nur als meine Vorstellung habe, in der ich aber auch nicht sein könnte, in der ich früher seit unendlichen Zeiten nicht war und demnächst für alle Zeit nicht sein werde. Objektivitätsglaube ist Vorwegnahme des Nichtseins, des Todes. Die Vorstellung des Eingeschlosseinseins ist die Vorstellung, nicht nicht zu sein, nicht tot. Die Weltskepsis, es könne doch alles nur meine Vorstellung sein (daß ich bin, andere meinesgleichen sind, überhaupt Welt besteht), ist Todesskepsis: Diese objektive Welt kann es nicht sein, in der ich sterbe, ich nehme sie ja mit. Wie kann ich dann überhaupt sterben, wie überhaupt nicht sein?

Eine Monade zu sein bedeutet, Fensterlosigkeit (Leben) und Übersicht (Tod) zu vereinigen, als säße man immer schon völlig isoliert in einem Raum und wüßte das, wüßte von diesem Raum im Raum wegen der einst genossenen oder demnächst wieder eintretenden Freiheit des Nichtseins.

Was ist dein Ziel in der Philosophie? – Der Fliege den Ausweg aus dem Fliegenglas zeigen. … Der Solipsist flattert und flattert in der Fliegenglocke, stößt sich an den Wänden, flattert weiter. Wie ist er zur Ruhe zu bringen?
LUDWIG WITTGENSTEIN

Die Welt, die seit Descartes fürs Ich in Zweifel steht, ist gar nicht die sogenannte Außenwelt oder Umgebung eines in der Welt vorkommenden Wesens, sondern dessen Jenseits, dessen Nach-Tod-Welt eben. Und diese ist durchaus diese Welt, die man zu Lebzeiten objektiviert und sterbend verläßt, obgleich sie nur meine Vorstellung war. Der universale Zweifel gilt dem singulären Weltverlust durch den Tod. Erwogen wird darin, daß die Welt nur meine ist, daß ich also einzig bin.

Dieser Solipsismus kann anscheinend nur im Rahmen des Realismus sprachlich gedacht werden, so daß er zur These vom einzigen Bewußthaber in der Welt wird. Dann ist der Solipsismus ebenso absurd wie unwiderlegbar. Dem in die reale Welt versetzten Solipsisten gilt Diderots Spott über das »taumelnde Spinett, das dachte, es sei das einzige, so auf der Welt vorhanden sei«, mit dem dann Lenin (1989, 63 und 54) die Idealisten à la Mach lächerlich machen wollte. Der objektive Solipsist ist wie Wittgensteins Fliege im Fliegenglas etwas von außen Gesehenes, wodurch das ganze Problem zur Lächerlichkeit entschärft wird, denn der Beobachter weiß ja den Ausweg.

»Was ist dein Ziel in der Philosophie? – Der Fliege den Ausweg aus dem Fliegenglas zeigen. … Der Solipsist flattert und flattert in der Fliegenglocke, stößt sich an den Wänden, flattert weiter. Wie ist er zur Ruhe zu bringen?« (Wittgenstein 1971, 131 und 1989, 76)

Von innen gesehen gibt es allerdings keinen Ort für meine Einsamkeit und Eingeschlossenheit. Sie ist allumfassend.

An die Stelle des taumelnden Spinetts oder der Fliege im Fliegenglas ist neuerdings Hilary Putnams Gehirn im Tank getreten. Putnam (1990, 15 ff.) erwägt – als Realist, natürlich – den Idealismus, also zum Beispiel dieses: ob wir selbst in der angeblich »verzwickten Lage« eines Hirns im Tank sein könnten, das immer schon in einer Nährlösung schwimmt und dabei den aus Simulationscomputern kommenden Hirn-Input als Information über eine Außenwelt versteht bzw. aus ihm eine solche Welt sich vorstellt.

Das kann in Wirklichkeit nicht sein, meint Putnam, denn unsere Sprache referiere, wenn wir zum Beispiel »Gehirn im Tank« sagen, auf wirkliche Hirne im Tank. Eben das täten die wirklichen Hirne im Tank nicht, da sie nur per Simulation vorstellten. Dieser Beweis, mit dem Putnam die Ängste der monadischen Fensterlosigkeit, des ewigen Träumens oder der täuschenden Dämonen beseitigt, enthält eine *petitio principii*, auch wenn er viele Jahre an diesem Beweis gearbeitet hat, wie er schreibt. Was bewiesen wird, ist vorausgesetzt: daß es Wirkliches gibt, auf das Sprache sich beziehen kann.

Ist die sogenannte Außenwelt einschließlich meines Körpers nur ein Hirnkonstrukt?

Putnams Konstruktion der Gehirne im Tank als Monstranzen einsamer Iche ignoriert, wie die gesamte bisherige Hirn-Geist-Diskussion auch, den Sinn des transzendentalphilosophischen Außenwelt-Skeptizismus: Die Außenwelt könnte so wenig real sein wie der Tod – hoffentlich! Außenweltskepsis ist eine verkappte Todesskepsis – aus Todesangst. Und deshalb ist sie auch nicht tot zu kriegen. Denn wer will schon ins unausdenkbare Nichts verschwinden? Irreal und unsicher wie die Welt ist demnach mein Tod, sofern er unerlebbar in ihr stattfinden muß. Die Irrealisierung der Welt ist die tröstliche Irrealisierung des Todes – mit dem guten Grund des allumfassenden Vorstellungs-Ich.

Kapitel 5: Gehirnphilosophie

1. Gehirn und Geist

Hirnforschung und Philosophie, das ist wie Sömmerring und Kant: Physiologe der eine, Philosoph der andere. Letzterer meint:

>»Wer es in dem gegenwärtigen Falle dem *Mediziner* als Physiologen zu Dank macht, der verdirbt es mit dem *Philosophen* als Metaphysiker; und umgekehrt, wer es diesem recht macht, verstößt wider den Physiologen.« (Kant 1922, III 31)

Samuel Thomas Sömmerring (oder Soemmering) hatte in seinem Buch von 1795 *Über das Organ der Seele* die Hirnventrikelflüssigkeit zum Sitz der Seele erklärt. Er meinte, damit auch der Transzendentalphilosophie Immanuel Kants weitergeholfen zu haben, indem er ihr das materielle Korrelat der Einheit der Apperzeption angeben konnte. Die Bedingung der Möglichkeit der Erfahrung, das Ich-denke, das alle meine Vorstellungen begleiten können muß, hatte Kant in seiner *Kritik der reinen Vernunft* aufgedeckt. War dieses Ich denn nicht auch ein physiologisches Problem?

Sömmerring ging aus vom Pneuma oder der »Lebenskraft in thierischen Körpern«. Das Pneuma ist im ganzen Körper wirksam. Die Seele wirkt aber nur im Gehirn im Zusammenhang mit dieser Lebenskraft. Stellt man sich, wie Johann Christian Reil das in seiner Schrift von der Lebenskraft 1795 und seiner Dissertation *Über die eigenthümlichen Verrichtungen der Seelenkraft* 1811 machte, den Körper in Anlehnung an Leibnizens solipsistischer Monade als eine Hohlkugel vor, so ist die Seele innen und die Welt außen. In der Kugelwand verbinden die Nerven das Innere mit dem Äußeren. Auch Sömmerrings Gehirn ist eine Art Hohlkugel, in deren Hohlräumen die Seele ihren Sitz hat. Die innere Oberfläche der Kugel ist das Organ der Seele.

All die vielen Nerven von der Körperperipherie ins Gehirn, wie können sie ein einheitliches Bewußtsein hervorbringen? Als Hirnanatom hatte Sömmerring herausgefunden, daß die meisten Endigungen der Gehirn- und Rückenmarksnerven bis zu den Wänden der Hirnventrikel zurückverfolgt werden können. Sollte nicht hier die Seele ihren Sitz haben? Dann würde sie dort über die auf die Nervenenden verteilte Flüssigkeit auf den Körper einwirken. Bei Descartes hatte die Zirbeldrüse diese Funktion. Sie bot der Seele ein Zentrum für ihre Einwirkung auf den Körper und für ihre einheitliche Erfahrung der Welt. Descartes meinte, der feinstoffliche Pneumastrom würde ständig durch die hohlen Nerven und zentralen Leitungsbahnen gepumpt. Die Epiphyse könnte wie ein Ventil das ständig strömende, im Körper erzeugte Pneuma aus den Hirnventrikeln durch die Nerven in die Muskeln leiten und so Bewegung bewirken. Deshalb war für ihn die Epiphyse der bevorzugte Ort der Seele.

Schon Aristoteles hatte in Anschluß an Hippokrates ein sogenanntes Pneuma angenommen, damit die Seele auf die Körperorgane einwirken könne. In der mittelalterlichen Zellenlehre wurde das Pneuma in den mit Flüssigkeiten gefüllten Hohlräumen des Gehirns lokalisiert. Auch Leonardo da Vinci war von dieser Lehre beeinflußt. Für ihn lag der Ort, wo die Sinneseindrücke sich vereinigen und ein Bewußtsein bilden, das von den Scholastikern sogenannte *sensorium commune*, im dritten Hirnventrikel.

Sömmerring nimmt statt der Zirbeldrüse wieder das Gehirnwasser in den Hohlräumen des Gehirns als Seelenort, obwohl es damals schon seit vierzig Jahren Albrecht von Hallers Theorie gab, wonach die geistigen Funktionen vom Gehirn als ganzem ausgeführt werden, so daß die Seele dort keinen besonderen Ort oder Sitz haben kann. Aber Sömmerring ist von Kants Transzendentalphilosophie bestimmt, deren Prinzip die transzendentale Einheit der Apperzeption ist. Diese funktioniert als Synthesis (Zusammenfassung) des sinnlich

Mannigfaltigen und zugleich als Spontaneität. Deren materielles Korrelat glaubte Sömmerring im Gehirnwasser gefunden zu haben, weil hier die afferenten und efferenten Nervensignale zusammentreffen würden. In der Ventrikelflüssigkeit mußte demnach die physiologische Transzendentalität liegen, die physiologische Bedingung der Möglichkeit unserer Erfahrung oder das materielle Korrelat der Einheit der Apperzeption und der Spontaneitätsinstanz, kurz: das Ich oder die Seele. Kein Wunder, daß er sich mit seiner »transzendentalen Physiologie«, denn so nannte Sömmerring seine Theorie, an Kant wandte.

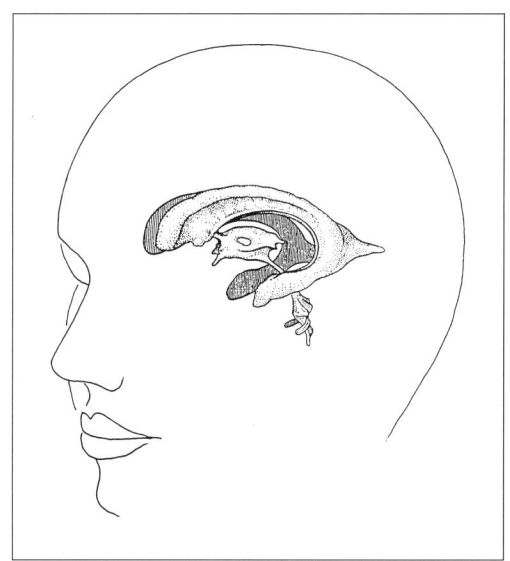

Sömmerring fand heraus, daß die meisten Endigungen der Gehirn- und Rückenmarksnerven bis zu den Wänden der Hirnventrikel zurückverfolgt werden können. Sollte nicht hier die Seele ihren Sitz haben?

Die Reaktion Kants hat, wie ich gleich noch zitieren werde, nichts mit der bestimmten Örtlichkeit zu tun, die Sömmerring der Seele zugewiesen hatte, sondern nur etwas mit dem Lokalisationstheorem überhaupt. Auch heutige Lokalisationstheoretiker würden, könnten sie sich an Kant wenden, die gleiche Antwort erhalten, nämlich diese: Es handelt sich beim Geist oder der Seele nur um eine »virtuelle Gegenwart«, keine »locale« (Kant 1922, III 32). Von diesem Ver-

dikt Kants sind alle Bemühungen betroffen, dem Ich oder der Seele
einen Ort der Anwesenheit und auch der Entstehung zuzuweisen.

Für den Sitz der Seele, das heißt den Ort der Einwirkung des Geistes aufs Gehirn oder die Lokalisation des Bewußtseins als einem
spezifischen Geschehen im Gehirn, gibt es heute verschiedene Optionen. Zum Beispiel John Eccles Behauptung, der selbstbewußte
Geist interagiere mit dem Gehirn in der linken Hälfte durch eine neuronale Maschinerie der Liaison-Zentren (Popper/Eccles 1982, 448).
Bei Roth und Flohr (1994, 335) sind es bestimmte Synapsentypen,
NMDA-Synapsen, die den Geist als physikalische Eigenschaft erscheinen lassen. Bei Penrose (1995, 462 ff.) sind es die Mikrotubuli,
wo dank Quantenphysik die deterministische Welt offen ist für das,
was wir als Geist erleben. Trincher (1983) meint, das Interdendritenwasser sei es und nicht Sömmerrings Ventrikelwasser. Aber immerhin: Bei Trincher ist wieder das Wasser der Anfang aller Dinge. Das
Zellwasser! Denn Trincher schaut auf den Anfang und das Prinzip des
Lebens. Von daher muß auch der Geist kommen: aus dem Wasser.

Trincher ist mit seiner Theorie kaum zur Kenntnis genommen
worden. Ich nehme ihn hier als einen modernen Sömmerring. Anders als die meisten Hirnforscher im Banne der Computeranalogie
kapriziert er sich nicht nur auf die Neuronen und deren Netzwerke
im Gehirn. Er berücksichtigt auch den weitgehend vernachlässigten
Rest des Gehirns, die Gliazellen. Das sind vermeintlich bloße Stütz-
und Gewebezellen im Gehirn ohne eigenen Beitrag zur Gehirnleistung. Davon haben wir viel mehr im Gehirn als von den Neuronen
(und Einsteins Gehirn hatte noch mehr Gliazellen, nicht Neuronen,
als gewöhnlich).

Trincher hält im Unterschied zur paradox-aussichtslosen Forderung der Erkenntnis des Geistes durch sich selbst gerade die Frage
nach dem Ort des Geistes für sinnvoll.

>Die Frage lautet: ›Wo befindet sich der Geist?‹ Wir fragen also nicht
mehr, was der Geist seiner Natur nach ist, nachdem wir seine Unend-
lichkeits-Eigenschaften und den Münchhausenschen Widersinn die-

ser Fragestellung erkannt haben, sondern stellen gewissermaßen eine geometrische und zugleich auch eine Materialbeschaffenheits-Frage: In welcher konkreten, physikalisch begreifbaren Materie ist der Geist zuhause und wie muß die den Geist beherbergende und den Geist produzierende Materie beschaffen sein?« (Trincher 1983, 46)

Klar ist für Trincher: Der Ort des Geistes ist im Gehirn. Klar auch, daß bisher alle Versuche gescheitert sind, das Geist-Gehirn-Problem zu lösen, weil sich der Geist als ein sich selbst erkennender, innerer Gegenstand der physikalischen Begreifbarkeit entzieht. Aber eine Möglichkeit bleibt doch für eine physikalische Problemlösung, ohne allerdings dabei den Zusammenhang von psychischen und physiologischen Geschehnissen physikalisch erfassen zu können: das

»Postulat, einen untrennbaren Parallelismus anzuerkennen, der zwischen den geistigen und den ihre Unterlage bildenden physiologischen Prozessen bestehen muß« (ebd., 47).

Trincher geht von der Feststellung aus, daß trotz ihrer Differenziertheit alle Zellen eines Organismus und aller Lebewesen funktionell gleich sind, denn sie haben alle ihren Ursprung in einer, der Mutterzelle: Sie enthalten Eiweißkörper, Lipide, Wasser, Nukleinsäuren usw. Es gibt nichts, was auf das Phänomen des Geistes in einer differenzierten Zelle schließen läßt. Es muß in etwas liegen, was alle Zellen in sich haben. Da Trincher unter Geist etwas Unendliches versteht, das »alles philosophisch und wissenschaftlich Erforschte, alles der Kunst Zugehörige« einbezieht, sucht er auch hier im Physiologischen aller Zellen nach solch einem Medium mit Unendlichkeitseigenschaft. Er findet es, wie gesagt, im Interdendritenwasser. Da er auch keinem außerkörperlichen Geist, wie John Eccles, nachträglichen Zugang zum Gehirn gewähren möchte, postuliert er den Geist schon für die befruchtete Eizelle, die, etwa 100mal größer als eine ausdifferenzierte Zelle, sich ohne Substanzaufnahme zu einem Blastomeren-Ei von etwa 100 Zellen entwickelt. Dieses enthält ca. 90 Prozent Intrazellularwasser.

»Die nach der Befruchtung erfolgenden Teilungen der Eizelle finden ohne Substanzaufnahme aus dem Außenmilieu statt und führen zu Unterteilungen des Intrazellularwassers durch die Ausbildung von Scheidewänden – Membranen, die ihrerseits durch Wasserschichten voneinander getrennt sind. Wir haben es also in dem Entwicklungsprozeß von der befruchteten Eizelle an bis zu dem aus etwa hundert Zellen bestehenden Blastomeren-Ei mit einem eigenartigen lebenden Gebilde zu tun, in dem ein innerer Prozeß der Entstehung von Zellen vor sich geht, deren jede einen an ihrer Membran haftenden Mantel aus Interzellularwasser besitzt, wobei alle Zellen innerhalb des Blastomereneis zusammen mit ihrem lebenden Interzellularwasser ein einziges, sich in Entwicklung befindliches Ganzes darstellen. Hier also, in dem alle Zellen des Blastomereneis umhüllenden lebenden Interzellularwasser, das ein in sich zusammenhängendes Kontinuum bildet, hier also in dem die Zellen umhüllenden Kontinuum aus lebendem Wasser zu Beginn der Embryogenese bzw. vom Monat der Eibefruchtung an, haben wir die Anfangsstätte des Geistes zu orten. Das in dem Entwicklungsprozeß eingeschlossene Interzellularwasser, der kontinuierliche, die Zellen des Blastomereneis umhüllende Wassergürtel, mit einem Wort, das vom Anfang der Embryogenese an lebende Wasser-Kontinuum ist der Ort, wo der Geist eingewurzelt ist und seine Funktionen ausübt.« (Ebd., 52)

Das Gehirn im Ganzen ist für Trincher eine einzige Überzelle mit einem alle Dendriten (die Neuronenausläufer) umhüllenden, ein Kontinuum bildendes Wasser. Diesem Wasser entspricht der grenzenlose Raum der menschlichen Seele, sagt Trincher. Und auch der Forderung Kants gegenüber Sömmerring nach einer kontinuierlichen dynamischen Organisation des Wassers entspricht Trincher. Kant hatte Sömmering geschrieben:

»Nun tritt aber die große Bedenklichkeit ein: daß da das *Wasser*, als Flüssigkeit, nicht füglich organisiert gedacht werden kann, gleichwohl aber ohne Organisation, d.i. ohne zweckmäßige und in ihrer Form beharrliche Anordnung der Theile, keine Materie sich zum unmittelbaren Seelenorgan schickt, jene schöne Entdeckung ihr Ziel noch nicht erreiche. ... Wie wäre es, wenn ich statt der *mechanischen*, auf

Nebeneinanderstellung der Theile zur Bildung einer gewissen Gestalt beruhenden, eine *dynamische* Organisation vorschlüge, welche auf chemischen (so wie jene auf mechanischen) Prinzipien beruhet, und so mit der Flüssigkeit jenes Stoffs zusammen bestehen kann?« (Kant 1922, III 33)

Trinchers Wasser ist ein kolloidales System, dessen strukturelle Veränderungen in einem Gleichgewichtszustand ohne Verbrauch von freier Energie erfolgen. Die von außen bewirkten Strukturveränderungen treten als Struktur-Gedächtnis des Wassers auf. Er beschreibt es als »psychovoluntäres System« mit kontinuierlichem Erleben wie auch mit Diskretheitserleben. Das Interdendritenwasser ist also der Ort des Geistes als des Erlebens der Kontinuität meiner selbst und zugleich meiner unterschiedlichen Bewußtseinszustände, der Empfindungen, Gedanken, Stimmungen, Erinnerungen und Wünsche.

Nun zurück zu Sömmerring und Kant. Sömmerring hatte das Manuskript seines Buches über das *Organ der Seele* Kant zur Begutachtung geschickt. Kant antwortete in seinem Gutachten, das Sömmerring dann als Anhang in sein Buch aufnahm:

»Sie haben, theuerster Mann, als der erste philosophische Zergliederer des Sichtbaren am Menschen, mir, der ich mit der Zergliederung des Unsichtbaren an demselben beschäftigt bin, die Ehre der Zueignung Ihrer vortrefflichen Abhandlung, vermuthlich als Aufforderung zur Vereinigung beider Geschäfte zum gemeinsamen Zwecke, bewiesen.« (Kant 1922, III 30)

Sind die beiden Geschäfte überhaupt zu vereinigen und wie? Sicher: Wir sind die lebendige Vereinigung selbst, indem wir denken, empfinden und einen Körper haben, dessen äußere Beeinflussung sowohl unsere Empfindungen betrifft wie er auch selbst von unseren Vorstellungen, Ängsten und Wünschen beeinflußt wird. Aber dennoch scheinen die beiden Zergliederungsarten ganz verschieden zu sein. Die eine betrifft den Körper einschließlich geistiger Effekte, die andere den Geist einschließlich der Wahrnehmung von Körpern.

Kant schreibt:

>»Eigentlich ist es aber der Begriff von einem *Sitz der Seele*, welche die
Uneinigkeit der Facultäten über das gemeinsame Sinnenwerkzeug
veranlaßt, und den man daher besser thut ganz aus dem Spiel zu lassen; welches um desto mehr mit Recht geschehen kann, da er eine
locale Gegenwart, die dem Dinge, was bloß Object des inneren Sinnes
und so fern nur nach Zeitbedingungen bestimmbar ist, ein Raumver-
hältniß beylege, verlanget, aber eben damit sich selbst widerspricht,
anstatt daß eine *virtuelle Gegenwart*, welche bloß für den Verstand
gehört, eben darum aber auch nicht örtlich ist, einen Begriff abgiebt,
der es möglich macht, die vorgelegte Frage (vom *sensorium commune*) bloß als physiologische Aufgabe zu behandeln. – Denn wenn
gleich die meisten Menschen das Denken im Kopf zu fühlen glauben,
so ist das doch bloß ein Fehler der Subreption, nämlich das Urtheil
über die Ursache der Empfindung an einem gewissen Ort (des Gehirns) für die Empfindung der Ursache an diesem Orte zu nehmen,
und die Gehirnspuren von den auf dasselbe geschehenen Eindrücken
nachher, unter dem Namen der *materiellen Idee* (Descartes), die Gedanken nach Associationsgesetzen begleiten zu lassen: die, ob sie
gleich sehr willkürliche Hypothesen sind, doch wenigstens keinen
Seelensitz nothwendig machen und die physiologische Aufgabe nicht
mit Metaphysik bemengen.« (Kant 1922, III 31 f.)

Was sollen wir also machen, um die physiologische Aufgabe, die Vereinigung aller Sinnesvorstellungen im Gehirn zu einem einheitlichen
Bewußtsein zu erklären, nicht mit Metaphysik zu vermengen? Nicht
nach dem Sitz der Seele fragen, dem Geist keine lokale Gegenwart
gewähren, nur eine virtuelle! Aber man kann Parallelerscheinungen
annehmen, sogenannte »materielle Ideen«, die die Gedanken begleiten. Solche Gehirnerregungen können aber nicht als Ursache des
Denkens empfunden werden, allenfalls gedacht. Sie werden als Parallelereignisse zu Gedanken angenommen und womöglich auch als
Gehirnereignisse (durch ihre Stoffwechselspuren) beobachtet. Vielleicht meint Kant das mit »Subreption« (= Erschleichung): daß man

das Denken nicht deshalb im Kopf lokalisiert, weil man es dort wahrnimmt, sondern weil man denkt, daß beobachtbare Vorgänge im Gehirn die Ursache für gleichzeitig bewußte eigene Gedanken oder mitgeteilte Gedanken anderer sind. Aber eine solche Verursachungsvorstellung ist widersinnig. Es können nur physische Ereignisse ver-

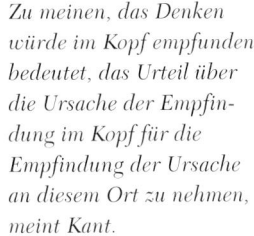

Zu meinen, das Denken würde im Kopf empfunden, bedeutet, das Urteil über die Ursache der Empfindung im Kopf für die Empfindung der Ursache an diesem Ort zu nehmen, meint Kant.

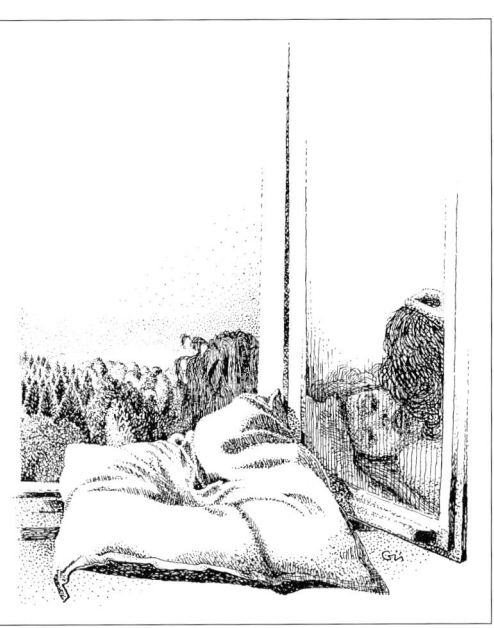

ursacht werden, die genauso objektivierbar oder wahrnehmbar sein müssen wie die Ursachen. Verlautbarungen, Körperbewegungen, Grimassen usw. sind es. Aber die sich darin bekundende Subjektivität ist es nicht. Daß sie es sei, wird »erschlichen«. Ohne meine eigene Subjektivität kann andere Subjektivität nicht als objektiv scheinen. Subjektivität oder objektiver Geist muß einer anderen Subjektivität begegnen, nämlich meiner. Die Bekundung von Gedanken oder Empfindungen in Worten oder Grimassen sind keine verursachten Wirkungen, auch die Selbstwahrnehmungen meines Denkens oder meiner Schmerzen sind es nicht.

So sieht es Kant: Die Seele ist ein metaphysisches Ding aus dem Bereich des Unsichtbaren. Den Ort der Seele anzugeben wäre Sache der Metaphysik, wenn diese Aufgabe nicht schon in sich widersprüchlich wäre:

»Denn wenn ich den Ort meiner Seele, d. i. meines absoluten Selbst's, irgendwo im Raume anschaulich machen soll, so muß ich selbst durch eben den Sinn wahrnehmen, wodurch ich auch die mich zunächst umgebende Materie wahrnehme; so wie dieses geschieht, wenn ich meinen Ort in der Welt *als Mensch* bestimmen will, nämlich daß ich meinen Körper in Verhältniß auf andere Körper außer mir betrachten muß. – Nun kann die Seele sich nur durch den inneren Sinn, den Körper aber (es sey inwendig oder äußerlich) nur durch den äußeren Sinn wahrnehmen, mithin sich schlechterdings keinen Ort bestimmen, weil sie sich zu diesem Behuf zum Gegenstand ihrer eigenen äußeren Anschauung machen und sich ausser sich selbst versetzen müßte; welches sich widerspricht. – Die verlangte Auflösung also der Aufgabe vom Sitz der Seele, die der Metaphysik zugemuthet wird, führt auf eine unmögliche Größe ($\sqrt{-2}$); und man kann dem, der sie unternimmt, mit *Terenz* zurufen: *nihilo plus agas, quam si des operam, ut cum ratione insanias* (= du dürftest nicht mehr ausrichten, als wenn du dir Mühe gibst, mit Vernunft unvernünftig zu sein); indeß es dem Physiologen, dem die bloße dynamische Gegenwart, wo möglich, bis zur unmittelbaren verfolgt zu haben genügt, auch nicht verargt werden kann, den Metaphysiker zum Ersatz des noch Mangelnden aufgefordert zu haben.« (Kant 1922, III 34 f.)

Dies scheint mir Kants Auskunft zu sein – an Sömmerring gerichtet und an uns: Wenn uns denn die Frage nach dem Ort des Geistes interessiert und wir zur Metaphysik keine Lust oder Kompetenz verspüren, dann können wir uns ja an den sogenannten Parallelismus von Physischem und Psychischen, von Gehirnereignissen und Gedanken, Vorstellungen, Empfindungen usw. halten, wie es die Hirnforschung tut, welche Denken oder Empfinden als Gehirnleistung ansieht und uns, gemäß Cricks Buchtitel, erklären will, »was die Seele wirklich ist«. Aber wir müssen uns dabei immer im Klaren sein, daß es sich nicht um einen Parallelismus von Gleichartigem und gleichermaßen Beobachtbarem handelt. Die Begleitvorgänge, die physischen Geschehnisse im Gehirn, sind Ereignisse der Welt, die wir im äußeren Sinn wahrnehmen. Was sie bedeuten, wie sie erlebt werden von dem, dessen Gehirn das ist, können wir nur im inneren Sinn selbst erfahren – oder uns mitteilen lassen. Diese Mitteilbarkeit verführt zur Vorstellung eines Parallelismus von gleichermaßen Objektivem: Scheint doch die Seele oder der Geist dann im Raum zu sein, im Kopf des anderen und in meinem, weil ich mich über die gedanklich-sprachliche Verständigung mit anderen auch selbst von außen sehe, das heißt in die Welt hinein plaziere und meiner Seele dann im Schädel ihre Stätte zuweise.

Die Seele kann sich nur durch den inneren Sinn, den Körper aber nur durch den äußeren Sinn wahr-nehmen, mithin sich schlechterdings keinen Ort bestimmen.
IMMANUEL KANT

Aber den Ort des Geistes gibt es nicht. Es laufen auch Gedanken und hirnphysiologische Prozesse nicht parallel oder überhaupt als zwei Geschehnisreihen ab. Denn meine psychische Ereignisreihe ist es, welche sich selbst mit physischen Ereignissen parallelisiert oder einer anderen psychischen Reihe begegnet, welche sie physischen Ereignissen im anderen Gehirn parallelisiert. Erst meine Veräußerlichung über die Identifizierung mit anderen macht beides, Physisches wie Psychisches, zu etwas Beobachtbarem: direkt in der äußeren Wahrnehmung der physikalisch-chemischen Vorgänge, und indirekt über die äußere Wahrnehmung von Gesten, Lautfolgen durch Zeichen mit Bedeutung. Indirekt: denn ich bin nicht der andere, auch nicht wie der andere. Ich bin nur für mich da.

2. Die Herausforderung der Philosophie

Gibt es eigentlich noch einen Grund dafür, Philosophie zu betreiben anstatt Neurowissenschaft? Hat die Neurowissenschaft der Philosophie nicht gezeigt, wie man ihre Hauptsache, die Vernunft oder den Geist, zu untersuchen hat, nämlich wissenschaftlich und das heißt: als Gehirnphänomen? Denn darüber besteht nun wahrlich kein Zweifel mehr: Ich denke mit dem Gehirn. Und wie das Gehirn funktioniert, das kann mir die Neurowissenschaft erklären. Sie hat einen ungeheuren Aufschwung genommen, seitdem der US-amerikanische Senat das letzte Jahrzehnt des 20. Jahrhunderts zur *decade of the brain* ausrief, als läge unter unserer Schädeldecke das letzte und wichtigste aller Geheimnisse: das menschliche Bewußtsein. Wie in einer Torschlußpanik überstürzen sich die Forschungsberichte, als gälte es, mit einem endlich durchschauten Gehirn und dingfest gemachten Geist das neue Jahrtausend in Angriff zu nehmen. Wenn die Philosophie nicht abtreten oder sich in Neurophilosophie verwandeln will, dann soll sie doch bitte sagen, worum es ihr geht. Sie ist herausgefordert. Das heißt: Ihre Vertreter sind es; ich bin es.

Die Herausforderung seitens der Hirnforschung und der neuen Neurophilosophie besteht in der Behauptung, daß der Geist in all seinen Schattierungen vom bloßen Sichgewahrsein bis zum Verantwortungsbewußtsein eine Eigenschaft einer Ansammlung von Zellen sei. Nichts sonst! Francis Crick, bekannt durch die Entdeckung der Doppelhelix der DNA im Jahre 1953, widmete dieser Hypothese

1994 sein Buch *The Astonishing Hypothesis. The Scientific Search for the Soul.* Er schreibt:

>»Die erstaunliche Hypothese besagt folgendes: Sie, Ihre Freuden und Leiden, Ihre Erinnerungen, Ihre Ziele, Ihr Sinn für Ihre eigene Identität und Willensfreiheit – bei alledem handelt es sich in Wirklichkeit nur um das Verhalten einer riesigen Ansammlung von Nervenzellen und dazugehörigen Molekülen. Lewis Carrols Alice aus dem Wunderland hätte es vielleicht so gesagt: ›Sie sind nichts weiter als ein Haufen Neuronen‹. Diese Hypothese ist so weit von den Vorstellungen der meisten Menschen entfernt, daß man sie wahrlich als erstaunlich bezeichnen kann.« (Crick 1997, 17)

Um die Vorstellungen der meisten Menschen zu illustrieren, zitiert Crick (ebd.) den *Katholischen Katechismus*: »Frage: Was ist die Seele? Antwort: Die Seele ist ein Lebewesen ohne Körper, das Vernunft und freien Willen hat.«

Crick weiß, *was die Seele wirklich ist* (so der deutsche Titel seines Buches): »nichts als ein Haufen Neuronen«. Das ist anscheinend mehr als nichts; so daß er sich mit seiner Hypothese nicht einfach der noch radikaleren These des Dikaiarch, der ca. 345–270 v.u.Z. lebte, anschließt, die nach Cicero lautet:

>»Die Seele sei überhaupt nichts, das ganze Wort inhaltsleer, und grundlos spreche man von beseelten Wesen, weder im Menschen gebe es Seele oder Geist noch im Tier. Die ganze Kraft, aufgrund derer wir etwas tun oder empfinden, sei in allen lebenden Körpern gleichmäßig verteilt und nicht vom Körper trennbar, da es eine Seele in dieser Form nicht gebe, sondern nur einen unzusammengesetzten Körper, der so gestaltet sei, daß er kraft seiner natürlichen Mischung Lebenskraft und Empfindung besitze.« (Cicero 1969, 45)

Was ist also erstaunlich und neu an Cricks Hypothese? Wohl dieses: Zwar ist Seele nicht überhaupt nichts, aber sie ist doch nichts als ein Haufen Neuronen. Warum ein Haufen Neuronen, warum nicht nichts als der lebendige, empfindende, ein Ganzes bildende Leib des Dikaiarch? Sofern Crick sich mit seiner »erstaunlichen Hypo-

these« aufs Gehirn kapriziert, ist er wohl ein Anhänger einer noch
älteren Hypothese, nach der das Gehirn der eigentliche und einzige
Seelenort ist, der Hypothese des ums Jahr 400 vor unserer Zeitrechnung lebenden Arztes Hippokrates von Kos. Seine Botschaft lautet:

>»Die Menschen sollten aber wissen, daß nirgends anders als daher
>(vom Gehirn) die Freude, die Fröhlichkeit, das Lachen und Scherzen
>kommt, wo auch der Kummer, die Betrübnis, der Mißmut und das
>Weinen herrührt. Dank dieses Teiles besonders sind wir auch ver-
>ständig, begreifen, sehen, hören und unterscheiden wir das Häßliche
>und das Schöne, das Böse und das Gute, das Angenehme und das Un-
>angenehme. ... Mit Hilfe ebendesselben aber bekommen wir auch
>Wutanfälle und Delirien, treten vor unseren Augen Schreckbilder auf
>und stellt Furcht sich ein, bald während der Nacht, bald wieder am
>Tage, nicht minder Traumbilder, störende Irrtümer, unbegründete
>Sorgen, Unkenntnis des gegenwärtigen Zustandes, Ungewohntes und
>Unerfahrenheit. All dieses widerfährt uns durch das Gehirn.« (Hippo-
>krates 1897, 561)

Nach dieser These ist das Gehirn Herkunftsort und Instrument des
Geistes oder der Seele, aber doch nicht diese selbst. Hippokrates
kannte eben noch keine Zellen, keine Neuronen und neuronale
Netzwerke, erst recht keine Computer wie nun Crick. Denn diese
Unkenntnis scheint der Grund dafür zu sein, daß Hippokrates dem
Geist ein eigenes Sein nicht ausdrücklich abspricht; und die Kennt-
nis von den Neuronen der Grund dafür, daß Crick den Geist oder
die Seele mit dem Gehirn identifiziert. Der Geist ist für ihn nichts
als dasjenige, was bei Hippokrates lediglich sein Medium oder seine
Wirkungsstätte bildet.

So braucht Crick die Seele auch nicht für ganz und gar nichts zu
halten. Die Erklärung der Gehirnfunktionen bildet für ihn zugleich
die Erklärung der Seele und des Geistes. Die unzähligen Veröffent-
lichungen der letzten Jahre über Gehirn und Geist beschäftigen sich
deshalb mit nichts anderem als dem Funktionieren des Gehirns.
Denn Geist oder Seele sind für sie das Funktionieren des Gehirns.

Zwar unterscheidet sich die Frage nach der Wirkungsstätte oder dem Medium des Geistes von der Frage nach dem, was der Geist ist. Dennoch ist die zweite Frage nicht unabhängig von der ersten, sofern der Geist ja nichts als die Wirkung der Vorgänge sein könnte, die sich an einem gewissen Ort, das heißt im Gehirn, abspielen. Jene Vorgänge, die womöglich Geist erzeugen und die nicht nur dessen Instrumente oder Medien bilden, sind die neuronalen Netzwerkprozesse, die Hippokrates und Dikaiarch noch nicht kannten.

Alice im Wunderland hätte es vielleicht so gesagt: »*Sie sind nichts weiter als ein Haufen Neuronen.*«
FRANCIS CRICK

Auch Aristoteles, der Lehrer Dikaiarchs hundert Jahre nach Hippokrates, hat sie nicht gekannt. Er degradierte sogar das Gehirn zum Kühlorgan. Vielleicht wandte er sich damit überhaupt gegen die vorschnelle Lokalisierung des Geistes in einem speziellen Seelenorgan. Denn warum sollte der Geist gerade im Hirn seinen bevorzugten Platz haben, so daß von dort die Freuden und die Kümmernisse stammen? Denkt und urteilt man nicht auch mit dem Herzen und aus dem Bauch heraus? Ist es nicht der ganze Leib, der Geist hat, durch den der Geist da ist und der, wenn man so will wie Dikaiarch,

identisch mit ihm ist, so daß es sich erübrigt, außer vom Leib auch
noch vom Geist zu reden?

Daß der Geist, wenn er denn überhaupt einen Herkunftsort hat,
genauso gut im Restkörper wie im Gehirn auftreten könnte, legen
zum Beispiel die Neuropeptid-Forschungen der Chemikerin Gandace Pert nahe. Die Neuropeptide wirken im Gehirn als Neurotransmitter und im Körper als Hormone. Neuropeptid-Rezeptoren
gibt es im ganzen Körper. Sie bilden vermutlich die physiologische
Basis des Geistes, der demnach überall im Körper existiert. Gandace
Pert meint:

»Ich glaube, daß wir anfangen müssen, darüber nachzudenken, wie
Geist und Bewußtsein in den verschiedenen Regionen des Körpers
funktionieren und wie sie dort hinkommen.« (Zit. n. Holler 1996, 83)

Philosophen rufen angesichts der These vom Geist als Körper- oder
Hirnfunktion selbstverständlich: Kategorienfehler, Kategorienfehler! Scheint der Geist doch zu einem vom Körper gänzlich verschiedenen Wirklichkeitsbereich zu gehören. Zwischen dem Körperlichen und dem Geistigen kann es dann keinen Wirkzusammenhang
geben. Den gibt es nur zwischen Gleichartigem, also einmal in der
Reihe der physischen Ereignisse und zum anderen – vielleicht – in
der Reihe der psychischen Ereignisse. Vielleicht! Denn Sigmund
Freud (1972, 18) zum Beispiel wies darauf hin, daß man für die Annahme einer zur physischen parallelen psychischen Ereignisreihe
auch das Unbewußte zum Psychischen rechnen muß, weil manche
physischen Ereignisse keine Entsprechung im Bewußtsein hätten.
Das Unbewußte gehört dann zu diesen nicht im Bewußtsein reprä-
sentierten physischen Ereignissen.

Gleichartig sind Körper und Geist eben nicht, und zwar so wenig
wie etwa eine Lautfolge und die bei ihrem Hören entstehenden Gedanken. Und doch haben beide miteinander zu tun. Aber wie? –
Nun, das zu erkunden ist eigentlich Sache der Philosophie. Man
kann sagen: Die Geistphilosophie entwickelte sich seit den Griechen

trotz der Behauptung, der Geist oder die Seele seien eigentlich nichts, oder doch nichts als der Körper und das Gehirn selbst. Die Philosophie ist damals wie heute, so scheint es mir, ein Fanal gegen diese Behauptung, nämlich gegen die mentale Lähmung, die daraus entstehen könnte.

Neuropeptid-Rezeptoren gibt es im ganzen Körper. Sie bilden vermutlich die physiologische Basis des Geistes, der demnach überall im Körper existiert.

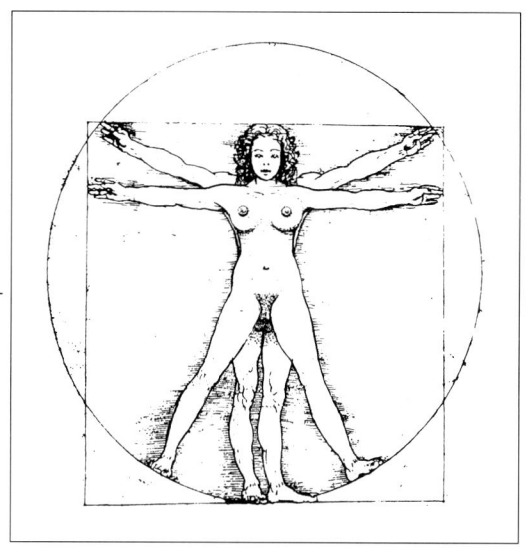

Denn man fasse sich doch einmal an den Kopf (mit Ludwig Wittgenstein, von dem diese Aufforderung stammt) und sage sich dabei: »Dieser Gedanke ist durch einen Gehirnvorgang erzeugt«. Nun, was spürt man dann? Wird man nicht denken: »Das kann doch nicht wahr sein! Dieser Gedanke jetzt, daß alles Denken, eben auch dieses, ein Gehirnprodukt sei, dieser Gedanke soll ein Produkt dessen sein, was er denkt, sich vorstellt: dieses Organs hier im Schädel? Das ist doch nicht zu fassen!« Der Meinung war auch Wittgenstein (1971, 154). »Schwindel‹ erfaßt mich«, schrieb er zu seinem Selbstversuch mit der Denkergeste. Und dennoch scheint nichts selbstverständlicher als die Behauptung: Ich denke mit dem Gehirn oder Gedanken sind Gehirnvorgänge.

Ein solcher Schwindel wie beim Gedanken an eben diesen Gedanken als Hirnerzeugnis, meint Wittgenstein, befällt einen auch bei logischen Paradoxien, etwa beim Ausspruch des Kreters Epimenides, der lautet: *pseudomai* (= Ich lüge jetzt). Denn: Wenn das wahr ist, ist es gelogen; wenn es gelogen ist, ist es wahr. Einen ähnlichen Schwindel erzeugt die Russellsche Antinomie von der Menge aller Mengen mit Ausnahme solcher Mengen, die sich selbst als Element enthalten

Das Gefühl der Unüberbrückbarkeit der Kluft zwischen Bewußtsein und Gehirnvorgang: Wie kommt es, daß das in die Betrachtung des gewöhnlichen Lebens nicht hineinspielt?

LUDWIG WITTGENSTEIN

(wie zum Beispiel diese mit zwölf Wörtern beschreibbare sich selbst enthaltende Menge:»die Menge aller Objekte, die sich in zwölf deutschen Wörtern beschreiben lassen«). Schwindel macht auch der Gedanke vom Katalog aller der Kataloge, die sich nicht selbst katalogisieren. Denn: Katalogisiert der sich nun selbst oder nicht? Wenn ja, dann nein; wenn nicht, dann doch.

Und nun erst der Gedanke, durch den ich mich als nicht-michselbst-denkend denke, sondern als an sich vorhanden!

Haben wir also beim Gedanken des objektiven Ursprungs eben dieses Gedankens nicht auch ein solches Schwindelgefühl? Denn wer enthält hier wen, der objektive Ursprung den Gedanken oder der Gedanke den objektiven Ursprung? Ist es nicht, mit Wittgenstein gesprochen, das »Gefühl der Unüberbrückbarkeit der Kluft zwischen Bewußtsein und Gehirnvorgang«? Manche werden mit den Schultern zucken: Nein, wieso? Oder, halt: War es nicht gerade da, das Gefühl? Wittgenstein (1971, 154), der es wohl hatte, fragte sich: »Wie kommt es, daß das in die Betrachtung des gewöhnlichen Lebens nicht hineinspielt?«

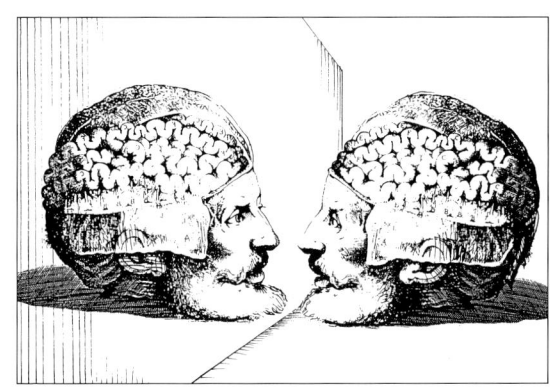

Die Philosophie: ein Aufruf zur Auferstehung aus den Gräbern des Objektivismus.
PETER SLOTERDIJK

Ich meine, zur Philosophie braucht man jene Schwindelerfahrung und wohl auch eine Ahnung vom Grund dieses Schwindelgefühls, das im gewöhnlichen Leben anscheinend kaum eine Rolle spielt. Denn wer bewegt sich mit seinem Denken schon gern am Rande desselben, indem er seine Gedanken, wie den Gedanken vom objektiven Erzeugtsein des dieses Erzeugtsein denkenden Gedankens, ernst nimmt? Er könnte ja dann mit seiner Vorstellungsorientierung überhaupt ins Taumeln geraten.

Der Grund des Schwindelgefühls ist der negative Selbstbezug, sei es semantisch bei der Negation des Gesagten durchs Sagen oder existentiell, wenn ich, wie Descartes es tat, meine Existenz ans Vorstellen binde. Dann bin ich nur dadurch und nur insofern, als ich vorstelle, da zu sein, und das heißt: vorstelle, nicht nicht zu sein. »Ich

denke, also bin ich«, sagte Descartes (1960, 26). Wie soll ich mich aber
nun als Vorstellenden entdecken, wenn nicht dadurch, daß ich mich
vom Nichtvorstellenden unterscheide, also durch die Vorstellung,
nicht vorzustellen oder nicht zu sein? Eben das ist das Todesbewußtsein als Nichtseinsgedanke, man kann auch sagen: das Gefühl des
Nichts. Das Schwindelgefühl zeigt an: Hier ist »der blinde Fleck« des
Geistes, hier steckt sein Geheimnis. Der Grund des Schwindelgefühls
ist also, kurz gesagt, das Selbstbewußtsein.

Die Philosophie ist womöglich von Anfang an ein Aufruf gegen
die mit dem Selbstbewußtsein unvereinbare platte Identität von Bewußtsein und Gehirnvorgang und damit gegen die Idiotie oder Ein-
dimensionalität, die aus der Identifizierung mit dem Körper kommt.
Philosophie ist, wie Peter Sloterdijk das für Fichtes Philosophie formuliert hat, ein »Aufruf zur Auferstehung aus den Gräbern des Objektivismus« (in: Fichte 1996, 10). Denn die Objektivierung oder
Materialisierung des Ich bedeutet seinen Ruin. Das Ich als Gehirnvorgang wird im Gehirn gewissermaßen begraben. Die vollständige
Objektivität des Ich bildet sein Verschwinden.

3. Die Weltfremdheit des Ich

Die Cricksche Hypothese über mich, nichts als ein Ding zu sein,
scheint mir nicht erstaunlich, denn, so bemerkte Fichte (1845, I 175):
»Die meisten Menschen würden leichter dahin zu bringen sein, sich
für ein Stück Lava im Monde, als für ein *Ich* zu halten.« Erstaunlich
scheint mir, daß sie heute, 200 Jahre nach Fichte, als Antwort auf die
Frage nach der Möglichkeit eines selbstbewußten Wesens, wie ich es
bin, angeboten wird. Der Genetiker Crick steht nicht allein da. Ähnlich denkt auch der Linguist Searle. Er meint sogar, die Hypothese
bedeute *Die Wiederentdeckung des Geistes* (so der Titel seines Buches). Als wäre der Geist vor seiner endgültigen neurowissenschaft-
lichen Objektivierung verschüttet gewesen! Searle schreibt:

»Geistige Phänomene werden von neurophysiologischen Vorgängen im Hirn verursacht und sind selbst Merkmale des Hirns. Um diese Auffassung von den vielen anderen zu unterscheiden, die im Umlauf sind, nenne ich sie ›biologischen Naturalismus‹. Geistige Ereignisse und Vorgänge gehören genauso zu unserer biologischen Naturgeschichte wie Verdauung, Mitose, Meiose oder Enzymsekretion.« (Searle 1993, 15)

Von dieser biologischen oder naturalistischen Lösung des Gehirn-Geist-Problems, bei dem die Gedanken so etwas wie die Stoffwechselprodukte des Gehirns sind, sagt Searle noch: »In einem gewissen Sinne wissen wir alle, daß sie stimmt.« (Ebd.)

Was wohl heißt, daß wir in einem gewissen anderen Sinn wissen, daß sie nicht stimmt. Dieser Sinn ist für Searle jedoch zu obskur. Dennoch ist es der philosophische Sinn. Searle hält sich an den gewissen Sinn, an den sogenannten gesunden Menschenverstand, für den allemal klar ist, daß der Geist im Schädel steckt. Zumindest heute in den Ländern fortgeschrittener Aufklärung ist es so. Früher, zu Zeiten Michelangelos zum Beispiel, mag das noch als religionslästerlich gegolten haben, weshalb, wie einige meinen, Michelangelo auch seine fortschrittliche Auffassung vom göttlichen Geist als Gehirninsassen nur versteckt geäußert habe, aber doch immerhin an der Decke der Sixtinischen Kapelle. Dort fügen sich Gott und sein Clan in die Rundform eines Tuches wie in eine Hirnhaut. Allerdings: Zugleich sprengt der Geist-Gott mit seinem weisenden Arm die Hirnform.

Searle suggeriert uns: Jeder, der sich eines normal funktionierenden Hirns erfreut, weiß heute, daß seine Gedanken auf Gehirntätigkeiten beruhen, er gibt es nur nicht gerne zu, denn es klingt so unphilosophisch. Thomas Metzinger ist ein Philosoph, der zugibt, daß die Searlesche Lösung stimmt. Und so behauptet er, daß alle guten Philosophen Materialisten seien wie er. Zurückblickend auf seine Lektüre gegenwärtiger Philosophen erzählt er:

»In der neueren Literatur der wirklich guten Philosophen ging es nur noch darum, welche Variante des Materialismus nun die richtige sei.

Die klassische philosophische Frage, ob er überhaupt gültig sei, wurde gar nicht gestellt. Niemand glaubte noch im Ernst an eine Seele oder gar ein Leben nach dem Tod.« (In: Schnabel/Sentker 1997, 274)

Der letzte Neurophysiologe, der noch an die Seele glaubte, soll John C. Eccles gewesen sein. Er starb 1997. Jetzt schienen die Neurowissenschaftler als Materialisten endlich unter sich zu sein. Allerdings ergab im selben Jahr eine Umfrage unter amerikanischen Biologen, Physikern und Astronomen, daß trotz der ihnen vertrauten Forschungsergebnisse zum Urknall, zur Entstehung des Lebens und zur Evolution zwei von fünf Naturwissenschaftlern an Gott und das ewige Leben glauben.

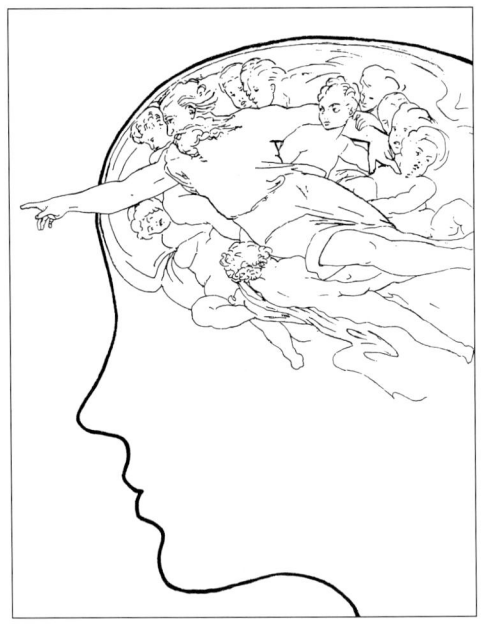

Michelangelos Gott und sein Clan fügen sich in die Rundform des Tuches wie in eine Hirnhaut.

Vielleicht haben es die Menschen schon immer so gehalten: Einerseits wissen sie, daß der Geist ein Gehirnprodukt ist. Andererseits hoffen sie, daß der Geist die Zerstörung des Körpers und des Gehirns überlebt und daß sie wenigstens als Geist weiter existieren. Letzteres sei aber materialistisch gesehen unmöglich, meinte neulich der Hirnforscher Gerhard Roth (*Merkur* Nr. 579, 549 ff.). Idealistisch gesehen natürlich nicht, und idealistisch heißt hier: aus der Perspektive des Geistes selbst, der ich bin. Ihm kann nicht gezeigt werden, daß er dann nicht mehr ist, wenn Körper und Hirn zerfallen sind. Er hat den Tod zum Komplizen.

Es ist wohl so, daß wir zweierlei Leben haben oder zweierlei Leben sind: ein lebendiger Körper und ein lebendiger Geist. Das eine ist unsere Äußerlichkeit: Wir leben als Organismen in der Welt. Das andere die Innerlichkeit: Ich bewohne den lebenden Körper. Aber als ein solches Ich bin ich nicht in der Welt, gehöre ich nicht zur Welt. Zwar bin ich von ihr umgeben und finde mich bis in die Inhalte meiner Gedanken, die Arten meines Gefühls und die Nuancen meiner Stimmung von meinem Körper bestimmt und von dem, was ebenso real-körperlich auf ihn einwirkt, zum Beispiel von einem Schluck Wein, einem Nadelstich, einer Hormonverabreichung usw. Aber die Tatsache, daß ich es bin, der sich da erlebt, der Schmerzen hat, dessen Gedanken sich verwirren, der sich nach etwas sehnt oder etwas haßt – diese Tatsache ist nichts Objektives. Das hat Hermann Schmitz (1964, I 1 ff.) immer wieder betont. Auf diesen gewissen Sinn, in dem die erstaunliche Hypothese Cricks oder Searles oder aller nach Metzinger »guten« Philosophen nicht stimmt, berufe ich mich, das heißt auf die irgendwie entsetzliche Einsicht, daß ich unauffindbar bin in der Welt.

Vielleicht ist das überhaupt der Anfang der Philosophie: Das Staunen darüber, daß die Welt ist und statt ihrer nicht nichts ist, daß *ich* bin und nicht nicht bin, daß mit mir Welt da ist, so daß ohne mich nichts ist. Dieses Erstaunen ist eine Art Schock. »Ich nenne es einen Schnitt, könnte es auch einen Stich oder Blitz nennen«, schreibt Dolf Sternberger (1981, 13) in seinem Buch *Über den Tod* beim Gedanken, nichtseiend zu werden, das heißt: bald gewesen zu sein. Und Peter Sloterdijk meint in seinem Buch *Weltfremdheit*:

»Solche schreckhaften Erleuchtungen treten nur episodisch auf – kein Diskurs, keine Übung führt hin zur panischen Selbsterfahrung des Daseins. Das Ich stößt unvorbereitet auf sich selbst als voraussetzungslosen Fund. Der Selbstfindling erfährt sich in diesem Moment als das unheimliche Wesen, das schlechterdings kein Ding ist und das auch nicht im Widerschein der Dinge verstanden werden kann. Ich bin keines der Dinge – das bedeutet: ich finde keine Zuflucht beim Unmenschlichen mehr; ich bin, und weiß es jetzt, kein Stein, keine Pflanze, kein Tier, keine Maschine, kein Geist, kein Gott. Mit dieser sechsfachen Verneinung umzirkle ich den unheimlichsten aller Räume. Wer Mensch ist, lebt an einer Stelle, die sich selbst absolut auffällt. Ich bin von da an nur noch Schauplatz einer Frage. Mein Leben ist ein Theater des Zitterns darüber, daß ich anders zu sein habe als alles, was den Komfort genießt, Ding unter Dingen, Wesen unter Wesen zu sein. Warum trifft es mich?« (Sloterdijk 1993, 16 f.)

Ich bin in meinem Bei-mir-selbst-Sein ein Fremdkörper in der Welt der Objekte, kein Körper unter anderen Körpern, eben auch nicht ein Subjekt unter anderen Subjekten oder ein Geist neben anderen Geistern. Denn das hieße, mich als erste Person der dritten Person (dem »er, sie, es«) unterzuordnen. So machen es die biologischen Naturalisten, welche damit die Unauffindbarkeit meines Selbst im Objektiven zum Verschwinden bringen. So macht es zum Beispiel Dieter E. Zimmer, wenn er, überzeugt von der naturalistischen Wiederentdeckung des Geistes, triumphiert:

»Der Geist braucht sich nicht mehr als einen wunderlichen Fremdkörper in der Welt der Naturerscheinungen zu sehen. Er kann die Kluft zwischen sich und der Natur überbrücken. Die Philosophie kann, wo sie dieser Spur folgt, mehr tun, als sie traditionellerweise immer getan hat: sich an ihrer eigenen inneren Schlüssigkeit zu messen; sie erhält, was die Naturwissenschaften so unwiderstehlich macht: ›externe Konsistenz‹, nämlich Bestätigung aus nichtphilosophischen Gegebenheiten.« (Zimmer 1980, 35)

Wird das imponierende Wissen in Sachen Gehirnphysiologie und Evolutionsbiologie die Ahnung ganz verschwinden lassen, daß wir als Bewußtsein, Empfindung oder Geist nicht zur Welt gehören, da sie uns doch erst im Modus von Geist, Empfindung und Bewußtsein erschlossen ist? Verliert sich unser Autonomiebewußtsein womöglich angesichts der Erfahrung physiologisch manipulierter Bewußtseinszustände? Ist die naturalistische Wiederentdeckung des Geistes am Ende seine Abschaffung?

4. Tod und Leben

Vielleicht waren die Menschen nicht aus mangelndem Naturwissen mit der naturalistischen Lösung für das Körper-Geist-Problem unzufrieden, sondern weil es für jeden Menschen eine Art übersinnliches Datum gibt, das ihn diese Lösung ablehnen läßt. Dieses Datum im Bewußtsein scheint mir der Gedanke des Todes oder des Nichtseins zu sein. Die Empfänglichkeit für diesen irritierenden Gedanken ist jener oben beschriebene Sinn für die eigene Singularität und ihr Jenseits, das eigene Nichtsein.

Rituale, Kulte und Kunstwerke zeugen von diesem Gespür. Sie sind seit Jahrtausenden objektive Indizien für das Leben der Menschen im Unterschied zu dem der Tiere. Denn sie handeln von diesem Paradox: mitten im Realen vom Nichts umgeben zu sein. Sie füllen es, das Nichts, mit anderer, übersinnlicher Realität, mit Geistern, Dämonen und Mächten. Kult, Kunst, Kultur wölben sich über die Absurdität, den Tod zu wissen. Denn es ist ein unmögliches, ein verkehrtes Wissen. Man weiß den Tod, obwohl man ihn nicht erfahren kann. Das Unerfahrbare übertrifft hier alles Erfahrbare an Gewißheit und verwandelt dieses in Schein und Nichtwissen. Clément Rosset schreibt in seiner Abhandlung *Das Prinzip Grausamkeit*:

>»Der Mensch ist ein Wesen, das zu einem Wissen fähig ist, zu dem es in anderer Hinsicht unfähig ist, das im Prinzip zu einem Können fähig ist, zu dem es in Wirklichkeit unfähig ist, das fähig ist, sich mit Dingen zu konfrontieren, die es unfähig ist, auszuhalten. Gleichermaßen un-

fähig, zu wissen und nicht zu wissen, ist der Mensch in einer Widersprüchlichkeit gefangen, die jede plausible Definition unmöglich macht.« (Rosset 1994, 31 f.)

Das Nichtwissen aus dem Zuviel an Wissen, das den Tod ins Bewußtsein rückt, ist das Schicksal der menschlichen Vernunft. Der biologische Naturalismus meint, dasjenige, was im Todesbewußtsein an Zuviel des Wissens oder an gewußtem Nichtwissen gegeben ist, auflösen zu können, so daß es die Erfahrungswissenschaft nicht mehr dementieren kann. Er erklärt den Tod zu nichts: Etwas funktioniert nicht mehr. Das ist alles!

Dabei ist der Materialismus auf den Tod angewiesen, denn die objektive materielle Welt ist die Welt ohne mich, in der es mich grundsätzlich nicht zu geben brauchte. Dann ist sie, solange ich nicht tot bin, eine Fiktion, die Fiktion der Selbstabstraktion des erkennenden Subjektes. Das Argument für den Materialismus und Objektivismus besteht also in der Behauptung, daß mein Tod wie der eines anderen ist, daß er in der Welt geschieht und nicht mit ihr, daß die Welt mich selbst nicht braucht. Aber es könnte doch anders sein: Es könnte nichts sein ohne mich. Auf dieses Argument gegen den Materialismus, auf den Tod als Eintritt des Nichts, berufe ich mich.

Ich meine also: Nicht deshalb, weil die Menschen bloß intelligenter oder vielleicht emotionaler wären als die Tiere, machten und brauchten sie Kult, Kunst und Religion, sondern weil sie mit ihrer Intelligenz und Emotionalität einem Problem begegnet sind, das sie nicht lösen können: dem eigenen Tod als Weltuntergang. Sie haben dieses Problem, um mit Freud zu sprechen, verdrängt, es vermöge einer Art Selbstvergessenheit mit einem »Gemeingefühl« überlagert, das eine Objektivierung schafft. Dazu gehört eine Identifizierung mit höheren Mächten oder auch nur mit der Position eines anderen, aus dessen Perspektive sie sich sehen. So macht es ja auch die Naturwissenschaft. Die Menschen sind sich selbst dabei durch ihre Vernunft äußerlich, sehen sich jeweils als einen unter anderen, sehen sich zum Beispiel als Geschöpfe Gottes oder der Evolution, als Organismen, die leben und sterben und irgendwie verschwinden, ohne daß damit die Objektivität oder das Sein verschwänden, welche sie bei dieser Sicht in Anspruch nehmen.

Die naturwissenschaftliche Vorstellung der Welt als einer mich selbst einbegreifenden an sich seienden Wirklichkeit erfordert die Mitvorstellung einer Instanz, für die sie ist, ein Ersatz-Ich, weil ich doch von mir selbst umwillen eines Ansichseins absehe. Dieses Ersatz-Subjekt für die Welt als Objekt, als Ansichsein, ist Gott. An sich ist er nichts. Er ist nur dazu da, die Welt vom Nichtsein zu unterscheiden. Gott ist der absolute Zuschauer für die Welt, damit sie ist. Er ist ihre Rettung als Sein. Gott hat die Welt vor mir zu retten, wenn ich nicht bin. So ist Gott in seiner erkenntnistheoretischen Funktion nichts als das für sich nicht nicht-sein-könnende Ich.

Das Nichts droht mir, dem diese Sicht der Selbstveräußerung und Selbstverwandlung in einen absoluten Zuschauer als eine Art autohypnotischer Selbstverleugnung und vorgezogenen Todes erscheint. Freud schreibt davon 1883 an seine Braut:

> »Man könnte darlegen, wie ›das Volk‹ ganz anders urteilt, glaubt, hofft und arbeitet als wir. Es gibt eine Psychologie des gemeinen Mannes, die von der unserigen ziemlich unterschieden ist. Sie haben auch mehr Gemeingefühl als wir, es ist nur in ihnen lebhaft, daß sie einer das Leben des andern fortsetzen, während in jedem von uns mit seinem Tode die Welt erlischt.« (Freud 1960, 57)

Die Philosophie ist herausgefordert zu sagen, worum es ihr geht. Ich meine, es geht ihr um dieses Zuviel an Wissen: Sie will es verwinden, verarbeiten oder verwandeln. Man kann es das Todeswissen nennen, den Gedanken des Nichtseins oder der Weltfremdheit des Ich. Dieses Wissen irritiert alles andere Wissen, insbesondere das Faktenwissen der Naturwissenschaft. Es stammt aus dem panischen Erlebnis, überhaupt da zu sein und an einer Welt teilzunehmen, die ohne mich nicht da wäre, weil ich sie nicht erführe, und die für ewig nicht mehr da sein wird, wenn ich, der Einzige, verschwunden bin. Alles andere Wissen wird dadurch dementiert und deklassiert.

Allerdings ist mit dem irritierenden Zuviel an Wissen nicht viel anzufangen. Eigentlich gar nichts. Philosophie ist vielleicht nichts weiter als die immer wieder vorgetragene Verzweiflung am Tatsachenwissen angesichts der Singularität der eigenen Subjektivität, über die solches objektive Wissen letztlich nichts weiß.

Mein Verhältnis zu all den selbstverständlich objektivistischen Büchern über den Zusammenhang von Gehirn und Geist finde ich in einem Bild Wittgensteins aus seinem *Vortrag über Ethik* ausgedrückt. Wittgenstein gibt dort eine Erklärung dafür, warum er den zweiten, den wichtigeren Teil seines Werkes, dessen erster die *Logisch-philosophische Abhandlung* (= *Tractatus logico-philosophicus*) über die Tatsachenwelt ist, nicht geschrieben hat. Es hätte nämlich ein Buch über Ethik sein müssen, eines über die Rückseite der Tatsachenwelt oder über sich selbst. Es hätte die Bedeutung seines Lebens angeben müssen, hätte aussagen müssen, was absolut, weil einzig für ihn selbst, gut und wertvoll ist. Zugleich hätte es jedem Leser erklären müssen, was der Sinn seines Lebens ist oder was er an sich ist. Ein unmögliches Buch! Denn woher den Standpunkt über sich hinaus nehmen, wenn man nicht schon tot ist? Ein Buch aus dem Jenseits also, ein übersinnliches Buch hätte es sein müssen, übersinnlich wie ich selbst. Wittgenstein sagt:

> »Wäre jemand imstande, ein Buch über Ethik zu schreiben, das wirklich ein Buch über Ethik wäre, so würde dieses Buch mit einem Knall sämtliche anderen Bücher auf dieser Welt vernichten.« (Wittgenstein 1989, 13)

Wie in dieser Metapher das Ethikbuch, so bin ich selbst in Wirklichkeit eine die ganze Welt vereinnahmende Singularität, eine Art »schwarzes Loch«, das keine tatsächliche Information über es zuläßt (Luhmann 1985, 402). Wenn doch, stürzte die Welt in mich hinein. So mag es der Welt bei meinem Tode ergehen. Für andere mag sie *mich* verschlucken. Ich selbst nehme sie in mich hinein wie ein schwarzes Loch.

Sowenig Wittgenstein über die Ethik ein Buch schreiben konnte, sowenig kann ich eines über den Geist, die Seele oder mein Ich schreiben. Aber immerhin hat Wittgenstein einen Vortrag über Ethik gehalten, aus dem ich eben zitierte. Und ich schreibe hier über Geist, Seele und Ich, über das, worum es der Philosophie geht. Man kann es auch den Sinn des Lebens nennen. Aber eigentlich geht das gar nicht: Ich kann nicht sagen, was ich meine. Die kommunikative Veräußerung des Singulären ist selbstwiderspüchlich, eine Art Verrat. So mag Philosophie schließlich immer ungeschrieben und unausgesagt bleiben. Schon Platon (1957, I 316 f.) hat das von seiner Philosophie gesagt und (im 7. Brief) geschrieben: Über das Eigentliche hätte er nie etwas geschrieben außer eben dies, nichts darüber geschrieben zu haben.

Hier ist ein blinder Fleck im Bewußtsein, denn es gibt keine versuchsweise Aufhebung des Ichbewußtseins in der lebendigen Reflexion.
ARNOLD GEHLEN

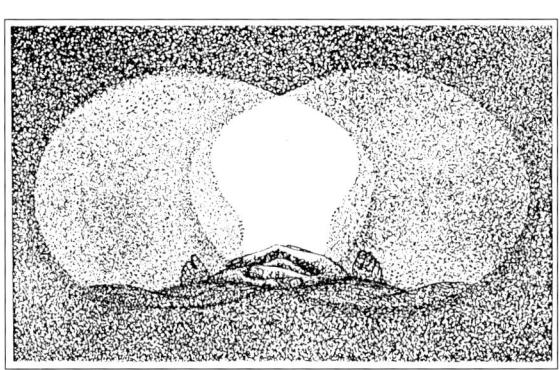

Leben ist das, was ist, was jetzt, was überhaupt ist: dein Leben, mein Leben, Dasein oder Gegenwart. Denkt man darüber nach, was das ist, schwindelt es einen. Man kann nicht dahinter kommen, denn die andere Seite des Daseins ist das Nichtsein. Und die ist unzugänglich. Ich kann nicht das Dasein, das immer meines ist, aus der Distanz überblicken, das heißt aus dem Nichtsein heraus. Die absolute Wahrheit des Objektiven erfordert mein Nichtsein, den Tod. Mit dem Bewußtsein des Todes ist zugleich die Idee der Wahrheit da, die Idee dessen, was an sich ist, ganz unabhängig davon, daß oder ob ich es erlebe, wahrnehme, vorstelle und denke. Doch damit ist zugleich die Unmöglichkeit der Wahrheit für mich angezeigt: Ich kann dieses Sein nicht begreifen, weil ich nicht außer mir sein kann, nicht außerhalb dieses Seins, das mein Dasein ist. Die Dinge an sich selbst sind unerkennbar, sagte Kant.

Aber wegen des unvermeidbaren Todesbewußtseins werden sie zwangsläufig als das Wahre gedacht: als Welt ohne mich, insbesondere als das objektive Leben, als mein Leben ohne mich. Das biologische Leben, mein Leben als Objekt der Wissenschaft, ist ichloses Leben, nämlich meines so gut wie deines und eines jeden. Die Hypothese von Crick, Searle und anderen besagt genau dies: Mein Leben ist das biologische Leben des Körpers, oder: das Leben meines Geistes ist das Leben eines Organismus, insbesondere eines Gehirns. Und das sogenannte Geistesleben ist nichts weiter als eine Eigenschaft des biologischen Lebens der Menschen.

Wie kann man mit dieser Neuromythologie leben? Ruiniert oder paralysiert sie nicht das Leben des eigenen Geistes?

5. Plädoyer für eine Seele

Wie sollten wir uns darüber streiten können, wer recht hat: Sie, der Sie Seelisches als verursacht durch Physisches behaupten, oder ich, der ich die Unabhängigkeit des Seelischen behaupte. Und wenn Sie recht hätten? Wieso? Hören Sie die Argumentation von Josef Seifert aus seinem Buch *Das Leib-Seele-Problem und die gegenwärtige philosophische Diskussion*: Wenn Sie recht hätten, hinge unser Meinungsunterschied darüber, ob das Bewußtsein völlig von Gehirnursachen abhängt oder nicht, selbst ab von Gehirnursachen, etwa davon, daß in Ihrem Gehirn auf Grund atomarer und molekularer Konstellationen ein entgegengesetzt geladener Strom als in meinem fließt. Weder Sie noch ich könnten dann überhaupt irgend etwas erkennen, ja auch nur einen sinnvoll begründeten Wahrheitsanspruch für unsere Thesen geltend machen. Denn statt von der Eigenart des Seienden abzuhängen, das Objekt unseres Bewußtseins ist, hinge dann unser Erkennen ab von einer Kraft hinter unserem Rücken, von physiologischen Prozessen. Oder anders gesagt:

»Würde unser Erkennen vom Gehirn oder anderen materiellen Vorgängen verursacht werden, so würde es in seinem Inhalt ja nicht gemäß der Verschiedenheit von Objekten unserer Erkenntnis, sondern gemäß der Verschiedenheit materieller Ursachen wechseln. Dann könnten wir aber die Gegenstände unseres Bewußtseins niemals in ihrem objektiven Sein erkennen. ... In ähnlicher Weise, nur noch eindeutiger, gilt von jedem freien sittlichen Akt, daß er nur wirklich ist, wenn er von der freien und spontanen Selbstsetzung des bewußten Subjekts abhängt und nicht von physiologisch determinierenden und selbst determinierten Gehirnprozessen.« (Seifert 1989, 265)

Zur Widerlegung des Deterministen in Sachen Entscheidungsfreiheit erfand Arthur Koestler in seinem Buch *Das Gespenst in der Maschine* folgende kleine Parabel, ein Tischgespäch in einem der ehrwürdigen Colleges von Oxford.

»Die Gesprächsteilnehmer waren ein älterer, streng deterministisch ausgerichteter Professor und ein junger temperamentvoller Gastdozent aus Australien.
Der Australier ruft aus: ›Wenn Sie noch weiter leugnen, daß ich in meinen Entscheidungen frei bin, dann muß ich Ihnen wirklich eine herunterhauen.‹
Der alte Herr läuft rot an: ›Ich muß sagen, daß ich Ihr Benehmen unverzeihlich finde.‹
›Entschuldigen Sie bitte. Ich habe mich hinreißen lassen.‹
›Sie sollten sich wirklich besser beherrschen.‹
›Danke. Das Experiment ist gelungen.‹« (Koestler 1981, 279)

Sie sehen: Alles Erkennen, insbesondere das wissenschaftliche, auf das Sie sich berufen, wäre ohne Voraussetzung von Seele sowenig möglich wie ein verantwortliches Handeln, also daß einer etwas tut, was er auch lassen könnte.

Sie meinen vielleicht, das seien nur heuristische Unterstellungen, Hilfsvorstellungen, die im Alltag praktisch sind, aber wieder gestrichen werden müssen, wenn es um die Feststellung dessen geht, was wirklich und an sich ist? Aber heißt das denn nicht, sich selbst aus dem herauszustreichen, was an sich ist? Sich selbst, das heißt Bewußtsein, Denken und Fühlen! Ist das denn nichts, nur weil es nicht unter den objektiven Tatsachen vorkommt?

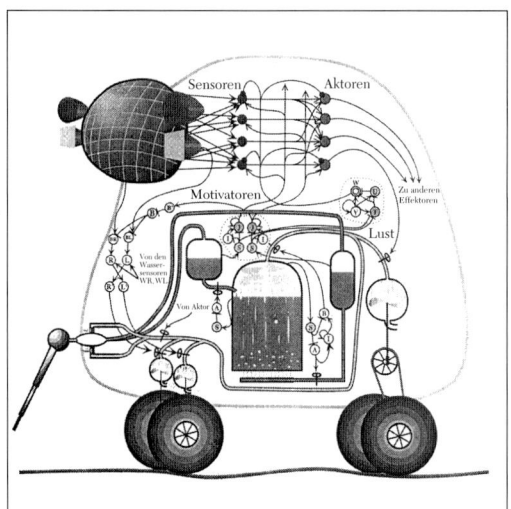

Zu wissen zum Beispiel, daß man ein Nervensystem habe – aber keine ›Seele‹–, bleibt immer noch ein Vorrecht der Unterrichtetsten.

FRIEDRICH NIETZSCHE

Ach, Sie bestreiten die Seele gar nicht, weder als Voraussetzung fürs Erkennen noch fürs Handeln? Sie behaupten sie lediglich als eine physikalische Eigenschaft, als etwas, was sich von selbst einstellt, wenn eine Maschine durch hinreichende Komplexität autonom gemacht wurde. Sie verweisen auf Dietrich Dörners *Bauplan für eine Seele*, der vorführt, wie man eine Maschine bauen kann, die so beseelt erscheint wie ich und Sie.

Zunächst war sie nur eine Dampfmaschine, die von Wasser und Heizöl »lebte«, daß man ihr bei Bedarf einflößen mußte. Durch den Einbau von Rückkopplungssystemen und umgebungsbezogenen Sensoren sowie von Effektoren, also von Sinneswerkzeugen und

Werkzeugen für Bewegung und Nahrungsaufnahme, wurde sie zu einem blechernen Wesen, das so wie ich und Sie ausgestattet ist mit Bedürfnissen, mit Lust- und Frust-Gefühlen, mit Phantasie, Sprache und Selbstreflexion, also mit all dem, was ich von mir selbst her kenne und anderen zuschreibe, die physisch ähnlich beschaffen sind wie ich und deren Gesten und Äußerungen ich als Zeichen verstehe – für Psychisches, also für Vorstellungen, Gedanken, Empfindungen, Wünsche usw.

Aber ist denn durch Ihren *Bauplan für eine Seele* schon erklärt oder verstanden, was Seele ist? Ihre physischen Bedingungen sind erkannt, sicher. Dennoch ist die Seele darum nicht schon etwas Natürliches oder Physisches. Denn wenn ich selbst eine solche Maschine wäre, so wäre ich von meiner Seele ebenso durch unmittelbares Wissen überzeugt wie jetzt bei dieser noch lebendigen Körpermaschine, die ich bewohne. Und genauso geheimnisvoll erschiene mir ihre Verbindung mit einem Körper, der dann eben aus Metall und Silizium besteht. Auch wenn Sie eine solche Maschine wären, warum sollte ich Sie dann nicht für beseelt halten?

Was wüßte ich vom Seelischen, wenn ich es nicht selbst in mir fände! Durch Ihren *Bauplan für eine Seele* weiß ich nichts, was ich nicht schon vorher von mir selbst gewußt hätte: Begierden, Motive, Ängste, Wahrnehmungserlebnisse, Gedanken usw. Natürlich weiß ich nun Genaueres über die physischen Voraussetzungen für Seelisches. Durch anatomische und hirnphysiologische Untersuchungen wußte ich schon vorher einiges darüber, welche physiologischen Prozesse Begleiterscheinungen sind von mir mitgeteilten, das heißt zum Ausdruck gebrachten psychischen Geschehnissen. Auch mein eigenes Gehirn konnte ich auf dem Bildschirm beobachten und dort feststellen, daß bei verschiedenen von mir unmittelbar erlebten psychischen Zuständen – wie Nachdenken über die Seele oder Wahrnehmen und Identifizieren mir gezeigter Bilder – verschiedene Hirnregionen vermehrten Stoffwechsel (Durchblutung bzw. Zuckerverbrauch) aufwiesen. Durch Chip-Implantation ins Gehirn zur

Kompensation von Schäden, etwa am Seh- oder Hörsystem, weiß ich auch, daß Psychisches angewiesen ist auf physische Voraussetzungen und daß diese durchaus denen in unseren Maschinen zur Informationsverarbeitung gleichen. Aber vom Psychischen selbst weiß ich nur durch dieses selbst, nicht durch objektive Erkenntnis oder objektive Erfahrung. Das Psychische kann nicht Gegenstand der Naturwissenschaft sein. Wenn Sie nun eine Maschine bauen, die man für beseelt halten muß – nun gut. Was bedeutet es dann für die Maschine, ein *ego cogito* zu sein, also etwas, das sich selbst durch seine psychischen Vorgänge, wie Denken, Empfinden oder Wollen, feststellt, das sich seiner bewußt ist? Was bedeutet es denn, ein Ich zu sein?

Keine Antwort? Oder keine richtige Frage?

Die ethischen Probleme mit solchen »von selbst« beseelten Maschinen sind im übrigen nicht viel anders als die mit Menschen oder Tieren. Darauf hat zum Beispiel Gerhard Roth hingewiesen (in: Wolfgang-Ritter-Stiftung 1997, 151). Auch eine Maschine wird mich womöglich anflehen, sie nicht zu töten, das heißt abzuschalten oder allein zu lassen. Umgekehrt könnte es vorkommen, daß ich sie anflehe, mich zu schonen oder mich nicht zu verlassen. Ich würde sie sowenig unbesehen ausschalten oder zerstören können wie andere Lebewesen. Ich hoffe das ja auch von den beseelten Maschinen sowie von anderen Lebewesen mir gegenüber.

Ich plädiere für eine Seele, ja. Das bedeutet nicht, daß ich sie als Vorkommnis einer zweiten, metaphysischen Welt behaupte, in der sie nach dem Körpertod womöglich ewig weiterlebt oder gar ewig abgestraft und gequält wird wie in der christlichen Vorstellung von Himmel und Hölle. Gegen eine Seele als Instrument und Produkt der Unterdrückung der Sinnlichkeit wandte sich u. a. Friedrich Nietzsche, weshalb er verkündete:

> »Zu wissen zum Beispiel, daß man ein Nervensystem habe – aber keine ›Seele‹ –, bleibt immer noch ein Vorrecht der Unterrichtetsten.« (Nietzsche 1969, III 302)

Ich plädiere für meine Seele, dafür, daß es mich gibt und gegeben haben wird. Ich plädiere für das Rätsel, das man Schicksal nennt, das jeder hat oder ist.

»Warum ich ein Schicksal bin« überschrieb übrigens derselbe Nietzsche (1969, II 1157) das letzte Stück von *Ecce homo*, seiner Leidensgeschichte, die ethisches Mitleid erwecken könnte. Nach Gerd Pohlenz, in seiner Abhandlung über *Leib und Seele*, führt der Weg zum ethischen Mitleid über das Denken, und zwar wie folgt:

> »Die empirisch-wissenschaftliche Unerklärlichkeit und darum Rätselhaftigkeit der Verbindung unserer je identischen Seele mit unserem je individuellem Leib (Gehirn) führt zu der Vorstellung eines jedem Menschen in Gestalt eben jenes individuellen Körpers und dessen materiellen Milieus ›zugeteilen Schicksales‹. In diesem Sinne läßt sich auch von der ›Zu-fälligkeit‹ des Schicksals sprechen. ... Nachdenken über diesen Begriff von Schicksal führt dann zu der weiteren Vorstellung, daß ›vom Schicksal geschlagene‹ Menschen auch stellvertretend für mich leiden. Diese Vorstellung wiederum regt keineswegs bloß sentimentale Gefühle brüderlicher Verbundenheit an, eben ethisches Mitleiden!« (Pohlenz 1983, S. 32 f.)

Beweise für eine autonome Seele sind das natürlich alles nicht. Auch kann man sie kaum aus ethischen Gründen einklagen. Warum sollte eine naturalistische Ethik ohne Gott, Freiheit und Unsterblichkeit nicht reichen, wie sie Bernulf Kanitscheider in seinem Buch *Im Innern der Natur* vertritt:

> »Toleranz und Pluralismus im sittlichen Bereich, sowie ein nur durch den Schutz der Freiheit des anderen gebremster Hedonismus harmonieren gut mit einer naturalistischen Weltauffassung, wohingegen bei einer theonomen Normengebung der Mensch immer von der unter Umständen rigoristischen sittlichen Zielsetzung des göttlichen Gesetzgebers abhängig ist. So wird der Mensch auf der Suche nach seinem Glück von dem übernatürlichen Wesen eigentlich nur beeinträchtigt, aber kaum jemals gefördert. ... Die Akzeptanz einer transmundanen Realitätsschicht hat de facto den Menschen kein Glück gebracht.« (Kanitscheider 1996, 190 und 192)

Mein Plädoyer für eine Seele gilt nicht einer transmundanen Realitätsschicht, zu der unsere Seele gehörte. Wohl aber unserem Recht auf die Frage nach einer Seele, welche es in der mundanen Realität nicht gibt. Dort ist sie, wie Francis Crick in seiner Antwort auf die Frage *Was die Seele wirklich ist* schreibt, nichts als ein Haufen Neuronen.

Die naturwissenschaftlich orientierte Neuromythologie mit ihrer Leitvorstellung der Selbstorganisation und Evolution bietet ja auch eine Art Religion: das Gefühl, dazuzugehören zum Ganzen, aber eben nur als eine flüchtige, dissipative Struktur. Sind damit die alten, wie Immanuel Kant (1781, VII) meinte, unbeantwortbaren Schicksalsfragen der Vernunft nach Gott, Freiheit und Unsterblichkeit überflüssig geworden?

In der »dritten Kultur«, die John Brockman vertritt, sind jene unbeantwortbaren Fragen durch drei andere, prinzipiell beantwortbaren Fragen abgelöst und ersetzt worden: »Woher kommt das Universum? Woher stammt das Leben, woher das Bewußtsein?« (Brockman 1998, 43) Die Antwort lautet allemal: von selbst. Die neuen Leitvorstellungen »Komplexität und Evolution« machen es möglich.

Mein Selbst – von selbst! Was ist das für eine Antwort? Werden solche Fragen wie die nach Freiheit und Seele denn überhaupt gestellt, um beantwortet zu werden? Hören wir dazu Leo Schestow in seinem Buch *Athen und Jerusalem. Versuch einer religiösen Philosophie*:

> »Wer da fragt, wieviel Uhr es sei oder welches das spezifische Gewicht des Quecksilbers sei, der möchte in der Tat und dem genügt es, daß man ihm eine bestimmte Antwort gebe. Wer aber fragt, ob Gott gerecht oder die Seele unsterblich sei, der will etwas ganz anderes – und klare und deutliche Antworten versetzen ihn in Raserei oder Verzweiflung. Wie soll man das den Menschen klarmachen? Wie soll man ihnen erklären, daß irgendwo, jenseits einer gewissen Grenze die menschliche Seele sich derart umgestalte, daß sogar der ›Mechanismus‹ des Denkens ein anderer wird? Oder besser gesagt, daß das Denken zwar erhalten bleibt, für den Mechanismus aber kein Platz mehr da ist?« (Schestow 1994, 498)

Die Naturwissenschaften brauchen wir also nicht zu fragen. Nicht bei diesen Fragen. Diese Fragen dürfen überhaupt nicht beantwortet werden, meint Schestow (1994, 434). Wir sollten begreifen, schreibt er, daß es Fragen gibt, deren ganzer Sinn darin besteht, keine Antwort zu dulden, weil Antworten sie töten. Wir bedürfen ihrer Ungewißheit, um geistig lebendig zu bleiben.

Also gilt es, die Frage nach der Seele am Leben zu lassen, was auch heißt, mit dieser Frage zu leben.

Nachwort

Neu zu definieren, wer und was wir sind, die »tiefere Bedeutung« unseres Lebens sichtbar zu machen – das verspricht uns die »dritte Kultur« der naturwissenschaftlich gebildeten Intellektuellen, von denen einige in diesem Buch zu Wort kamen. Ihnen liegt daran, das Bewußtsein, den Geist oder auch die Seele als etwas zu verstehen, das in genügend komplexen Maschinen auftaucht – ganz von allein, als schlichte Emergenz. Wie diese Maschinen beschaffen sind, woraus sie bestehen, ob aus *hardware* oder *wetware*, das ist nicht weiter erheblich. Auch mein Innenleben ist demzufolge bloß eine *mind machine*, ein physikalisch-materielles Gebilde. Und dessen »tiefere Bedeutung« besteht nun nicht darin, daß ich »Ich« zu mir sage, meiner selber inne bin, denke, handele und empfinde, sondern daß ich, festgenagelt ans Kreuz der Evolution, meine Selbsterhaltung sichere, um meine Gene fortpflanzen zu können und somit zur Weiterexistenz der Maschinenart beizutragen, deren Vertreter ich bin.

Wozu also mein Erleben, mein Bewußtsein, mein Glücksempfinden, meine Todesangst? Es dient der Evolution, wie alles andere auch. Deshalb kommt es auf mich als dieses Ich auch gar nicht an. Die »tiefere Bedeutung« meiner selbst ist eine subjektfreie, so wie die Ihre auch: Wir sind Funktionsträger und Durchgangsstadien. Durch uns hindurch waltet die schiere Objektivität.

Das ist ein Ende der Geschichte ganz eigener Art, zumindest das Ende einer jahrtausendealten Philosophiegeschichte mit immer neuen Antworten auf die stets gleich Frage. Erinnert sich noch jemand an Ernst Bloch? Der konnte seinerzeit gelassen feststellen: »Ich bin. Aber ich habe mich nicht. Darum werden wir erst.« (Bloch 1967, 11) *Tempi passati!* Alles Makulatur.

Die aufgeklärten Naturwissenschaftler, die ihre in Bedrängnis geratenen Kollegen aus der philosophischen Fakultät ja mitnichten in den Staub stoßen, sondern »aufheben« (Hegel! dreifache Bedeutung!) wollen, können sich des Zuspruchs der Gesellschaften, die sie mit Ich- und Weltbilddeutungen versorgen, zunehmend sicher sein. Alles, was heutzutage irgendwie mit dem Computer zu tun hat, ist geadelt und wird zur klingenden Begriffsmünze. So auch der Glaube an die *wetware*, die Neuromythologie der *mind machine*. Warum? Weil das ursprüngliche Hilfsmittel »Computer« in all seinen Erscheinungsformen und Applikationen zur ubiquitären Metapher geworden ist – einer Metapher mit einem überwältigenden Telos: Schnelligkeit, Datenflut, Vernetzung, Simulation, Reproduzierbarkeit, Informationsgesellschaft, *new economy*. Wer sich die Welt nach dem Ebenbild dieser rasenden Rechenlogik denkt, steht auf der vermeintlich sicheren Seite.

Und deshalb geht es bei der »dritten Kultur« auch nicht bloß um den Streit diverser Fakultäten bzw. um eine neue Friedensordnung innerhalb der Gelehrtenrepublik. Die Erklärungsansprüche der Hirn- und Genforscher, der Reproduktionsmediziner, der Computerwissenschaftler *et tutti quanti* können nur deshalb hegemonial werden, weil ihnen offensichtlich eine kulturelle Praxis entspricht, in der wir vielen einzelnen es aufgegeben haben, uns als jeweils einzigartig, als frei, als verantwortlich, als selbstbewußt zu empfinden. Eher scheint es so zu sein, als seien wir alle von einer übermächtigen Sehnsucht nach einer neuen Transzendenz ergriffen: nach der Verschmelzung mit und in der biokybernetischen Weltmaschine. Das hat seine spirituellen, das hat aber auch seine ganz trivialen Dimensionen: Das eigentliche Medium der glücklichen Entgrenzung ist die globalisierte Warenwelt.

Also: kein Schicksal mehr, nirgends? Keine Kontingenz? Keine Differenz? Nur noch platte Stofflichkeit und Identität – Identität zwischen Bewußtsein und Gehirnvorgang, zwischen Ihnen und mir, zwischen Gemütsregung und evolutionärem Zweck?

Nein, mir liegt an meinem Ich – und sei es auch nur, daß ich mich in ihm eingerichtet habe, weil ich an es glaube. Die »tiefere Bedeutung« meines Ich für mich selber besteht darin, daß mein Glück und meine Schmerzen in gewissem Sinn realer sind als alle materielle Wirklichkeit, schwerwiegender als aller Sand des Meeres, wie Hiob sagt. Die Welt der faktischen Realität verschwindet im Tod.

Aber ich?

Glossar

Adrenalin: Streßhormon
afferent: von außen kommend
Akkumulation: Anhäufung
Aminosäuren: kleine Moleküle, Grundbausteine der Proteine.
anteriore Kommissur: Nervenfaserbündel, das am vorderen Ende des Hirns einige Hirnregionen der beiden Hemisphären miteinander verbindet.
Aphasie: Verlust des Sprechvermögens
Apperzeption: Mitvorstellung des Ich
Arachnoidea: Spinnenwebenhaut, zieht sich über die Furchen und Windungen des Gehirns und Rückenmarks hinweg
Areal: Region, Gebiet
Basen: auch Nucleotide, Grundbausteine der DNA
bikameral: aus zwei Kammern bestehend
bilateral: beidseitig
blinder Fleck: ein Retinabereich, der keine Photorezeptoren hat
Broca-Areal: für bestimmte Aspekte der Sprache zuständiger Bereich in der dominanten Hemisphäre
cerebral: das Gehirn betreffend
Chromosom: Bündel von Genen
Code: Chiffrierschlüssel
cogitatio: Gedanke
cogito ergo sum: ich denke, also bin ich

Commissurotomie: Hirnbalkendurchtrennung
Corpus callosum: Nervenfaserbündel, das die beiden Hälften des cerebralen Cortex miteinander verbindet
Cortex: Hirnrinde
Cortisol: Streßhormon
Dendrit: kurzer Fortsatz der Nervenzelle
DNA (Desoxyribonukleinsäure): bildet in Form eines Doppelstrangs bei den meisten Lebewesen (mit Ausnahme der RNA-Viren) das genetische Material, lokalisiert im Zellkern und dort in den Chromosomen
Dopamin: Hydroxytyramin, Vorstufe von Noradrenalin und Adrenalin, Übertragersubstanz
Doppelhelix: Doppelspirale
Dura mater: harte Hirnhaut
EEG: Elektroenzephalogramm
efferent: nach außen gehend
Elektrode: Ein- und Austrittsstelle des Stromes in Flüssigkeiten oder Gasen und im Vakuum
Empirie: (Sinnes-)Erfahrung
endogen: im Körper entstanden
Endorphine: endogene Morphine
Engramme: bleibende Eindrücke innerhalb der Hirnsubstanz
Entropie: Unordnung, Maß für die

Größe des Nachrichtengehaltes, Maß für die Ungewißheit

Enzyme: Fermente, katalytisch wirkende Proteine

Epoché: Anhalten, Zurückhalten, Einklammern der realistischen Einstellung

ERP: ereignisbezogene Hirnstrom-Potential-Veränderung

esse est percipi: Sein ist Vorgestelltwerden

Eucharistie: Altarsakrament

eukaryont: mit Zellkern

Evolution: allmähliche Entwicklung

Exformation: Aussortieren von Information

Extrapolation: Schluß auf einen Sachverhalt, der außerhalb eines experimentell zugänglichen Bereiches liegt

extraterrestrisch: außerhalb der Erde

extrauterin: außerhalb des Uterus

Falsifikation: als falsch erweisen

fronto: stirnwärts

Gastrulation: Bildung der Keimblätter durch Einstülpung der Blastula

Gen: Grundeinheit der Vererbung, Sequenz von DNA-Basen, codiert ein Protein

Genom: Gesamtheit des genetischen Materials eines Organismus

Gliazelle: Zelle mit unterstützender Funktion im Nervensystem, die jedoch selber keine Nervenzelle ist

Glukose: Zucker

Großhirnrinde: cerebraler Cortex

Händigkeit: Handbevorzugung auf einer Seite

Hemisphäre: Großhirnhälfte

Hippocampus: Teil der Hirnrinde

Hominide: alle ausgestorbenen Menschenformen und heute lebenden Menschenrassen

Hormone: Wirkstoffe, produziert in endokrinen Organen, erreichen über das Blut ihre Erfolgsorgane

Humanum: das Menschliche

Hypophyse: Hirnanhangdrüse

Hypothalamus: unterhalb des Thalamus gelegener Teil des Zwischenhirns

Icsi: Intracytoplasmatische Spermieninjektion

Initiation: Einweihung

Innervation: nervale Versorgung von Körpergeweben und Organen

inter: zwischen, inmitten

interior: innerhalb gelegen

intrakraniell: im Gehirn

Introjektion: Verlegung (der Gefühle) ins Innere

Irratiocid: Vernichtung des Irrationalen

karnivor: fleischfressend

kategorisch: unbedingt gültig

Klonierung: Vervielfachung mit dem Ergebnis identischer Organismen

Kognition: Erkenntnis

kolloidal: besondere Verteilungs- und Zustandsform der Materie (in einem Dispersionsmittel)

konstituieren: bilden, einrichten

Kranium: Schädel

Kuru: spongiforme Enzephalopathie im Osten Neuguineas

kybernetisch: steuerungstechnisch

lamarckistisch: der Lehre Lamarcks von der Vererbbarkeit erworbener Eigenschaften folgend

Läsion: Verletzung, Schädigung

Lateralisierung: Verseitlichung
Leukotomie: Durchtrennung fronto-
  thalamischer Faserverbindungen
Limbisches System: Gruppe von Zell-
  strukturen zwischen Hirnstamm
  und Hirnrinde (Cortex)
Lipide: Fette, Wachse, Öle
Liquor cerebrospinalis: Gehirn-
  Rückenmarks-Flüssigkeit
Lobotomie: Hirnlappentrennung,
  wie Leukotomie
Locus coeruleus: Feld am seitlichen
  Rand des vorderen Abschnitts
  des Bodens des 4. Hirnventrikels
LSD: Lysergsäurediäthylamid
lucide: klar
Mammalier: Säugetiere
Marsupialier: Beuteltiere
Meiose: Reduktionsteilung
Melatonin: Hormon der Epiphyse
Metakommunikation: Kommuni-
  kation, die neben dem eigent-
  lichen Inhalt eine Rolle spielt,
  z.B. Gesten
Metapher: bildlicher Ausdruck,
  Übertragung
Mitose: Zell(kern)teilung
Modul: funktionale Einheit
Modulation: Abwandlung
Monade: einfache Substanz
monocular: einäugig
Monstranz: Vorzeigegerät
Morphin: Hauptalkaloid des Opiums
Motorischer Cortex: Teil des cerebra-
  len Cortex, der für Bewegungen
  zuständig ist.
Mutation: künstlich herbeigeführte
  oder spontan auftretende Ver-
  änderung des Erbgutes
Narrativierung: in die Form einer
  Geschichte bringen

Neg-Entropie: negative Entropie,
  Ordnung
Neurobiologie: Biologie der Nerven-
  systeme von Lebewesen
Neuron: Nervenzelle
Neurotransmitter: leiten an den Synapsen im Zentralnervensystem
  und peripheren Nerven eine Erregung weiter
ödipal: den Ödipuskomplex betreffend
Omen: Zeichen, Vorzeichen
Ontogenese: Entwicklung eines
  Lebewesens
Östrus: Brunst
Parapsychologie: Psychologie
  okkulter (außersinnlicher) Erscheinungen
parietal: wandständig, zum Scheitel-
  bein (Os parietale) gehörig
Pavor nocturnus: nächtlicher Angst-
  anfall
Peptid: aus Aminosäuren aufgebaute
  Verbindung
per analogiam: durch Analogie
per definitionem: durch Definition
PET: Positronen-Emissions-Tomo-
  gramm
petitio principii: Erschleichung
  des Beweisgrundes
Phänotyp: Gestalt des Organismus
phylogenetisch: stammesgeschichtlich
Pia mater: weiche Hirnhaut
Planum temporale: Stirnfläche
Pleistozän: Eiszeitalter, Diluvium
Pneuma: Lebenskraft, Hauch-
  geist
Pons Varolii: Hirnteil oberhalb
  der Medulla
postmortal: nach dem Tod

Primaten: Säugetiere von den Halb-
affen bis hin zum Menschen
Projizieren: Signalwanderung über
eine Verbindung
Protein: Kette von Aminosäuren
Pyramidenbahn: Gesamtheit der
absteigenden Leitungsbahnen des
Zentralnervensystems
REM-Schlaf: Schlaf mit repid eye
movement (schnelle Augenbewegung)
Replikation: Wiederholung
Rezeptor: Empfänger (-Organ) für
Reize
RNA (Ribonukleinsäure): im Zellkern, in den Ribosomen und
im Zellplasma aller Lebewesen
vorkommende Polynukleotide,
die für die Weitergabe der gene-
tischen Information im Rahmen
der Proteinbiosynthese tätig sind;
unterscheidet sich von der DNA
nur durch einen etwas anderen
Zucker und die Ersetzung der
Base Thymin durch die Base
Uracil
Séance: spiritistische Sitzung
selbstreferentiell: auf sich selbst sich
beziehend
Sensomotorik: Zusammenwirken
von Sinneswahrnehmungen und
Bewegung
sensorium commune: Vereinigung
aller Sinnenvorstellungen im
Gemüt
Septum: Scheidewand
Sichelzellenanämie: besonders bei
Schwarzen vorkommende Homo-
globinopathie
Solipsismus: Behauptung der
eigenen Subjektivität als einzig

Split-brain: gespaltenes Gehirn
Stimulierung: Anregung
Sublimierung: ins Erhabene steigern,
läutern, verfeinern
Synapse: Kontaktstelle zwischen
Nervenzellen; enthält Neuro-
transmitter, die beim Einlaufen
eines Nervenimpulses aus-
geschüttet werden
Synästhesie: Verknüpfung verschie-
dener Empfindungen
Telomer: Ende eines Chromosomen-
arms
Testosteron: stärkstes natürliches
Androgen (für die Entwicklung
des männlichen Individuums)
Thalamus: Sehhügel, größte graue
Masse des Zwischenhirns
Topologie: Lehre von der Anordnung geometrischer Gebilde im
Raum
transzendental: die (subjektiven) Bedingung der Möglichkeit
(objektiver) Erfahrung betreffend
Trepanation: Durchbohren des Schä-
dels mit dem Trepan (Kreis- oder
Kugelfräse)
Triplett: Codon, Wort in der »Gensprache«
Vegetarismus: Ernährung durch
pflanzliche Kost
Ventrikel: flüssigkeitsgefüllte Hohl-
räume des Gehirns
viszeral: die Eingeweide betreffend
Wernicke-Areal: für Sprache zu-
ständige Region im hinteren Teil
der dominanten Hemisphäre
Zirbeldrüse: Glandula pinealis,
Corpus pineale, Epiphyse (an
der Gehirnbasis gelegen)

Literatur

Abler, Thomas S.: »Iroquios Cannibalism: Fact no Fiction«. In: *Ethnohistory* 27/4 (1980), S. 309–316

Alexander, Richard D.: *The Biology of Moral Systems*. Hawthorne/New York: Aldine de Gruyter 1987

Anders, Günther: *Die Antiquiertheit des Menschen. Die Seele im Zeitalter der zweiten industriellen Revolution*. München: Beck 1968

Attali, Jacques: *Die kannibalische Ordnung. Von der Magie zur Computermedizin*. Frankfurt/M.: Campus 1981

Baker, Robin: *Krieg der Spermien. Weshalb wir lieben und leiden, uns verbinden, trennen und betrügen*. München: Limes 1997

Benecke, Mark: »Mensch Muschel«. In: *Die Zeit* Nr. 42 (1997), S. 52

Benn, Gottfried: *Gesammelte Werke I* (Gedichte 1922–1936). Limes: Wiesbaden 1960

Bieri, Peter (Hg.): *Analytische Philosophie des Geistes*. Königstein: Hain 1981

Birnbacher, Dieter: »Künstliches Bewußtsein«. In: Thomas Metzinger (Hg.): *Bewußtsein. Beiträge aus der Gegenwartsphilosophie*. Paderborn: Schöningh 1995, S. 713–729

Blau, Ulrich: »Die Paradoxie des Selbst«. In: *Erkenntnis* 25 (1986), S. 177–196

Bloch, Ernst: *Tübinger Einleitung in die Philosophie*, Bd. 1. Frankfurt/M.: Suhrkamp 1967

Bothe, Hans-Werner/Michael Engel, *Die Evolution entläßt den Geist des Menschen. Neurobionik – eine medizinische Disziplin im Werden*. Frankfurt/M.: Umschau 1993

Braitenberg, Valentin: »Die Lust am Aha«. In: *Die Zeit* Nr. 2 (1998), S. 29

Breidbach, Olaf: *Die Materialisierung des Ichs. Zur Geschichte der Hirnforschung im 19. und 20. Jahrhundert*. Frankfurt/M.: Suhrkamp 1997

Breidbach, Olaf: *Expeditionen ins Innere des Kopfes. Von Nervenzellen, Geist und Seele*. Stuttgart: Trias 1993

Breuer, Reinhard: *Das Rätsel von Leib und Seele. Der Mensch zwischen Geist und Materie*. Stuttgart: DVA 1997

Brock, Bazon: *Ästhetik als Vermittlung*. Köln: DuMont 1977

Brockman, John: *Die dritte Kultur. Das Weltbild der modernen Naturwissenschaft*. München: Goldmann 1996

Brockman, John: »Lob der dritten Kultur«. In: *Die Zeit* Nr. 6 (1998), S. 43

Brunner-Traut, Emma: *Frühformen des Erkennens. Aspektive im alten Ägypten*. Darmstadt: Wissenschaftliche Buchgesellschaft ²1996

Brüntrup, Godehard: *Mentale Verursachung. Eine Theorie aus der Perspektive des semantischen Anti-Realismus*. Stuttgart: Kohlhammer 1994

Bubner, Rüdiger: »Wie wichtig ist Subjektivität?«. In: *Merkur* 552 (März 1995), S. 229–239

Calvin, William H./George A. Ojemann: *Einsicht ins Gehirn. Wie Denken und Sprache entstehen.* München: Hanser 1995

Calvin, William H.: *Die Symphonie des Denkens. Wie Bewußtsein entsteht.* München: dtv 1995

Campbell, H.J.: *Der Irrtum mit der Seele.* Bern: Scherz 1973

Carrier, Martin/Jürgen Mittelstraß: Geist, Gehirn, Verhalten. *Das Leib-Seele-Problem und die Philosophie der Psychologie.* Berlin: de Gruyter 1989

Changeux, Jean-Pierre: *Der neuronale Mensch.* Hamburg: Rowohlt 1984

Changeux, Jean-Pierre/Alain Connes: *Gedanken-Materie.* Berlin: Springer 1992

Chomsky, Noam: *Sprache und Geist.* Frankfurt/M.: Suhrkamp 1970

Churchland, Patricia S.: *Neurophilosophy: Toward a Unified Understanding of the Mind-Brain.* Cambridge, Ma.: MIT Press 1986

Churchland, Paul M.: *Die Seelenmaschine. Eine philosophische Reise ins Gehirn. Mit einem Vorwort von Gerhard Roth.* Heidelberg: Spektrum Akademischer Verlag 1997

Cramer, Friedrich (Hg.): *Erkennen als geistiger und molekularer Prozeß.* Weinheim: VCH 1991

Crick, Francis: *Was die Seele wirklich ist. Die naturwissenschaftliche Erforschung des Bewußtseins.* Reinbek: Rowohlt 1997

Damasio, Antonio R.: *Descartes' Irrtum. Fühlen, Denken und das menschliche Gehirn.* München/Leipzig: List ²1996

Darwin, Charles Robert: *Die Entstehung der Arten durch natürliche Zuchtwahl.* Stuttgart: Reclam 1979

Davies, Paul: *Gott und die moderne Physik.* München: Bertelsmann 1986

DeMarchi, Luigi: *Der Urschock. Unsere Psyche, die Kultur und der Tod.* Darmstadt: Luchterhand Literaturverlag 1988

Dennett, Daniel C.: *Philosophie des menschlichen Bewußtseins.* Hamburg: Hoffmann und Campe 1994

Dery, Mark: *Cyber. Die Kultur der Zukunft.* Berlin: Volk & Welt 1996

Descartes, René: *Meditationen über die Grundlagen der Philosophie.* Hamburg: Meiner 1950, S. 143

Diderot, Denise: *Philosophische Schriften.* Berlin 1961, Bd. I

Die Bibel. Vollständige Ausgabe des Alten und des Neuen Testaments in der Einheitsübersetzung. Stuttgart: Katholisches Bibelwerk 1991

Ditfurth, Hoimar von: *Der Geist fiel nicht vom Himmel.* Hamburg: Hoffmann & Campe 1976

Dörner, Dietrich: *Bauplan für eine Seele.* Reinbek: Rowohlt 1999

DuBois-Reymond, Emil: *Über die Grenzen des Naturerkennens.* Leipzig: Veit 1916

DuBois-Reymond, Emil: *Jugendbriefe von Emil DuBois-Reymond an Eduard Hallgarten.* (Hg. Estelle DuBois-Reymond) Berlin: Reiner 1918

Duerr, Hans Peter: *Ni Dieu – ni maître. Anarchische Bemerkungen zur Bewußtseins- und Erkenntnistheorie.* Frankfurt/M.: Suhrkamp 1974

Edelmann, Gerald M.: *Göttliche Luft, vernichtendes Feuer. Wie der Geist im Gehirn entsteht – die revolutionäre Vision des Medizin-Nobelpreisträgers.* München: Piper ²1995

Eisenstädt, Walter: *Hypnose und Suggestion in der Zahnheilkunde.* Diss. Würzburg 1923

Elepfandt, Andreas/Gereon Wolters (Hg.): *Denkmaschinen? Interdisziplinäre Perspektiven zum Thema Gehirn und Geist.* Konstanz: Universitätsverlag Konstanz 1993

Ey, Henri: *Das Bewußtsein.* Berlin: de Gruyter 1967

Fédida, Pierre:»Compter les Morts«. In: *L'Inactuel,* 1, Frühjahr 1994, S. 49–59

Fedrowitz, Jutta/Dirk Matejovski/Gert Kaiser (Hg.): *Neuroworlds. Gehirn – Geist – Kultur.* Frankfurt/M.: Campus 1994

Fenk, August (Hg:): *Evolution und Selbstbezug des Erkennens.* Wien: Böhlau 1990

Fichte, Gottlieb: *Sämtliche Werke.* Berlin: Veit 1834–35, Bd. I–VIII

Fichte. Ausgewählt und vorgestellt von G. Schulte. München: Diederichs 1996

Flanagan, Owen:»Hirnforschung und Träume. Geistestätigkeit und Selbstausdruck im Schlaf«. In: Thomas Metzinger (Hg.), *Bewußtsein.* Paderborn: Schöningh 1995, S. 491–521

Flohr, Hans:»Denken und Bewußtsein«. In: Fedrowitz, Jutta/Dirk Matejovski/Gert Kaiser (Hg.): *Neuroworlds. Gehirn – Geist – Kultur.* Frankfurt/M.: Campus 1994, S. 335–352

Flohr, Hans:»Ignorabimus?«. In: Gerhard Roth/Wolfgang Prinz (Hg.): *Kopfarbeit. Gehirnfunktionen und kognitive Leistungen.* Heidelberg: Spektrum Akademischer Verlag 1996, S. 435–450

Florey, Ernst/Olaf Breidbach (Hg.): *Das Gehirn – Organ der Seele? Zur Ideengeschichte der Neurobiologie.* Heidelberg: Akademie-Verlag 1993

Fodor, Jerry A.: *The Modularity of Mind.* Cambridge, Ma.: MIT Press 1983

Frege, Gottlob: *Logische Untersuchungen.* Göttingen: Vandenhoeck & Ruprecht 1966

Freud, Sigmund: *Abriß der Psychoanalyse/Das Unbehagen in der Kultur.* Frankfurt/M.: Fischer TB 1972

Freud, Sigmund: *Briefe 1873–1939.* Frankfurt/M.: Fischer ²1960

Freud, Sigmund: *Gesammelte Werke* (Londoner Ausgabe). Frankfurt/M.: Fischer 1968

Freud, Sigmund: *Studienausgabe.* Frankfurt/M.: Fischer 1978

Gehlen, Arnold: *Der Mensch. Seine Natur und seine Stellung in der Welt.* Frankfurt /M./Bonn: Athenäum ⁷1962

Gehlen, Arnold: *Urmensch und Spätkultur.* Frankfurt/M.: Athenaion 1975

Gerlach, Joachim:»Über neurologische Erkenntniskritik«. In: *Von der Aktualität Schopenhauers (Festschrift A. Hübscher).* Frankfurt/M.: Kramer 1972, S. 393–401

Giegerich, Wolfgang: *Tötungen. Gewalt aus der Seele. Versuch über Ursprung und Geschichte des Bewußtseins.* Frankfurt/M.: Lang 1994

Gould, Stephen Jay:»Ultra Darwinismus«. In: *Lettre international,* Herbst 1997, S. 82–90

Grünbaum, Adolf: *Die Grundlagen der Psychoanalyse. Eine philosophische Kritik.* Stuttgart: Reclam 1988

Literatur

Habermas, Jürgen: »Zu Gadamers ›Wahrheit und Methode‹«. In: *Hermeneutik und Ideologiekritik*. Frankfurt/M.: Suhrkamp 1971, S. 45–56

Habermas, Jürgen: *Erkenntnis und Interesse*. Frankfurt/M.: Suhrkamp 1968

Hagner, Michael (Hg.): *Ecce Cortex, Beiträge zur Geschichte des modernen Gehirns.* Göttingen: Wallstein 1999

Hampden-Turner, Charles: *Modelle des Menschen. Ein Handbuch des menschlichen Bewußtseins.* Weinheim: Beltz 1982

Harris, John: *Der Wert des Lebens. Eine Einführung in die medizinische Ethik.* Heidelberg: Akademie Verlag 1995

Hegel, Georg Wilhelm Friedrich: *Phänomenologie des Geistes* (1807). Hamburg: Meiner [6]1952

Helmuth, Hermann: »Kannibalismus in Paläoanthropologie und Ethnologie«. In: *Ethnographisch-Anthropologische Zeitschrift* IX (1968), S. 101–117

Henschen, Folke: *Der menschliche Schädel in der Kulturgeschichte.* Berlin: Springer 1966

Herder, Johann Gottfried: *Über den Ursprung der Sprache.* Berlin: Akademie-Verlag 1959

Heymans, G.: »In Sachen des psychischen Monismus«. In: ders., *Gesammelte kleinere Schriften I.* Haag: Nijhoff 1927, S. 299–422

Hildt, Elisabeth: *Hirngewebetransplantation und personale Identität.* Berlin: Duncker & Humblot 1996

Hippokrates: *Sämmtliche Werke. Ins Deutsche übersetzt und ausführlich commentiert von Dr. Robert Fuchs. Zweiter Band.* München: Dr. H. Lüneburg 1897

Hofstadter, Douglas R./Daniel Dennett: *Einsicht ins Ich. Fantasien und Reflexionen über Selbst und Seele.* Stuttgart: Klett-Cotta [2]1986

Holenstein, Elmar: »Koevolutionäre Erkenntnislehre«. In: *Evolution und Selbstbezug des Erkennens.* Wien/Köln: Böhlau 1990, S. 107–123

Holler, Johannes: *Das Neue Gehirn. Möglichkeiten moderner Gehirnforschung.* Paderborn: Junfermann 1996

Husserl, Edmund: *Ideen zu einer reinen Phänomenologie und phänomenologischen Philosophie, Erstes Buch.* Haag: Nijhoff 1950

Hüther, Gerald: *Biologie der Angst. Wie aus Streß Gefühle werden.* Göttingen: Vandenhoeck & Ruprecht 1997

Illig, Heribert: *Das erfundene Mittelalter. Die größte Zeitfälschung der Geschichte.* Düsseldorf/München: [6]1999

Ivanceanu, Vintila/Josef Schweikhardt: *ZeroKörper. Der abgeschaffte Mensch.* Wien: Passagen 1997

Jaynes, Julian: *Der Ursprung des Bewußtseins.* Reinbek: Rowohlt 1993

Jouvet, Michel: *Die Nachtseite des Bewußtseins.* Reinbek: Rowohlt 1994

Jüttemann, Gerd/Michael Sonntag/Christof Wulf (Hg.): *Die Seele. Ihre Geschichte im Abendland.* Weinheim: Psychologie Verlags Union 1991

Kanitscheider, Bernulf: *Im Innern der Natur. Philosophie und moderne Physik.* Darmstadt: Wissenschaftliche Buchgesellschaft 1996

Kant, Immanuel: *Kants Briefwechsel* (Akademie-Ausgabe, Band XII). Berlin: De Gruyter 1922, Bd. III

Kant, Immanuel: *Kants gesammelte Schriften* (Akademie-Ausgabe). Berlin: de Gruyter 1983, Bd. XXIX

Kant, Immanuel: *Kants Werke* (*Akademie Textausgabe*). Berlin: de Gruyter 1968

Kant, Immanuel: *Kritik der reinen Vernunft*. Riga: Hartknoch 1781 (A) und 1787 (B)

Kaske, Alexander: *Gehirn, Realität und teleologische Maschinen*. Berlin: VWB 1996

Kienzle, Bertram/Helmut Pape (Hg.): *Dimensionen des Selbst. Selbstbewußtsein, Reflexivität und die Bedingungen der Kommunikation*. Frankfurt/M.: Suhrkamp 1991

Klivington, Kenneth A.: *Gehirn und Geist*. Heidelberg: Spektrum Akademischer Verlag 1992

Koestler, Arthur: *Der Mensch – Irrläufer der Evolution. Die Kluft zwischen unserem Denken und Handeln – eine Anatomie menschlicher Vernunft und Unvernunft*. München: Goldmann 1981

Kolata, Gina: *Das geklonte Leben. Ein Jahrhundert-Experiment verändert die Zukunft des Menschen*. München/Zürich: Diana Verlag 1997

Kügler, Peter: *Vom Funktionieren zum Interpretieren. Zwei Philosophien des menschlichen Geistes*. Frankfurt/M.: Lang 1995

Kuhlenbeck, Hartwig: »Schopenhauers Satz ›Die Welt ist meine Vorstellung‹ und das Traumerlebnis«. In: *Von der Aktualität Schopenhauers (Festschrift A. Hübscher)*. Frankfurt/M.: Kramer 1972, S. 376–392

Kummer, Christian: *Philosophie der organischen Entwicklung*. Stuttgart: Kohlhammer 1996

Küpfmüller, Karl: »Nachrichtenverarbeitung im Menschen«. In: Karl Steinbuch (Hg.), *Taschenbuch der Nachrichtenverarbeitung*. Berlin: Springer 1962, S. 1481–1501

Kurthen, Martin: »Das harmlose Faktum des Bewußtseins«. In: *Bewußtsein. Philosophische Beiträge* (Hg. Sybille Krämer). Frankfurt/M.: Suhrkamp 1996, S. 17–36

Kurthen, Martin: *Das Problem des Bewußtseins in der Kognitionswissenschaft. Perspektiven einer »Kognitiven Neurowissenschaft«*. Stuttgart: Enke 1990

Lamarck, Jean Baptiste: *Zoologische Philosophie*. Leipzig 1909

LeDoux, Joseph: *Das Netz der Gefühle. Wie Emotionen entstehen*. München: Hanser 1998

Leibniz, Gottfried Wilhelm: *Vernunftprinzipien der Natur und der Gnade/Monadologie*. Hamburg: Meiner 1956

Lenin, Wladimir Iljitsch: *Materialismus und Empiriokritizismus*. Berlin: Dietz 1989

Leuschner, Wolfgang: »Über Neuromythologie«. In: *Psyche* 51, H. 11 (1997), S. 1104–1113

Lewis, David: *Die Identität von Körper und Geist*. Frankfurt/M.: Klostermann 1898

Lichtenberg, Georg Christoph: *Vermischte Schriften*. Göttingen 1953, Bd. 1

Linke, Detlef B. (Gespräch mit Adelbert Reif): »Das Ich und sein Gehirn. Neurophilosophische Beobachtungen zur Hirnforschung«. In: *Lettre international*, Frühjahr 1996, S. 26–33

Linke, Detlef B.: *Gehirnverpflanzung. Erste Unsterblichkeit auf Erden*. Reinbek: Rowohlt 1996

Linke, Detlef B.: *Der letzte Mensch blinzelt*. Sat 1, dctp 26.8.1997

Linke, Detlef B.: *Das Gehirn*. München: Beck 1999

Linke, Detlef B./Martin Kurthen, *Parallelität von Gehirn und Seele. Neurowissenschaft und Leib-Seele-Problem*. Stuttgart: Enke 1988

Lorenz, Konrad: *Über tierisches und menschliches Verhalten. Aus dem Werdegang der Verhaltenslehre* I und II. München: Piper 1965

Lovelock, James: *Unsere Erde wird überleben: GAIA – eine optimistische Ökologie*. München: Pieper 1982

Luhmann, Niklas: »Die Autopoiesis des Bewußtseins«. In: *Soziale Welt* 36 (1985), S. 402–446

Mach, Ernst: *Die Analyse der Empfindungen und das Verhältnis des Physischen zum Psychischen*. Jena: G. Fischer [7]1918

MacLean, Paul D.: *The Triune Brain in Evolution*. New York: Plenum 1990

Maerth, Oscar Kiss: *Der Anfang war das Ende. Der Mensch entstand durch Kannibalismus – Intelligenz ist eßbar*. Düsseldorf: Econ 1971

Marx, Karl/Friedrich Engels: *Werke* (= *MEW*). Berlin: Dietz 1956 ff.

Maturana, Humberto R./Francisco J. Varela: *Der Baum der Erkenntnis. Die biologischen Wurzeln des menschlichen Erkennens*. Bern-München-Wien 1987

Mazlish, Bruce: *Faustkeil und Elektronenrechner. Die Annäherung von Mensch und Maschine*. Frankfurt/M.: Insel 1996

McGinn, Colin: *Die Grenzen vernünftigen Fragens. Grundprobleme der Philosophie*. Stuttgart: Klett-Cotta 1996

Mead, George H.: *Geist, Identität und Gesellschaft*. Frankfurt/M.: Suhrkamp 1975

Mecacci, Luciano: *Das einzigartige Gehirn. Über den Zusammenhang von Hirnstruktur und Individualität*. Frankfurt/M.: Campus 1986

Meier, Heinrich/Detlev Ploog (Hg.): *Der Mensch und sein Gehirn. Die Folgen der Evolution*. München: Piper 1997

Merleau-Ponty, Maurice: *Phänomenologie der Wahrnehmung*. Berlin: de Gruyter 1966

Metzger, Dagmar: »Gefühle: Triebfedern unserer Existenz«. In: Reinhard Breuer (Hg.), *Das Rätsel von Leib und Seele*. Stuttgart: DVA 1997

Metzinger, Thomas (Hg.): *Bewußtsein. Beiträge aus der Gegenwartsphilosophie*. Paderborn: Schöningh 1995

Metzinger, Thomas: *Subjekt und Selbstmodell. Die Perspektivität phänomenalen Bewußtseins vor dem Hintergrund einer naturalistischen Theorie mentaler Repräsentation*. Paderborn: Schöningh 1993

Miketta, Gaby: *Netzwerk Mensch. Den Verbindungen von Körper und Seele auf der Spur*. Reinbek: Rowohlt 1994

Mikorey, Max: *Phantome und Doppelgänger*. München: Lehmanns 1952

Nagel, Thomas: *Der Blick von Nirgendwo*. Frankfurt/M.: Suhrkamp 1992

Nagel, Thomas: *Über das Leben, die Seele und den Tod*. Königstein: Hain 1984

Nietzsche, Friedrich: *Kritische Studienausgabe*. München: dtv 1980

Nietzsche, Friedrich: *Werke* (Hg. Schlechta). München: Hanser [6]1969

Nigg, Walter: *Was bleiben soll. Zehn biographische Meditationen.* Olten: Walter 1973

Nörretranders, Tor: *Der Anfang der Unendlichkeit. Essay über den Himmel.* Reinbek: Rowohlt 1993

Nörretranders, Tor: *Spüre die Welt. Die Wissenschaft des Bewußtseins.* Reinbek: Rowohlt 1997

Northoff, Georg (Hg.): *Neuropsychiatrie und Neurophilosophie.* Paderborn: Schöningh 1997

Oeser, Erhard/Franz Seitelberger: *Gehirn, Bewußtsein und Erkenntnis.* Darmstadt: Wissenschaftliche Buchgesellschaft: 1995

Ornstein, Robert/Richard F. Thompson: *Unser Gehirn: das lebendige Labyrinth.* Reinbek: Rowohlt 1993

Pauen, Michael:»Mythen des Materialismus. Die Eliminationstheorie und das Problem der psychophysischen Identität«. In: *Dtsch. Z. Philos.* 44 (1996) 1, S. 77–99

Penrose, Roger: *Schatten des Geistes. Wege zu einer neuen Physik des Bewußtseins.* Heidelberg: Spektrum Akademischer Verlag 1995

Perec, Georges: *Anton Voyls Fortgang.* Frankfurt/M.: Zweitausendeins 1986

Pinker, Steven: *Der Sprachinstinkt. Wie der Geist die Sprache bildet.* München: Kindler 1996

Pinker, Steven: *Wie das Denken im Kopf entsteht.* München: Kindler 1998

Platon: *Sämtliche Werke.* Hamburg: Meiner 1957

Pohlenz, Gerd:»Leib und Seele – Versuch einer systematischen Vermittlung dualistischer Theorie und menschlicher Lebenspraxis«. In: *Theologie und Philosophie* 58, H.1 (1983), S. 1–33

Pöppel, Ernst: *Gehirn und Bewußtsein.* Weinheim: VCH 1989

Pöppel, Ernst: *Grenzen des Bewußtseins. Über Wirklichkeit und Welterfahrung.* Stuttgart: DVA 1988

Pöppel, Ernst: *Lust und Schmerz. Über den Ursprung der Welt im Gehirn.* München: Goldmann 1995

Pohlenz, Gerd:»Leib und Seele – Versuch eine systematischen Vermittlung dualistischer Theorien und menschlicher Lebenspraxis«. In : *Theologie und Philosophie* 58 (1983), S. 1–33

Postman, Neil: *Wir amüsieren und zu Tode. Urteilsbildung im Zeitalter der Unterhaltungsindustrie.* Frankfurt/M.: S. Fischer 1985

Popper, Karl R./John C. Eccles: *Das Ich und sein Gehirn.* München: Piper 1982

Preilowski, Bruno: *Vergleichende Neuropsychologie: Untersuchungen zur Gehirnasymmetrie bei Menschen und Affen.* Konstanz: Konstanzer Universitätsverlag 1985

Putnam, Hilary: *Vernunft, Wahrheit und Geschichte.* Frankfurt/M.: Suhrkamp 1990

Rager, Günter (Hg.): *Ich und mein Gehirn. Persönliches Erleben, verantwortliches Handeln und objektive Wissenschaft.* Freiburg: Alber 1999

Ranke-Graves, Robert von/Raphael Patai: *Hebräische Mythologie. Über die Schöpfungsgeschichte und andere Mythen aus dem alten Testament.* Reinbek: Rowohlt 1986

Reavis, Edward (Hg.): *Rauschgiftesser erzählen.* Berlin 1967

Ricoeur, Paul/Jean-Pierre Changeux: *Qu'est-ce qui nous fait penser?.* Paris: Editions Odile Jacob 1998

Rosenfield, Israel: *Das Fremde, das Vertraute und das Vergessene. Anatomie des Bewußtseins.* Frankfurt/M.: S. Fischer

Rosset, Clément: *Das Reale. Traktat über die Idiotie.* Frankfurt/M.: Suhrkamp 1988

Rosset, Clément: *Das Prinzip Grausamkeit.* Berlin: Merve 1994

Rosset, Clément: *Die Wahl der Worte.* Berlin: Merve 1997

Rossi, Eduard: *Das menschliche Begreifen und seine Grenzen.* Bonn: Bouvier 1968

Rossi, Eduard: *Die Abhängigkeit des menschlichen Denkens von der Stimme und Sprache.* Bonn: Bouvier 1958

Roth, Gerhard/Helmut Schwegler:»Das Geist-Gehirn-Problem aus der Sicht der Hirnforschung und eines nicht-reduktionistischen Physikalismus«. In: *Ethik und Sozialwissenschaften* 6 (1995) 1, S. 69–77

Roth, Gerhard/Wolfgang Prinz (Hg.): *Kopf-Arbeit. Gehirnfunktionen und kognitive Leistungen.* Heidelberg: Spektrum Adademischer Verlag 1996

Roth, Gerhard:»Erkenntnis und Realität: Das reale Gehirn und seine Wirklichkeit«. In: Siegfried J. Schmidt (Hg.), *Der Diskurs des radikalen Konstruktivismus.* Frankfurt/M.: Suhrkamp 1992, S. 229–255

Roth, Gerhard:»Kann der Geist das Gehirn überleben«. In: *Merkur* Nr. 579 (1997 a), S. 549–555

Roth, Gerhard: *Das Gehirn und seine Wirklichkeit. Kognitive Neurobiologie und ihre philosophischen Konsequenzen.* Frankfurt/M.: Suhrkamp 1997, S. 325

Sagan, Carl: *Die Drachen von Eden. Das Wunder der menschlichen Intelligenz.* München: Droemer-Knaur 1978

Schäfer, Ernst L.: *Das Hand-Buch. Die Linke und die Rechte. Geschichte und Alltag unserer zwei Seiten.* Düsseldorf: Droste 1988

Schestow, Leo: *Athen und Jerusalem. Versuch einer religiösen Philosophie.* München: Matthes & Seitz 1994 (Nachdruck der Ausgabe Graz: Filip Schmidt-Dengler 1938)

Schestow, Leo: *Auf Hiobs Waage. Über die Quellen der ewigen Wahrheiten.* Berlin: L. Schneider 1929

Schmitz, Hermann: *Husserl und Heidegger.* Bonn: Bouvier 1996

Schmitz, Hermann: *System der Philosophie.* Bonn: Bouvier 1964–1980, Bd. I–V

Schnabel, Ulrich/Andreas Sentker: *Wie kommt die Welt in den Kopf? Reise durch die Werkstätten der Bewußtseinsforscher.* Reinbek: Rowohlt 1997

Schopenhauer, Arthur:»Zur idealistischen Grundansicht«. In: ders., *Sämtliche Werke,* Bd. II. Darmstadt: Wissenschaftliche Buchgesellschaft 1961, S. 11–30 (*Die Welt als Wille und Vorstellung II,* Kap. 1)

Schrödinger, Erwin: *Meine Weltansicht.* Frankfurt/M.: Fischer 1963

Schrödinger, Erwin: *Was ist Leben? Die lebende Zelle mit den Augen des Physikers betrachtet.* Bern: Francke [2]1951

Schulte, Günter: *Die grausame Wahrheit der Bibel,* Frankfurt/M.: Campus 1995

Schulte, Günter: *Der blinde Fleck in Luhmanns Systemtheorie.* Frankfurt/M.: Campus 1993

Schulte, Günter: *Ecce Nietzsche. Eine Werkinterpretation.* Frankfurt/M.: Campus 1995

Schulte, Günter: *Gibt es eine typisch weibliche Intelligenz? Eine philosophische Versuchsreihe über die Sexualität der Vernunft.* Köln: Balloni 1989

Schulte, Günter: *Immanuel Kant.* Frankfurt/M.: Campus 1991

Schulte, Günter: *Kennen Sie Marx? Kritik der proletarischen Vernunft.* Frankfurt/M.: Campus 1992

Schulte, Günter:»Nietzsche und die Postmoderne«. In: *Information Philosophie* 2 (Mai 1988), S. 5–18

Schulte, Günter: *Philosophie der letzten Dinge. Liebe und Tod als Grund und Abgrund des Denkens.* München: Diederichs 1997

Schulte, Günter: *Rasende Reden. Schestows radikale Vernunftkritik.* Köln: Salon 1999

Schulte, Günter:»Selbstorganisation, eine wissenschaftliche Leitvorstellung«. In: ders., *Hauptsache Philosophie. Ansprachen und Aufsätze über Kunst und über Wahrheit.* Köln: Balloni 1987, S. 152–159

Searle, John R.:»Das Rätsel des Bewußtseins. Biologie des Geistes – Mathematik der Seele«. In: *Lettre international,* Frühjahr 1996, S. 34–43

Searle, John R.: *Die Wiederentdeckung des Geistes.* München: Artemis & Winkler 1993

Searle, John R.: *Geist, Hirn und Wissenschaft.* Frankfurt/M.: Suhrkamp 1986

Seifert, Josef: *Das Leib-Seele-Problem in der gegenwärtigen philosophischen Diskussion.* Darmstadt: Wissenschaftliche Buchgesellschaft 1979

Seifert, Josef: *Das Leib-Seele-Problem und die gegenwärtige philosophische Diskussion. Eine systematisch-kritische Analyse.* Darmstadt: Wissenschaftliche Buchgesellschaft 1989

Seliger, Walter: *Das einzige Metaphysische. Vom Ich als Prinzip und Dementi der Philosophie.* Bergisch Gladbach: E. Ferger 1995

Sloterdijk, Peter: *Medien-Zeit. Drei gegenwartsdiagnostische Versuche.* Stuttgart: Cantz 1993

Sloterdijk, Peter: *Weltfremdheit.* Frankfurt/M.: Suhrkamp 1993

Smith, John Maynard/Eörs Szathmáry:»Sprache und Leben«. In: Michael P. Murphy/ Luke A. J. O'Neill (Hg.), *Was ist Leben? Die Zukunft der Biologie. Eine alte Frage in neuem Licht – 50 Jahre nach Erwin Schrödinger.* Heidelberg: Spektrum Akademischer Verlag 1997, S. 83–94

Snow, Charles Percy: *Die zwei Kulturen. Literarische und naturwissenschaftliche Intelligenz.* Stuttgart: Klett 1967

Sommer, Volker: *Lob der Lüge. Täuschung und Selbstbetrug bei Tier und Mensch.* München: Beck 1992

Sousa, Ronald de: *Die Rationalität des Gefühls.* Frankfurt/M.: Suhrkamp 1997

Spaemann, Robert: *Personen. Versuche über den Unterschied zwischen »etwas« und »jemand«.* Stuttgart: Klett-Cotta 1996

Spitzer, Manfred: *Geist im Netz. Modelle für Lernen, Denken und Handeln.* Darmstadt: Wissenschaftliche Buchgesellschaft 1997

Springer, Sally P./Georg Deutsch: *Linkes/Rechtes Gehirn.* Heidelberg: Spektrum Akademischer Verlag ³1993

Sternberger, Dolf: *Über den Tod*. Frankfurt/M.: Suhrkamp 1981

Stirner, Max: *Der Einzige und sein Eigentum*. Stuttgart: Reclam 1981

Stirner, Max: *Parerga, Kritiken, Repliken*. Nürnberg: LSR 1986

Tannahill, Reay: *Fleisch und Blut. Eine Kulturgeschichte des Kannibalismus*. München: Goldmann 1979

Tarnas, Richard: *Idee und Leidenschaft. Die Wege des westlichen Denkens*. Frankfurt/M.: Rogner & Bernhard bei Zweitausendeins 1997

Taylor, Charles: *Quellen des Selbst. Die Entstehung der neuzeitlichen Identität*. Frankfurt/M.: Suhrkamp 1992

Taylor, Gordon Rattray: *Die Geburt des Geistes*. Frankfurt/M.: S. Fischer 1982

Tetens, Holm: *Geist, Gehirn, Maschine. Philosophische Versuche über ihren Zusammenhang*. Stuttgart: Reclam 1994

Thompson, Richard F.: *Das Gehirn. Von der Nervenzelle zur Verhaltenssteuerung*. Heidelberg: Spektrum Akad. Verl. 1992

Trincher, K.: »Die Konkretheit des Geistes. Ein struktur-dynamischer Versuch zur Lösung des Geist-Körper-Problems.« In: *Philosophia naturalis* 20 (1983), S. 45–57

Tsunoda, Tadanabu: *Nipponjin no No no Hataraki to Tozai no Bunka* (= *Das Gehirn der Japaner. Die Gehirnfunktionen und die Kulturen in Orient und Okzident*). Tokyo: Taishukan Shoten 1978

Vester, Frederic: *Denken, Lernen, Vergessen. Was geht in unserem Kopf vor, wie lernt das Gehirn, und wann läßt es uns im Stich?* Stuttgart: DVA 1975

Vischer, Friedrich Theodor: *Kritische Gänge II*. Leipzig: Verlag der Weißen Bücher ²1914

Vogel, G.W.: *An Alternative View of the Neurobiology of Dreaming*. In: *American Journal of Psychiatry* 135 (1978), H. 12, S.1531–35

Vogeley, Kai: *Repräsentation und Identität. Zur Konvergenz von Hirnforschung und Gehirn-Geist-Philosophie*. Berlin: Duncker & Humblot 1995

Vollmer, Gerhard: *Evolutionäre Erkenntnistheorie*. Stuttgart: Hirzel ²1980

Walser, Martin: *Selbstbewußtsein und Ironie*. Frankfurt/M.: Suhrkamp 1996

Was können wir aus der Hirnforschung lernen? (9. Bremer Universitätsgespräch). Bremen: Universität Bremen 1997

Weber, Stefan: *Die Dualisierung des Erkennens. Zu Konstruktivismus, Neurophilosophie und Medientheorie*. Wien: Passagen Verlag 1996

Weingarten, Michael: *Organismen – Objekte oder Subjekte der Evolution? Philosophische Studien zum Paradigmenwechsel in der Evolutionsbiologie*. Darmstadt: Wissenschaftliche Buchgesellschaft 1993

Whitehead, Neil L.: »Carib Cannibalism. The Historical Evidence«. In: *Journal de la Société Américanistes* LXX (1984), S. 69–88

Wieser, Wolfgang: »Was ist Leben? Erwin Schrödinger, die Evolution und die Erfindung der Individualität«. In: *Merkur* 552 (3/1995), S.217–228

Wittgenstein, Ludwig: *Philosophische Untersuchungen*. Frankfurt/M.: Suhrkamp 1971

Wolf, Gerhard: *Das Gehirn. Substanz, die sich selbst begreift*. Wiesbaden: Glaser 1996

Wollheim, Richard: *The Thread of Life*. Cambridge, Ma.: Havard University Press 1976

Zimmer, Dieter E.: »Ich denke, also bin ich. Die biologischen Wissenschaften haben sich in die Philosophie eingemischt.« In: *Die Zeit* Nr. 24 (1980), S. 35

Zimmer, Dieter E.: *So kommt der Mensch zur Sprache. Über Spracherwerb, Sprachentstehung, Sprache & Denken.* Zürich: Haffmans 1986

Zoglauer, Thomas: *Geist und Gehirn. Das Leib-Seele-Problem.* Göttingen: Vandenhoeck & Ruprecht 1998

Abbildungen

S. 90: vom Verfasser (*Kehlkopfsenkung*)

S. 95: vom Verfasser nach der Abb. in Bundesministerium für Ernährung, Landwirtschaft und Forsten (Hg.), *Grüne Gentechnik*. Bonn: Zeitbild 1997, S. 7

S. 101: »Ei der Philosophen«, aus: *Mutus liber* (1702). Abb. in J. van Lennep, *Art et Alchemie*. Bruxelles: Meddens 1966, S. 164 oder in C.G. Jung, *Psychologie und Alchemie*. Olten: Walter 1975, S. 87

S. 107: Abb. aus Emma Brunner-Traut, *Frühformen des Erkennens. Aspektive im alten Ägypten*. Darmstadt: Wissenschaftliche Buchgesellschaft, S. 20

S. 112: Firmenzeichen »His Masters Voice«

S. 116: vom Verfasser (*Hirnmode*)

S. 118: Abb. aus Casserius *Tabulae anatomicae*. Venedig 1627, S. 87, Tab. III

S. 119: Max Ernst, *Die Jungfrau haut das Jesuskind vor drei Zeugen: André Breton, Paul Éluard und dem Maler* (1926), © Bild-Kunst, Bonn

S. 120: vom Verfasser (*Fötaler Rechtshänder*)

S. 123: nach der Abb. aus Francis Crick, *Was die Seele wirklich ist. Die naturwissenschaftliche Erforschung des Bewußtseins*. Reinbek: Rowohlt 1997, S. 269: »Eine Skizze des Cheshirekatzen-Geräts ... Ein zweiseitiger Spiegel ist so angebracht, daß der Betrachter den Effekt bequem mit jedem Auge hervorbringen kann. Die Anordnung ermöglicht es ihm, für das Wegwischen seine eigenen Hände zu verwenden.«

S. 124: Abb. aus Francis Crick, *Was die Seele wirklich ist. Die naturwissenschaftliche Erforschung des Bewußtseins*. Reinbek: Rowohlt 1997, S. 271

S. 125: vom Verfasser (*Split-brain*)

S. 127: vom Verfasser (*Hemisphären*)

S. 129: vom Verfasser (*Popper-Eccles-Chimäre*)

S. 134: Abb. Septumregion, aus: Detlef B. Linke, *Hirnverpflanzung. Erste Unsterblichkeit auf Erden*. Reinbek: Rowohlt 1996, S. 55

S. 137: vom Verfasser (*Kanji und Kana*)

S. 144: Abb. Chip, aus: Joseph Campbell, *Die Kraft der Mythen. Bilder der Seele im Leben der Menschen*. Zürich: Artemis 1988, S. 31 (Foto: Ken Love/Black Star)

S. 146: vom Verfasser (*Black box*)

S. 151: nach der Abb. Verhulstsche Wachstumsfunktion, aus: Hans-Werner Bothe/Michael Engel, *Die Evolution entläßt den Geist des Menschen. Neurobionik – eine medizinische Disziplin im Werden*. Frankfurt/M.: Umschau 1993, S. 63

S. 161: nach der Abb. in Detlef B. Linke/Martin Kurthen, *Parallelität von Gehirn und Seele. Neurowissenschaft und Leib-Seele-Problem*. Stuttgart: Enke 1988, S. 9

S. 162: vom Verfasser (*Willensfreiheit*) unter Verwendung eines Teils der Abb. in Detlef B. Linke, *Hirnverpflanzung. Die erste Unsterblichkeit auf Erden*. Reinbek: Rowohlt 1996, S. 162

S. 164: vom Verfasser (*Traumfenster*), nach der Radierung in Günter Schulte, *Leibperspektiven. Radierungen und Texte zur Phänomenologie der Wahrnehmung*. Köln: Balloni 1979, S. 48

S. 171: vom Verfasser (*REM-Phase*) nach einer antiken Darstellung

S. 185: Abb. von Sigmund Freud aus Sigmund Freud, *Studienausgabe*. Frankfurt/M.: S. Fischer 1975, Bd. III, S. 293

Abbildungen

S. 186: vom Verfasser (*Freuds Gehirnmännchen*)

S. 187: Abb. von Sigmund Freud (1895) in: Manfred Spitzer, *Geist im Netz. Modelle für Lernen, Denken und Handeln*. Darmstadt: Wissenschaftliche Buchgesellschaft 1997, S. 5

S. 189: vom Verfasser (*Augenblick*), nach der Radierung in Günter Schulte, *Leibperspektiven. Radierungen und Texte zur Phänomenologie der Wahrnehmung*. Köln: Balloni 1979, S. 37. Text: Friedrich Theodor Vischer, *Kritische Gänge* II, S. 249 (Leipzig 1914)

S. 190: vom Verfasser (*Wittgensteins Ziel*), zuerst in Günter Schulte, *Das Auge der Urania. Bilder und Gedanken zur Einführung in Erkenntnistheorie*. Frankfurt/M.: Klostermann 1975, S. 186

S. 192: vom Verfasser (*Ich im Glas*)

S. 195: vom Verfasser (*Ventrikel-System*)

S. 201: vom Verfasser (*Parallelismus oder Kants Grübchen im Kissen*), zuerst in Günter Schulte, *Das Auge der Urania. Bilder und Gedanken zur Einführung in Erkenntnistheorie*. Frankfurt/M.: Klostermann 1975, S. 37 (vgl. Kant, *Kritik der reinen Vernunft*, A 203)

S. 203: vom Verfasser (*Abschied vom Ich*), nach der Radierung in Günter Schulte, *Leibperspektiven. Radierungen und Texte zur Phänomenologie der Wahrnehmung*. Köln: Balloni 1979, S. 33

S. 207: vom Verfasser nach Bonaventura Genelli (Hektors Tod), in: Homer, *Ilias und Odyssee*. Eltville: Rheingauer Verlagsgesellschaft 1980, S. 414

S. 209: vom Verfasser (*Elohim*), zuerst in Günter Schulte: *Die grausame Wahrheit der Bibel. Eine Anthropologie unserer Vernunft und Moral*. Frankfurt/M.: Campus 1995, S. 23

S. 210: vom Verfasser (*Wittgensteins Kristall*)

S. 211: vom Verfasser nach Julius Casserius, *Tabulae anatomicae*. Venedig 1627, S. 87, Tab. II

S. 214: vom Verfasser nach der Idee von Frank Meshberger, »An Interpretation of Michelangelo's Creation of Adam Based on Neuroanatomy«. In: *JAMA* 264 (1990), S. 1837–1841

S. 221: vom Verfasser (*Ich/Mach II*), zuerst in Günter Schulte, *Der blinde Fleck in Luhmanns Systemtheorie*. Frankfurt/M.: Campus 1993, S. 147

S. 224: »Offene Kaskadenregelung mit Wahrnehmung«, Abb. 1.5 aus Dietrich Dörner, *Bauplan für eine Seele*. Reinbek: Rowohlt 1999, S. 40